KB034245

창조성과 도시

|필자|

이상봉 李尙峰 Lee, Sang-bong 부산대학교 한국민족문화연구소 HK교수. 정치학박사, 지역정치 전공.
박규택 朴奎澤 Park, Kyu-taeg 부산대학교 한국민족문화연구소 HK교수. 지리학박사, 인문지리 전공.
한승욱 韓勝旭 Han, Seoung-Wook 부산발전연구원 연구위원. 교토대학 공학박사, 도시환경공학 전공.
손은하 孫銀河 Son, Eun-ha 부산대학교 한국민족문화연구소 HK연구교수. 공학박사, 영상공학 전공.
공윤경 孔允京 Kong, Yoon-kyung 부산대학교 한국민족문화연구소 HK연구교수. 도시계획·도시공학 전공.
김상원 金常元 Kim, Sang-won 인하대학교 문화경영학과 교수. 언어학, 철학, 독일문학 전공.

부산대학교 한국민족문화연구소 로컬리티 연구총서 10

창조성과 도시

초판인쇄 2013년 5월 15일 **초판발행** 2013년 5월 25일
엮은이 이상봉 **펴낸이** 박성모 **펴낸곳** 소명출판 출판등록 제13-522호
주소 서울시 서초구 서초동 1621-18 란빌딩 1층
전화 02-585-7840 **팩스** 02-585-7848 **전자우편** somyong@korea.com **홈페이지** www.somyong.co.kr

값 23,000원 ⓒ 이상봉 외, 2013
ISBN 978-89-5626-885-9 94300
ISBN 978-89-5626-802-6 (세트)

이 저서는 2007년 정부(교육과학기술부)의 재원으로 한국연구재단의 지원을 받아 연구되었음(NRF-2007-361-AL0001).

부산대학교 한국민족문화연구소
로컬리티 연구총서 10

창조성과 도시

Creativity and City

이상봉 엮음

소명출판

창조성이 인간적인 도시를 만든다

도시는 가장 전형적인 근대적 공간이다. 도시화는 곧 근대화를 의미했으며 도시적 삶은 곧 근대적인 삶을 대변해 왔다. 이처럼 근대화된 도시공간은 효율성, 생산성, 도구적 합리성 등의 근대적 원리가 지배했다. 근대적 도시를 지배하는 또 하나의 원리는 경쟁이다. 도시간의 경쟁은 날로 치열해지고 있다. 이제 경쟁은 국내에서만이 아니라 세계를 향해 이루어지고 있으며, 도시가 국가를 대신하여 세계적 경쟁의 단위가 되고 있다. 문화도시, 기업도시, 행복도시, 세계도시, 혁신도시, 창조도시 등 한국의 도시들이 내걸고 있는 다양한 슬로건만으로도 도시들이 경쟁에서 살아남기 위해 얼마나 애쓰고 있는가를 쉽게 알 수 있다.

이러한 지나친 경쟁은 도시를 삭막한 생존투쟁의 공간으로 바꾸어 놓았다. 즉, 공동체의 공간이자 인간 삶의 터였던 도시는 돈과 권력이 지배하는 공간, 우승열패의 양극화된 공간, 자동차가 보행을 위협하는 공간, 자연이 파괴되고 인간의 생존권이 위협받는 공간이 되었다. 경쟁에 의해 도시가 병들어 죽어가고 있는 것이다. 이러한 병리현상에 대한 자각은 치유에 대한 관심으로 이어진다. 즉, 도시를 생존투쟁의 공간이 아닌 상생과 배려의 공간으로, 기능과 효율이 지배하는 공간이 아닌 인간이 중심이 되는 공간으로, 기발한 응용학문이 지배하는 공간이 아닌 근원적인 인문학적 사고가 지배하는 공간으로 만들자는 것이다.

최근에 창조성이라는 용어가 많은 관심을 끌고 있다. 다수의 도시들이 슬로건으로 삼고 있고, 많은 연구자들에 의해 학술적으로도 다뤄지고 있다. 이러한 '창조성'이라는 키워드는 효율성이나 생산성과 같은 산업주의의 원리를 대신하는 것으로 호출된 것이다. 즉, 지식·정보산업을 중심으로 급속히 재편되는 산업구조의 변화가 창조성을 필요로 하고 있다는 것이다. 여기에는 '문화적 자본이 경제적 자본으로 전환될 수 있다'는 전략적 인식과 함께, 이러한 문화자원을 활용할 수 있는 방안으로서 개인 또는 조직의 인문적 창조성에 주목하자는 사고가 자리하고 있다.

'도시의 창조성'에 관한 최근의 논의는 두 가지 큰 흐름을 형성하고 있다. 그 하나는 글로벌한 맥락에서 더욱 치열하게 전개되고 있는 도시 간 경쟁의 맥락에서 창조적인 도시가 미래의 도시경쟁에서 살아남을 것이라는 경제적 관점의 전략이며, 또 하나는 근대도시가 잉태한 부정적 산물, 즉 비인간적 사회관계나 건조 환경 및 환경파괴에 대한 성찰적 대응으로서 '보다 인간적인 도시'를 만들어가고자 하는 인문적 맥락이다. 말하자면 이는 도시발전 및 도시 간 경쟁을 위한 정책적 선택의 차원이기도 하고, 우리 삶의 터전을 어떻게 바꾸어 갈 것인가라는 대안적 도시의 차원이기도 하다. 이러한 두 가지 흐름 가운데 그 어떤 것을 취하든, 도시를 특정한 형태로 만들어가고자 하는 시도들은 다양한 내·외부적 갈등을 품고 있으며, 그 과정 또한 권력관계의 산물이다. 어떤 전략을 취하는가에 따라 그 도시를 구성하는 다양한 집단들에 미치는 영향이 다를 것이기 때문이다.

인간 삶의 터로서의 로컬리티의 가치에 주목하는 'HK로컬리티의 인문학 연구단'이 도시의 창조성 또는 창조도시 논의에 관심을 갖게 된 것은 이 대목에서 이다. 즉, 도시공간을 둘러싼 현실적 쟁점에 개입하여 인문학적 처방과 대안을 제시하기 위해서이다. '어떤 도시를 어떻게 만들어 갈 것인가?'라는 문제는 인문학을 기반으로 한 학제적인 연구의 개입을 필요로 하는 실천적이고 현재적인 과제라고 할 수 있다. 도시 자체가 복합적인 공간인데다가 '창조성'을 둘러싼 논쟁이 단순히 도시발전이나 도시 간 경쟁을 위한 정책적 선택의 차원에 그치지 않고, 우리 삶의 터전을 어떻게 바꾸어 갈 것인가라는 '가치'의 문제와도 직결된 것이기 때문이다.

이 책은, 이와 같은 문제의식을 토대로 하여, 인문학, 사회과학, 공학 등의 분야의 연구자들이 참여한 학제적 협동연구의 결과로 탄생하였다. 집필에 참여한 연구자들은 수차례의 토론회, 학술세미나, 좌담회 등을 거치면서 문제의식과 연구결과를 공유하였다. 책의 내용은 크게 3부로 구성하였다. 각 부 구성의 의미와 실린 글의 내용을 소개하면 다음과 같다.

제1부는 '창조성과 창조도시에 대한 이론적 접근'으로 구성하였다. 여기서는 창조성과 인간 그리고 도시에 관한 탐구에서 출발하여 최근의 창조도시에 관한 이론적 흐름들을 비판적으로 고찰하였다. 제1부에는 모두 3편의 글이 실려 있는데, 그 내용을 간략히 소개하면 다음과 같다.

「창조성과 인간 그리고 로컬리티」는, 애초에 신의 영역에 속한 것으로 여겨지던 창조성이 인간이나 집단이 가진 능력의 하나로 여겨지게 된 과정과 함께 창조성의 본질적·사회적 특성과 의미를 검토하고, 이를 바탕으로 도시이론에서 창조성을 호출하게 된 이유와 그 의미, 창조도시에서의 인간의 자리, 그리고 도시의 창조성과 로컬리티 연구와의 관련성 등을 다루고 있다.

「서구 창조도시론의 비판적 고찰」은, 서구에서 전개된 창조도시이론에 대한 비판적 검토를 통해, 창조도시의 개념, 창조도시의 생성 맥락과 그 핵심 원동력으로서의 신경제와 인적자본, 창조도시의 핵심 분야인 창조산업의 특성과 집단화 그리고 창조성과 장소의 상호관계 등을 고찰하였다.

「일본의 창조도시론과 마을만들기」는, 서구의 창조도시 담론이 일본에서는 어떤 방식으로 전개되고 있는지를 '창조도시네트워크'사업과 요코하마 및 가나자와의 사례를 통해 살펴보고 있다. 아울러 1970년대부터 전개되던 일본의 마을 만들기가 창조도시 논의와 결합하게 되는 계기와 특징을 창조적 인재를 중심으로 고찰하고 있다.

제2부는 '도시 창조성 논의의 유형과 양상 : 주체·공간·문화의 관점'으로 구성하였다. 여기서는 도시 창조성 논의의 주요 하위분야를 구성하는 영역들, 즉 주체, 공간, 문화라는 키워드를 중심으로 창조도시의 다양한 양상과 사례들을 살펴보았다. 최근의 창조도시를 둘러싼 다양한 논의들이 누가 도시 만들기의 주체인가? 를 묻는 '창조주체'의 관점과 도시 내에 창조적인 공간을 창출함으로써 그 파급효과를 기대

하는 '창조공간'의 관점 그리고 예술문화가 가진 창조적 가능성을 창조산업이나 창조경제에 접목하려는 '문화산업'의 관점으로 수렴되고 있음에 착안한 것이다. 제2부에는 모두 4편의 글이 실려 있는데 그 내용을 소개하면 다음과 같다.

「창조도시의 지향점과 창조주체의 설정」은, 창조도시 만들기의 주체 문제를 창조도시가 지향하는 목표와 관련시켜 고찰한다. 즉, 도시에는 문화예술전문가, 관료, 기업인, 소시민, 소외계층 등 다양한 집단이 존재하며, 이들 각 주체들의 의미와 역할은 그 도시가 당면과제의 중점을 어디에 두는 가에 따라 달라진다는 것이다. 나아가 각 주체들이 관계 맺는 방식을 대표적인 성공사례를 중심으로 유형화하고 그 의미를 고찰한다.

「커뮤니티 아트를 통한 창조도시 만들기」는, 재개발의 논리에서 벗어난 창조적 도시재생 방안의 하나인 '커뮤니티 아트'의 활동을 고찰하고 있다. 지금까지 공공 미술이라는 이름으로 시행되었던 현장의 문제들을 비판적으로 분석한 후, 이를 해결하는 방법의 하나로 로컬리티의 관점에서 정주형 커뮤니티 아트의 활동 방식을 택하고 있는 인천의 '퍼포먼스 반지하'의 사례를 다루고 있다.

「도시재생과 창조공간」은, 도시재생의 새로운 패러다임으로서의 창조도시 담론에 관해 고찰한다. 그리고 유럽 문화도시인 글래스고, 런던 테이트모던미술관, 빌바오 구겐하임미술관 등의 구체적인 창조공간 사례에 주목하여, 역사·문화·예술 등의 자원과 장소성·지역성 등이 도시재생에 어떻게 활용되는지를 조사하고, 나아가 각 사례가 해당 도시나 주민들의 삶에 미치는 영향을 비판적으로 살펴본다.

「창조성 재도시화를 위한 전략적 프로세스」는, 한국의 도시재생이 성공하지 못하는 근본적인 문제를 철학과 전략의 부재로 진단하고, 도시의 창조적 재도시화를 위해서는 공공성과 투자에 대한 경제적 효과가 동시에 수반될 수 있는 원칙이 필요하다는 점을 강조하고 있으며, 이를 위해 독일 베스트팔렌주의 성공적인 재도시화 시도들을 살펴보고 있다.

제3부에서는 '도시의 창조성과 창조도시 만들기'라는 주제로 이루어진 좌담회 내용을 정리하여 소개하고 있다. 여기에는 창조도시에 관한 최근의 연구동향에 대한 비판적 분석, 창조도시의 실천전략과 주체의 문제 그리고 로컬리티 연구가 창조적 도시 만들기에 기여할 수 있는 부분 등에 대한 집필에 참여한 연구자들의 의견을 담고 있다. 좌담회는 형식에 얽매이지 않고 각 연구자가 그동안 가져온 고민과 다양한 경험을 솔직하게 드러낼 수 있다는 점에서 논문 형식의 글과는 또 다른 의미를 가질 수 있다고 여겼다.

한국의 많은 도시들이 창조도시를 도시의 재생이나 발전을 위한 현실적 전략으로 표방하고 있음에도 불구하고, 창조성이나 창조도시에 관한 체계적인 저술은 별로 없었으며, 그나마 도시계획의 차원에서 정책의 성과를 정리한 것이 주류를 이루었다. 특히 이론적 측면에서, 서구를 중심으로 초기 창조도시 이론가들의 주장에 대한 비판과 반론 그리고 재구성이 활발하게 이루어지고 있음에도 국내의 논의는 이를 따라가지 못하고 있는 실정이다. 이에 이 책의 제1부에서는 최근에 발표

된 새로운 글들을 되도록 많이 소개하고 또 이를 비판적으로 평가하고
자 하였다. 그리고 제2부에서는 인문적 관점에서 볼 때 의미 있는 최근
의 사례들을 소개하면서 단일의 사례 소개에만 그치지 않고, 다양한
사례들을 유형화하고 비교분석하는 관점을 견지하고자 하였다. 이 책
이 도시공간을 둘러싼 현실적인 쟁점에 개입하여 이에 대한 인문학적
처방과 대안을 제시하고자 하는 '로컬리티의 인문학' 연구단의 의도에
부합하는 노력으로 평가받고, 또 창조도시에 관한 국내의 논의를 활성
화하면서 인문적 도시 만들기에 대한 관심을 촉구하는 의미 있는 성과
가 되었으면 하는 기대를 가져본다.

2013년 5월
부산대학교 한국민족문화연구소
로컬리티의인문학연구단 이상봉 적음

차례

1부

창조성과 창조도시에 대한
이론적 접근

이상봉 창조성과 인간 그리고 로컬리티
박규택 서구 창조도시론의 비판적 고찰
한승욱 일본의 창조도시론과 마을만들기

창조성과 인간 그리고 로컬리티

이상봉

1. 창조성의 호출

도시이론, 특히 도시의 성장이나 재생에 주목하는 이른바 '창조경제'
의 맥락에서, 창조성은 산업주의 시대의 효율성과 합리성을 대신할 지
식정보사회의 새로운 '원리' 또는 '성장 동력'의 핵심으로 파악된다. 하
지만 논의를 확장하여 창조성을 현대도시가 당면한 다양한 도시문제
를 해결하기 위한 새로운 실마리로 파악할 경우, 창조성의 본질과 의
미에 대한 인문적 성찰에 그 관심이 미치게 된다. 창조 또는 창조성이
란 애초에 인간이 관여할 수 없는 신의 영역이었다. 그러던 것이 신의
경지에까지 이른 특별한 인간들만이 가지는 능력으로 전유되면서 특
정한 집단을 특권화 하는 능력으로도 사용되었다. 18세기 이후 이른바
'예술을 위한 예술'이라는 미명하에 전개된 예술적 능력의 특권화가 바

로 그것이다. 이후 창조성에 대한 다방면의 과학적 분석이 이루어지면서, 창조성은 인간 뇌(이성)의 작용이라는, 인간에게 고유한 영역으로 간주되었고, 예술 역시 대중화의 단계를 거쳐 현재에는 공공 예술이나 공동체 예술 등의 다양한 형태가 제시되고 있다. 즉, 창조성은 역사적으로 그 모습을 달리하고 있는 것이다. 그리고 오늘날에는 이에 대한 연구가 활발해 지면서 창조성이 예술뿐만 아니라 과학, 정치, 종교, 경영, 운동, 교육 등 여러 영역에서 두루 사용되는, 인간이 가진 어떤 능력이며 교육과 훈련에 의해 개발될 수 있다는 점 등이 주장되고 있다.

창조성은 개인에게서 비롯되지만 개인에 국한되는 것은 아니다. 창조성은 개인과 개인의 관계, 개인과 환경의 관계에서 발현된다. 즉, 창조성의 핵심은 창조적인 사람과 조직이고, 이들이 모여 사는 창조적인 공간(도시)은 그 토대가 된다. 여기서 도시의 창조성이 문제가 되며, 이는 개인의 창조성, 개인의 상호작용으로서의 집합적 창조성, 도시환경의 창조성이라는 3가지 차원에서 구성된다.

최근 들어 도시이론의 분야에서 창조성이 중요한 키워드로 새롭게 호출되고 있다. 이른바 창조도시 담론이 그것이다. 창조성과 도시는 원래 서로 친화적인 개념이긴 하지만, 1990년대라는 구체적인 시점에서 창조도시 담론이 대두하게 된 것은 도시에 대한 지배적인 패러다임의 전환이 이루어졌기 때문이다. 즉, 창조도시가 대두한 배경에는 포스트-포디즘과 포스트-모더니즘이라는 2가지의 포스트 상황이 자리하고 있다. 리처드 플로리다R. Florida, 찰스 랜드리C. Landry, 사사키 마사유키佐々木雅幸 등 1990년대 이후 창조도시론의 전개를 주도한 이론가들은 이들 2가지의 포스트 상황의 어느 한쪽이나 양쪽에 대한 문제의식에 입각하여 구체적인 대안들을 제시하고 있다.

또한 도시의 창조성 논의에서 주목해야 할 것 가운데 하나가 도시가 가진 창조성과 로컬리티Locality와의 관계이다. 도시의 창조성에 대한 논의는 스케일scale의 측면, 인문적 측면, 장소성의 측면 등에서 로컬리티 연구와 관련을 맺고 있다. 즉, 도시의 창조성에 관한 대부분의 논의에는 로컬리티가 그 전제된다. 도시의 창조성은 로컬리티를 기반으로 하고 있기 때문이다.

2. 창조성이란 무엇인가?

1) 창조성의 신비화와 탈신비화

대중적으로 활용되는 위키피디아Wikipedia 사전에 의하면, 창조성Creativity 은 "가치를 가진 새로운 어떤 것(생산물, 해결책, 예술작품, 문학작품, 유머 등)을 고안하거나 발명하는 것을 말하며, 새로움은 참신함이 발생하는 개인적 창조자나 사회 또는 영역에서의 새로움을 의미하고, 가치 있다는 것 또한 방법들의 다양성으로 정의될 수 있다"라고 설명한다. 여기서 강조되는 것은 '새로움newness / novelty'과 '가치 있음valuable / usefulness'이며, 그것을 만들어내는 인간의 '능력'이다. 즉, 창조성은 뭔가 새롭고 유용한 어떤 것을 만들어내는 '인간의 능력'으로 파악되고 있다.

하지만 창조성을 인간의 능력으로 여기게 된 것은 그리 오래되지 않았다. 서구의 역사적 경험이나 사고구조에서 창조성은 오랜 기간 동안

신의 영역에 속한 신비하고 전지전능한 것이었다. 애초에 창조란 우주 만물의 시작, 즉 인간과 자연의 존재를 가능하게 한 무에서 유의 창조를 의미하였고, 그러한 창조성은 신에게 속한 능력이었다. 이러한 창조성이 역사적 과정을 거치면서 인간의 영역으로 확대된다. 신의 영역에 속하던 창조성은 신에 버금가는 특별한 능력을 지닌 인간의 행위영역, 즉 예술의 영역으로 먼저 전유되고, 그 다음에 모든 인간이 태생적으로 가진 능력으로까지 확대된다. 예술 영역에서 전유되는 창조성과 모든 인간이 가진 태생적 능력으로서의 창조성은 이제 더 이상 무에서 유를 만들어 내는 의미의 전지전능한 창조성이 아니다. 인간의 사고나 행위의 결과로서의 창조성이 되는 것이다.

이처럼 신의 영역이던 창조성을 인간의 영역으로 끌어들이게 된 것은, 신에 버금가는, 아니면 신과 통하는 특별한 능력을 가진 인간을 보통의 다른 인간들과 구별하기 위해서였다. 즉, 신의 영역에 속해 있던 신비한 능력인 창조성은 바로 인간의 능력으로 세속화(탈신비화)된 것이 아니라 예술가나 과학자 등 특출한 재능을 가진 인간을 보통의 인간과 구별하고, 그들을 특권화하기 위해서였던 것이다. 아직 남아 있는 창조성에 대한 오해 가운데 하나, 즉 창조성을 특별한 재능이나 그 재능의 산물로 여기는 경향은 이러한 역사적 경험에 기인하고 있다.

창조성이 예술가들에 의해 전유되면서, 신의 영역에서 인간의 영역으로의 세속화는 이루어졌지만, 여전히 그것은 신비로운 능력이었다. 원래 예술은 일상과 구분되는 신비한 영역이 아니었다. 하지만 르네상스시기에 들어와 신을 부정하면서 등장한 인간의 예술은 예술가를 신격화하고 특권화 했다. 예술Art이라는 용어의 어원은 그리스어 테크네

technē(기술)와 라틴어 아르스ars(인공)에 있다. 이 같은 어원을 통해 유추할 수 있는 개념(용어)상의 특징은 '인공적 기술'이라는 측면이다. 고대의 예술행위나 예술 작품들은 일상적, 실용적, 오락적 성격을 가진, 그야말로 인간적인 것이었다. 당시의 예술에는 각종 제조기술이나 건축술 등 기술적 측면이 강조되었다. 적어도 르네상스 이전까지 공예(기술)와 예술, 장인과 예술가의 구분은 명확하지 않았지만, 르네상스 이후 기술과 예술, 장인과 예술가가 분리되고, 예술을 위한 예술이 등장했다(박연숙, 2011 : 118). 그 영향으로 오늘날 예술이라고 하면 시와 그림 등의 미술적 측면을 먼저 떠올리게 되었다.

오늘날 통상적으로 예술이라 불리는 개념은 18세기 이후에 비롯된 것으로, 거기서는 순수예술과 대중(실용)예술을 구분하고 있다. 이러한 구분이 19세기를 지나면서 순수예술을 그냥 예술로 부르고, 나머지는 공예 또는 오락 등으로 부르게 되었다. 공예와 예술을 분리하게 된 것은 예술가를 신비화 또는 특권화 하기 위함이다. 신비화나 특권화를 위해서는 장인이나 직인은 가지고 있지 않고 예술가들만이 가진 고유의 뭔가가 필요했다. 여기서 예술가만이 지닌 가장 중요한 특성으로 창조성이 등장한다. 순수예술은 이제 신의 영역에 있던 창조성을 전유하여 특권화 된 영역을 구축하게 되는 것이다. 여기서 무에서 유, 즉 우주만물을 창조한 신의 능력에 비견되는 예술의 창조성이란 무엇일까? 그것은 순수한 미적 가치의 추구이다. 즉, 예술은 어떠한 목적을 달성하기 위한 수단이 아니라 그 자체가 목적이어야 한다는 것이다. 따라서 실용적이거나 오락적인 것, 또는 생계를 위한 것 등은 그 무엇을 위한 수단이라는 점에서 예술이 아니다. 예술은 소우주와도 같은 심오한 미적 가치를 탐구하는 것을 본연의 목적이자 임무로 삼는다.

순수한 미적 가치를 창출하는 것이 예술 또는 예술가의 목적이 되면, 예술가뿐만 아니라 그들의 예술 작품을 감상하는 자들에게도 그에 버금가는 순수성과 소양이 요구된다. 부유하고 소양을 갖춘 자들을 제외한 일반인들, 즉 가난한 노동자, 교육받지 못한 자, 부자 가운데서도 소양이 부족한 자 등은 순수한 예술 작품의 미적 가치를 감상할 자격이 없는 자들로 분류되어, 예술에서 소외되게 된다.

20세기 이후 창조성에 관한 과학적 연구가 각 학문분야에서 활발하게 이루어지면서, 창조성은 특별한 예술가들만이 가진 신비한 능력이 아니라는 사실이 확산되었다. 창조성은 예술가만이 아니라 모든 인간이 가진 일종의 잠재적 능력이며, 그것은 예술의 영역에서만이 아니라 일상의 모든 영역에서 사용되는 것이 되었다. 이제 창조성이 탈 신비화되게 된 것이다. 창조성에 대한 과학적 연구의 결과들은 창조성을 인간이 가진 어떤 능력, 특히 두뇌작용의 결과라는 점에는 대체로 동의한다. 그러나 그러한 능력이 어떻게 만들어지고 어떻게 실천되는지를 포함한 창조성의 본질이나 특성에 대해서는 여러 가지 의견이 존재한다.

2) 창조성의 특성과 의미

창조성이 인간이 가진 일종의 능력으로 여겨지게 된 이후, 이러한 능력이 어디에서 연유하고, 어떻게 양성되며, 어떤 역할을 하고 있는가? 등에 대해 다양한 주장들이 제기되어 왔다. 우리가 창조성이란 무엇인가? 라는 질문에 잠정적으로나마 일정한 답을 내리기 위해서는 그 동안 창조성 연구를 둘러싸고 쟁점이 되어 왔던 몇 가지 사항에 대해 고찰해 보는 것이 도움이 될 것이다.

첫 번째는, 창조성은 인간 두뇌작용만의 결과인가? 라는 점이다.

창조성에 관한 정신심리학적 연구는 창조성에 관한 과학적 연구를 이끌었다. 창조성은 신비한 능력을 지닌 특별한 자들만이 아니라 모든 인간에게 잠재하는 보편적 능력이라는 생각은, 프로이트S. Freud와 같 은 정신심리학자들의 연구에 기인한 바가 크다. 이들의 주장처럼 모든 인간에게 창조성이 잠재한다면, 누구나 그 능력을 일깨우기만 하면 일 상에서 창조적 삶을 살 수 있다. 프로이트에 의하면, 창조적 능력은 생 후 약 5년까지의 경험에 의해 이루어지는 특징이 있으며, 창조성 형성 의 가장 큰 동기가 되는 것은 성적 욕구가 만족되지 않은 때이다(조은 석, 2008 : 21). 프로이트의 학설을 전적으로 수용하지 않는다고 하더라 도, 창조성이 인간이 가진 잠재적 능력의 하나이며, 그것은 어떤 동기, 특히 욕구가 만족되지 않을 때 촉진되는 사고 작용이라는 점에는 대체 로 동의할 수 있을 것 같다.

하지만 창조성은 두뇌작용의 결과만은 아니다. 창조성은 거의 무한 하며, 창조성의 형성과 발현에는 두뇌 이외의 다른 감각기관과 초감각 적인 지각영역까지 관계한다. 창조성이 선천적인 두뇌만이 아니라 후 천적 경험이나 환경에 의해서도 영향을 받는다는 것이다. 이와 관련하 여, 길포드는, 창조성이란 주어진 정보에서 논리적으로 가능한 많은 새로운 정보를 만들어내는 '확산적 사고'를 가능하게 하는 능력이라고 보고, 이러한 창조성의 형성과 발현에는 두뇌작용 이외에 감수성, 풍부성, 유연성, 독창성, 면밀성, 재구성력, 집요성 등의 하위요인이 영향을 미친다고 주장한다(Guilford, 1967). 이처럼 창조성은 타고난 두뇌능력만이 아니라 다양한 후천적 경험과 감성에 의해 풍부해진 지적 상호작용에 의해 양성되어지는 능력이라고 볼 필요가 있다.

둘째, 창조성은 개인적 특성인가? 라는 점이다.

창조성은 기본적으로 인간의 지적작용의 결과라는 점에서 개인적 특성으로 볼 수 있다. 이와 관련하여, 머슬로우A. H. Maslow는 창조적이라는 용어는 개인의 성품, 활동, 과정, 태도 등에 적용할 수 있다고 한다. 창조성이란 창조적인 생활, 창조적인 태도, 창조적인 사람에게서 그 자체로 표현되는 것이며, 삶의 모든 영역에 나타난다고 한다. 그는 이러한 창조성을 '자아를 실현하는 창조성'이라 한다(머슬로우, 2009). 하지만 창조성은 개인적 특성만이 아니다. 창조성은 개인이 자아를 실현하기 위해 필요한 것일 수도 있지만, 최근의 창조도시와 관계된 많은 연구결과들은 창조성을 인간과 인간 간의 상호작용에 의한 산물이라고 본다. 이들은 창조성을 개인이나 집단 그리고 사회·문화의 내부에 본질적으로 혹은 고정적으로 존재하는 것이 아니라 다양한 요소들, 즉 인간, 제도, 물질 등의 상호관계 속에서 생성·변화하는 것으로 파악한다. 이런 의미의 창조성을 '사회적 창조성'이라 부를 수 있다.

창조성이 사회성을 띠는 것은 그것이 종합하는 능력을 포함하기 때문이다. 아인슈타인은 자신의 창조적인 일을 '결합작용'이라고 부름으로써 창조성의 이러한 의미를 잘 드러내고 있다. 역사적으로 창조성의 발현이 두드러졌던 곳은 사람들 간의 교류가 활발하게 이루어지고, 다양한 정보들이 결집되었던 도시공간이었다. 르네상스 초기의 피렌체,

19세기 후반의 비엔나, 오늘날 미국 전역에 걸쳐 급성장하고 있는 다수의 창조적 중심지가 그렇다(플로리다, 2002 : 61). 창조성은 다양한 사람들과의 교류에 의해 촉진되고, 그러한 교류가 이루어지는 현장(다양성이 풍부한 도시)을 필요로 한다. 특히 창조성은 서로 다른 분야가 만나는 지점에서 더욱 촉발된다. 그 좋은 예가 이른바 사이-아트Sci-Art 이다(랜드리, 2009 : 387). 이는 여러 분야의 과학자와 예술가가 하나의 조직 환경에서 함께 작업하면서 상호발견과 창조적 결과를 낳는 프로젝트로, 인간의 창조성은 다양한 분야와 경험의 교류가 이루어지는 지점에서 종종 결실을 맺는다는 전제에 기반을 둔다.

셋째, 새로운 것은 모두 창조적인가? 라는 점이다.

창조성의 가장 중요한 특성이 '새로운 것'임은 틀림없다. 그리고 '새로운 것'의 여부는 주로 물질적인 결과물에 의해 판단되는 경향이 있다. 하지만 창조성에는 그 결과만이 아니라 새로운 것을 사고하는 과정도 중요하고, 그 결과 또한 물질적인 것에만 한정되지 않는다. 즉, 창조성의 특성인 새로운 것에 대한 평가는 '과정과 결과' 그리고 '물질과 비물질적 형태'를 모두 포함한다. 특히 사회적 관계 속에 형성되는 비물질적 형태의 새로운 것, 즉 새로운 제도나 지식, 사유체계 등은 창조성의 중요한 형태이다.

새로운 것이라고 해서 모두 창조적인 것은 아니다. 창조적이기 위해서는 그것의 유용성이 확인되어야 한다. 이러한 '유용성'이라는 개념을 통해 창조성은 인간 또는 사회의 필요나 과제 해결을 위한 실천적 노력과 결합한다. 인간 또는 사회적 필요나 해결을 요하는 당면 과제에 대한 인식은 대상의 스케일이나 상황조건에 따라 상이할 수 있다. 즉, 개인의 일상적 삶에 유용한 창조성에서부터 지구환경을 지키기 위한 창조성에 이르기까지 다양할 수 있다. 스케일에 따른 창조성 논의가 필요한 대목이다.

또한 구체적인 상품과 같은 창조적 결과물은 그 유용성을 판단하기가 상대적으로 용이하다. 하지만 제도나 지식, 사유체계와 같은 추상적인 결과물들은 이념이나 계급적 차이 등에 따라 유용성에 대한 판단이 다를 수 있다. 창조성에 대한 논의가 권력적·정치적 양상을 띠게 되는 대목이다. 자본주의적 가치와 생산관계가 지배적인 현대사회에서는 창조성이 가진 유용성에 대한 판단 역시 자본의 논리(필요)에 따라 이루어지기 쉽다. 즉, 자본의 이윤 재창출을 위해서도 창조성은 필요하다. 하지만 자본주의에 대한 대안적 질서를 제시하기위해 창조성이 요구되어지는 경우도 있다. 이 경우에는 유용성에 대한 판단이 자본의 논리에 의해서가 아니라 인간의 논리에 의해 이루어져야 할 것이다. 즉, 무엇이 창조적인 것인가? 라는 질문은 보다 나은 삶을 위한 인간의 실천적 노력과 결부되어 답해질 필요가 있다.

이처럼, 창조성이라는 개념은 스케일이나 당면 과제에 대한 인식의 차이에 따라, 성격발달이나 자아의 실현과 같은 개인적·지적 특성의 레벨에서, 인간과 물질, 인간과 인간 간의 상호작용을 통해 사회적 창조성을 만들어가는 레벨을 거쳐, 현실의 당면과제 해결을 위한 실천적 노력과 결부되어 이루어지는 대안적 질서 모색의 레벨에 이르기까지 다양한 스케일과 시각에서 접근할 수 있는 범위를 가진다고 할 수 있다. 창조성의 핵심은 창조적인 인간과 그러한 인간들 간의 관계이고, 그러한 인간들이 도시와 같은 일상의 공간에 모일 때 창조적인 공간이 형성된다.

3. 지금, 왜? 창조성인가

1) 도시 패러다임의 변화

창조성은 다양한 스케일이나 문제의식에서 다루어질 수 있지만, 1990년대 이후 창조성과 관련한 중요한 흐름이 도시이론의 관점에서 제기되었다. 창조성과 도시이론이 결합하여 이른바 창조도시creative city 라는 개념이 대두하게 된 것이다. 도시와 창조성은 원래 친화적인 개념이다. 역사적으로 도시야말로 창조성이 발현되는 중요한 장場이었다. 하지만 1990년대라는 시점에서, 도시의 미래를 둘러싼 논의에 창조성이 중요한 키워드의 하나로 새롭게 등장하게 된 것은 도시를 규정하는 지배적인 패러다임의 전반적인 변화와 밀접한 관련이 있다. 즉, 창조도시라는 개념이 대두하게 된 시대적 배경에는 2가지 측면의 포스트Post 상황, 이른바 포스트-포디즘과 포스트-모더니즘이 자리하고 있다.

우선 포스트-포디즘의 상황에 대해 살펴보면, 포디즘은 산업화된 도시의 지배적인 패러다임이었다. 표준화와 효율성의 원리가 지배하는 포디즘은 소품종 대량생산을 위한 관리 시스템이었고, 기술과 인력, 유통 등에서 대량생산에 유리한 입지를 갖춘 선진국의 산업도시들은 국제적 위계구조에서 우위를 점하며 성장할 수 있었다. 하지만 포디즘적 관리체제는 자본의 이윤율 저하와 함께 1970년대가 지나면서 이미 한계에 직면하게 된다.

이러한 포디즘 체제의 포스트-포디즘 체제로의 변환은 글로벌한 공간질서의 재편과 함께 1990년대 이후 본격적으로 전개된다. 즉, 신자유주의를 동력으로 삼아 전개되는, 이른바 포스트-포디즘 체제는 하비D. Harvey가 말한 '시-공간의 압축'을 그 배경으로 한다. 시간의 압축은 생산의 가속화와 소비 회전기간의 단축을 가리키며, 공간의 압축은 수송 및 커뮤니케이션 기술의 진보에 의해 물자나 정보의 공간적 이동거리가 축소된 것을 의미한다. 시-공간의 압축은 자본의 유연성과 가동성을 증대시킨다. 즉, 자본은 유리한 생산거점을 찾아 세계를 돌아다니게 되며, 이에 따라 생산거점이 유동화 하는 것이다. 전통적인 공업적 입지를 갖추지 않은 지역이 새로운 생산 거점으로 갑자기 등장하기도 하고, 이미 산업도시로서의 입지를 구축하고 있던 도시들이 급속히 쇠퇴하기도 한다. 포디즘에서 포스트-포디즘으로의 변환은 소품종 대량생산에서 다품종 소량생산으로, 시스템의 경직성에서 유연성으로, 생산 중심에서 소비중심으로의 이동을 의미한다.

이러한 새로운 축적양식은 고착되어 있던 국제적·위계적 공간질서의 붕괴를 가져왔고, 이제 유동적인 자본의 유치를 둘러싼 도시들 간의 새로운 경쟁이 촉발되게 되었다. 포디즘하의 위계적인 도시공간질서가 해체되면서 나타나는 새로운 도시 경쟁은 포디즘 하에서의 입지 경쟁과는 차원이 다르다. 글로벌화의 확산에 따른 시-공간의 압축으로 공간의 균질화가 진행되고, 입지에 따른 공간의 차이는 중요한 요인에서 극복 가능한 요인의 하나로 변했다. 회전 기간이 단축되고 더욱 다양화된 소비 패턴에 대응하기 위해서는 대량화를 통한 생산의 효율적인 관리보다 소비자의 기호에 맞는 상품개발과 신속한 변화가 요구되었다. 이제 유동자본을 유치하기 위한 도시 간 경쟁의 결과는, 도시의 입지조건, 산업적 인프라, 효율적 조직관리 시스템 등에 좌우

되는 것이 아니라, 도시 또는 기업의 창조성, 전문화된 중소기업 네트워크의 집적 여부, 변화에의 신속한 대응능력 등에 의해 결정되게 되었다(渡部, 2004 : 112). 글로벌화와 함께 도시공간이 점차 동질화되는 상황에서는 각 도시가 가진 작은 차이가 경쟁의 결과를 좌우하는 중요한 요인이 될 수 있다. 동질화 속에서 차이를 잘 드러내기 위해서는 창조성이 필요하게 된다.

또 다른 측면인 포스트-모더니즘의 상황에 대해 살펴보면, 포스트-모더니즘의 측면은, 자본의 축적양식 변화라는 포스트-포디즘의 경제적·생산적 측면 중심의 시각과 달리, 동일한 변화의 상황을 문화적·가치적 측면에 주목하여 바라보는 것이라고 할 수 있다. 포스트-모더니즘을 주장하는 논자들은 대체로 정치 경제적 측면보다는 문화의 측면에, 그리고 생산의 측면보다는 소비의 측면에 주목하고 있다. 즉, 문화소비는 포스트-모더니즘의 중요한 키워드로 자리하고 있다. 이들의 논의에 의하면, 현대사회에서의 소비란 필요의 충족만을 위해 행해지는 것이 아니라 의미의 소비로 변모하고 있다. 사람들은 소비를 통해 의미를 생산하거나 향유하고, 또 나름의 의미의 세계를 구축하고자 한다. 의미의 세계 구축을 위한 소비만이 이루어지는 것은 아니지만, 이러한 소비가 점차 중요해지고 있다는 것이다. 이제 생산은 이러한 소비 패턴의 변화에 부응하는 방식으로 이루어지게 되며, 그 결과 문화의 생산이 증대하게 되고, 생산물 전체가 문화적 성격을 띠게 된다. 즉, '문화의 상품화'와 '상품의 문화화'가 진행되게 된다.

문화의 소비가 이루어지는 주된 공간은 도시공간이다. 도시공간은 문화의 소비가 행해지는 장場이면서 동시에 도시공간 자체도 문화 소비의 대상이 된다. 정비된 문화유산거리, 예술적으로 지어진 미술관 건물, 도시의 다양한 축제들, 관광루트의 개발Tourism 등은 그 전형적인 형태이다.

문화의 소비 양태와 관련해 빼 놓을 수 없는 요소 가운데 하나가 글로벌 문화의 확산이다. 자본의 논리에 충실한 상업적인 대중문화가 세계의 도시들을 휩쓸고 있다. 문화의 상품화는 글로벌화의 흐름을 타고 전 세계로 확산되어 문화소비의 동질화를 만들어내고 있다. 동질화된 도시공간은 점차 고유의 장소성을 잃어간다(非장소화). 역설적이게도, 글로벌 소비문화의 침투에 의해 도시공간이 비장소화 될수록, 문화소비의 경쟁에서 살아남기 위한 도시들은 문화적 고유성 창출에 고심하게 된다. 이처럼 문화소비의 중요성이 증대하는데 부응하여 문화적으로 도시를 재구성하려는 전략이 이른바 문화도시 전략이며, 그 기반이 되는 것이 도시의 창조성이다.

포스트-포디즘과 포스트-모더니즘이라는 2가지 측면의 도시 패러다임 변화는 생산성과 효율성을 대신하여 창조성을 새로운 키워드로서 호출하게 된다. 글로벌 유동자본의 유치를 통해 새로운 도시성장의 동력을 마련하고자 하는 의도와 글로벌 문화소비의 확산에 대응해 문화를 통해 도시를 재구성하는 전략은 모두 창조성을 필요로 하기 때문이다. 이러한 2가지 측면은 실제로 2가지 흐름의 창조도시론 출현으로 이어졌다. 사사키 마사유키(佐々木雅幸)에 의하면, 창조도시에는 2개의 계보가 있다(佐々木, 2007). 하나는 랜드리를 비롯한 유럽의 창조도시연구 그룹이며, 다른 하나는 제이콥스의 계통을 이어 창조산업에 주목하는 연구그룹이다. 전자가 포스트-모더니즘의 문제의식을 반영하고 있다면 후자는 포스트-포디즘의 문제의식을 주로 반영하고 있다.

2) 창조 도시론의 대두와 그 의미

　창조도시라는 용어는 도시재생이나 도시경쟁력의 원천으로서 인간이나 도시가 가진 창조성에 주목하는 여러 논의들을 포괄하는 일종의 메타포이다. 따라서 다양한 의미로 사용되고 있는 용어 자체를 일의적으로 정의하기는 거의 불가능하며, 그 용어가 사용되어지는 맥락과 상황에 따라 그 의도를 명확히 할 필요가 있다. 다만, 도시이론이나 도시정책의 분야에서 1990년대 이후 유행처럼 확산된, 이른바 창조도시 담론은 분명한 역사적 실천적 시도들과 관계되어 있다. 창조도시 담론이 대두하기 이전, 20세기 말의 도시이론의 중심 키워드는 세계도시world city였다. 이는 뉴욕, 런던, 도쿄 등 국제금융의 중심기능을 담당하는 도시들의 번영을 잘 설명하는 개념으로, 글로벌화를 배경으로 형성된 도시 개념이다. 세계도시는 위계적으로 형성된 세계의 도시구조에서 핵심적 역할을 하는 중심도시를 말한다. 당시 많은 도시들이 세계도시 전략을 표방했다. 그러나 모든 도시가 세계도시가 될 수는 없다. 오히려 소수의 세계도시가 지배력을 강화하게 되면 다른 도시의 발전은 저해된다. 이처럼 세계도시라는 개념으로는 도시의 아이덴티티를 표출하기 힘든, 그리고 세계도시를 향한 도시 간 경쟁에서 뒤쳐진 도시들에게 새로운 희망으로 등장한 개념이 창조도시이다. 이런 점에서 창조도시는 지속가능한 도시, 컴팩트 시티, 생태도시 등과 같은 대안적 도시 개념의 하나이다.

　이러한 의미의 창조도시 담론은 앞서 언급한 도시 패러다임의 변화, 즉 포스트-모더니즘과 포스트-포디즘적 상황의 전개와 밀접히 관련되어 있다. 이 양자의 어디에 무게를 두고 있는가는 창조도시 담론의 의미에 대한 분석과, 나아가 이를 비판적으로 검토하는 데 있어 중요한 실마리가 된다. 창조도시론을 대표하는 리더로는 랜드리와 플로리다를 들 수 있는 바, 랜드리가 전자의 논의를 대표한다면, 플로리다는 후자의 논의에 기반하고 있다. 우선 랜드리의 논의는 성장의 정체나 재정위기에 따른 복지축소 등 도시가 당면한 각종 문제들을 어떻게 하면 창조적으로 해결할 수 있을 것인가? 라는 점에 초점을 맞추고 있다. 그 과정에서 그는 문화 예술이 가진 창조력을 바탕으로 도시의 재생을 이끌어내는 정책적 처방을 제시한다. 이에 비해 플로리다는, 도시 간 경쟁이나 장소마케팅, 창조계층 등을 강조함으로써 신자유주의적, 엘리트주의적, 기업주의 도시관리의 성격을 강하게 드러낸다. 또한 플로리다의 창조도시론이 IT기술에 기반 한 창조계급과 창조산업이라는 성장 동력을 가진 미국의 도시들에 적합한 이론이라면, 랜드리의 논의는 유럽의 도시들이 가진 차별성, 즉 미국의 도시들이 결여하고 있는 역사적 문화적 자원을 도시재생에 적극 활용하려는 고민에서 비롯되었다고 볼 수 있다. 유럽이 지닌 문화다양성과 장소의 매력을 통해 지식기반산업에 있어서의 경쟁력을 확보해야 한다는 의미에서 그러하다. 양자 모두 제인 제이콥스J. Jacobs가 말한 인적자본[1]의 중요성을 강

1　제이콥스는 창조도시를, 포스트-포디즘을 맞이하여 유연하면서도 혁신적인 자기조절

조하면서도 각기 다른 지역적 또는 도시적 특성을 이론의 배경으로 삼고 있다고 할 수 있다.

우선, 플로리다의 논의에 대해 살펴보면, 그는 포스트-포디즘 시기에 산업화 시기의 계급개념을 대신하여 새로운 경제주역으로 등장한 창조계급에 주목하여, 이들 창조계급이 거주하는 도시야말로 경제적 활력이 충만한 도시라고 주장한다. 21세기 지식정보사회(포스트-포디즘)에서는 지식기반의 혁신산업이 도시 경쟁력의 핵심이 되며, 도시의 경제성장은 인프라나 인간자본의 집적을 통한 생산효과만으로는 이루어질 수 없고, 창조계급이 만들어내는 혁신에 의해 가능하기 때문이다. 따라서 그는 앞으로의 경제성장의 관건은 공장의 유치가 아니라 어떻게 하면 창조적 인재를 유인할 것인가에 달려있다고 본다.

그렇다면 어떻게 하면 창조계급을 유인할 수 있는가? 전통적 경제이론에 따르면 노동자들은 자기분야에서 가장 높은 임금의 직장을 가질 수 있는 도시에 정착한다. 하지만 창조계급에 속한 사람들은 이동성이 강하고, 전 세계 어디에서도 자기 재능을 인정받기 때문에 거주지의 선택에 훨씬 포괄적인 측면을 고려한다. 플로리다의 분석에 의하면, 창조계급은 다양하고 관대하며 새로운 사상에 개방적인 지역을 선호하며, 구체적으로는 생활양식, 사회적 상호작용, 다양성, 진정성, 독자성, 지역의 질 등을 고려하여 어디에서 살지를 결정한다. 따라서 창조계급을 유인하려면 그들이 선호하는 도시환경을 조성해야 한다. 나아가 플로

능력에 기반 한 경제시스템을 갖춘 도시로 규정했다. 특히 그녀는 인적 자원의 중요성을 강조함으로써, 플로리다의 창조계급론과 창조자본론의 원형을 제시했다고 볼 수 있다.

리다는, 성공적인 도시들에 대한 사례분석을 통해, 성공적인 도시가 갖추어야 할 3가지 요소, 즉 3T(기술Technology, 재능Talent, 관용Tolerance)를 제시했다. 포스트-포디즘 시대 도시의 경제발전은 3T에서 비롯되고, 성공적인 경제발전을 이룬 도시의 대부분은 3T 모두를 고루 갖추고 있다는 것이다(플로리다, 2002 : 382). 이 가운데 특히 주목을 끈 것이 관용 Tolerance이다. 관용지수는 도시의 개방성이나 다양성을 드러내는 지표로, 게이지수, 도가니지수, 보헤미안지수를 모아 집계한 것이다. 도시의 개방성이나 다양성은 다른 생각이나 기술을 지닌 창조적인 사람들의 유입을 증가시키고, 다양한 창조적인 사람들의 혼합은 새로운 것의 생성을 촉진한다. 이는 퍼트남의 사회자본론과는 상반되는 주장이다. 사회자본의 강한 유대는 배타성으로 이어질 수 있으며, 이에 비해 약한 유대가 외부인이나 새로운 아이디어의 유입을 촉진한다는 것이다.

플로리다의 이론이 소개된 후 많은 도시들이 이를 따라 지역발전 전략으로서 창조계급 유치전략을 세우고 실행하였다. 하지만 그의 이론에 대한 비판도 적지 않게 제기되었다. 창조성이나 창조계급의 개념에 대한 취약성, 미국 또는 대도시 중심의 도시전략, 도시경쟁의 지나친 강조, 엘리트 지향적 시각 등이 주된 비판의 대상이 되었다. 즉, 플로리다의 이론은 도시 간 경쟁, 산업유치, 재개발, 장소마케팅 등 신자유주의적 도시개발 의제의 맥락에서, 엘리트주의, 경제적 보수주의, 문화적 급진주의, 비즈니스 현실주의 등을 섞은 것으로 평가되고 있다. 기업주의 도시관리의 새로운 형태로의 전환과 관련된다고 하겠다(한상진, 2008 : 194).

평론가 크리스토퍼 드레허C. Dreher 등은 플로리다의 메시지를 '창조

적이 되어라, 아니면 죽을 것이다Be creative or die'라는 것에 다름 아니라
고 말한다(김동완, 2008 : 151). 창조계급이나 창조경제는 치열한 도시경
쟁 속에서 선진국 도시들이 살아남기 위한 필수적 선택이라는 것이다.
이처럼 도시경쟁력만을 강조한다면 창조도시론은 신자유주의적 도시
전략의 하나로 귀결되고 만다. 창조계급이나 도시경쟁력의 지나친 강
조는 도시 간, 계급 간 불평등을 심화시키는 결과로 이어지기 쉽다. 플
로리다의 눈에는 창조계급 밖에 없으며, 창조계급과 그 외의 계급과의
불평등을 당연시하는 것처럼 보인다. 물론 플로리다의 논의에는 보헤
미안이나 게이를 용인하는 등 문화적 다양성 또는 문화적 급진주의의
측면이 있는 것 또한 사실이다. 하지만 실제 도시정책으로 전개되는
과정에서는 시장경쟁을 중시하는 경제적 보수주의와 쉽게 결합한다.
이러한 사실은 실제로 플로리다의 논의에 주목한 이들이 보통 시민이
라기보다는 주로 도시정책가나 비즈니스 리더들이었다는 점에서 확
인 가능하다(佐々木, 2007 : 26).

　이에 비해, 랜드리의 창조도시론은 포스트-모던적 상황 변화를 잘
반영하고 있다. 즉, 랜드리는 문화예술이 가진 창조성을 통해 도시의
잠재력을 이끌어내려는 대표적인 창조도시 이론가라고 할 수 있다. 그
는 1985년부터 EU가 개시한 유럽문화도시 프로젝트의 성공사례를 분
석하는 가운데, 문화예술이 가진 창조적인 힘이 사회의 잠재력을 이끌
어낸 도시들에 주목하게 된다. 제인 제이콥스의 영향을 받은 그는, 창
조성을 판타지나 감상적인 차원이 아니라 실천적인 것으로 인식한다.
즉, 창조성을 지식과 혁신의 중간에 있는 것으로서, 문화예술과 산업
경제를 이어주는 매개 고리로 파악하는 것이다. 창조란 단순히 새로운

발명의 연속일 뿐 아니라 과거와의 적절한 대화를 통해 성립되는 것이며, 따라서 전통과 창조는 상호 영향을 주고받는 프로세스이다. 그는 또한 도시의 창조력이란 다양한 주체, 다양한 배경을 가진 이해집단, 열망, 잠재능력, 그리고 문화의 총합에서 나온다고 본다. 자질 있는 개인, 그들에게 의지를 심어주고 이끌어가는 리더, 리더를 뒷받침하는 조직문화, 다양한 인간과 재능에 접근하는 네트워킹의 역동성 그리고 이들을 담는 공간과 시설 등이 창조성을 위해 필요하다는 것이다. 랜드리는 특히 문화시설(공간)을 강조한다. 문화시설에서 이루어지는 시민들의 활발한 문화예술 활동은 도시의 다양성을 증대시키며, 그것이 창조성의 원천이 되기 때문이다.

랜드리의 창조도시론은 유럽의 도시들이 미국 도시들과의 경쟁에서 비교우위를 점하려는 의도에서 비롯되었다는 점에서 유럽 중심적 사고의 산물이다. 유럽 도시들이 지닌 문화적 다양성과 고유의 장소성 등을 통해 포스트-모던적 도시경쟁에서 경쟁력을 확보해야 한다는 것이다. 랜드리가 창조도시로 주목한 바르셀로나의 경우, 가우디, 피카소, 달리 등의 현대예술의 거장을 낳은 곳이며, GDP의 7%, 고용의 8.5%를 문화 활동이 차지하고, 매년 500만 명 정도의 관광객이 올 정도로 관광이 활성화되어 있다(佐々木, 2007 : 33). 랜드리의 논의에서 중요한 부분을 차지하는 창조산업은 문화와 산업이 창조성에 의해 매개된 형태이다. 이러한 창조산업은 도시의 문화적 다양성이나 문화자본[2]에

---

2   데이비드 스로스비D. Throsby는 경제적 문화적 가치를 구체화하고 축적하며 공급하는 자산으로서 '문화자본'이라는 개념을 도입하여, 문화와 경제학과의 밀접한 관계를 설명하고 있다(中牧, 2008 : 117).

크게 의존한다. 따라서 창조도시의 성공 가능성은 역사적 유산이나 뛰어난 예술가 집단, 재정적 기반 등 기존의 문화자본이 잘 갖추어진 선진국 도시들에 유리하다. 창조산업의 세계시장규모를 개괄해보면, 미국 55.1%, 유럽 26.6%로 약 8할 이상을 차지하고 있다(中牧, 2008 : 53). 이러한 점에서 랜드리의 창조도시론을 아시아를 비롯한 개발도상국의 도시들에 바로 적용하기에는 일정한 무리가 따른다. 한국이나 중국 등 아시아 도시들에 있어서의 창조도시 논의가 랜드리식의 문화도시 모델보다는 플로리다식의 도시 간 경쟁 모델에 치우친 경향이 큰 것은 이러한 점과 관계가 있어 보인다.

여기서 유럽과 미국의 맥락과는 다른 아시아 도시의 맥락에서 창조도시론을 전개하고 있는 학자가 사사키 마사유키이다. 사사키는 1996년『創造都市の 經濟學』을 출간하였는데, 거기서 그는 창조도시를 "인간이 자유롭게 창조활동을 함으로써 문화와 산업의 창조성이 풍부한 동시에, 탈 대량생산의 혁신적이고 유연한 도시경제 시스템을 갖춘 도시이며, 21세기 인류가 직면한 전 지구적인 환경 문제와 부분적인 지역 사회의 과제에 대하여 창조적으로 문제해결을 할 수 있는 창조의 장이 풍부한 도시"로 정의했다. 창조산업의 중요성을 강조하는 제이콥스의 도시이론에 입각하면서도 랜드리 등의 실천적인 유럽의 창조도시론 또한 수용하고 있다. 특히 그는 최근의 저서『創造都市と社會包攝』(2009)에서, 도시 간 경쟁에 치우친 창조도시론, 특히 아시아 도시들의 경쟁지향을 비판하면서, 사회적 약자를 품을 수 있는, 함께하는 도시 만들기 전략을 제시하고 있다. 구미의 창조도시론이 문화정책이나 산업정책을 중심으로 한 개념인데 비해, 사사키는 복지 분야에서의 가

능성을 모색함으로써, 창조도시의 개념을 한층 확장하고 있다.

사사키의 논의 이외에도, 최근에는 교육이나 복지, 의료, 마을만들기 등의 분야에서 문화예술이 가진 창조성을 활용한 다양한 시도들이 이루어져 일정한 성과를 나타내고 있다. 영국에서는 커뮤니티 댄스가 보급되어 투약 대신 댄스 처방전을 내는 병원도 있고, 일본에서는, 에이블 아트able art라는 이름으로, 도시의 소외자들이 아트를 통해 인간성을 회복하고 나아가 새로운 커뮤니티를 구축해가자는 운동이 서서히 시민권을 얻어가고 있다(橫浜市, 2010 : 58). 이외에도, 홈리스나 NEETNot in Education, Employment or Training의 사회복귀, 범죄자의 갱생 등 다양한 분야에서 문화예술이 가진 잠재력에 주목하게 되었다. 이처럼 창조도시를 도시문제의 해결에 창조성을 활용한다는 일종의 행동양식(방식)으로 본다면 굳이 창조도시라는 이름을 내걸지 않고도 창조성을 가진 도시는 얼마든지 찾을 수 있다.

4. 도시의 창조성과 로컬리티

도시의 창조성 또는 창조 도시론은 도시문제의 진단과 처방 그리고 지향점 등에 있어서 로컬리티 연구와 많은 관련을 맺고 있다. 즉, 필자를 포함한 '로컬리티의 인문학' 연구 그룹은[3] 국민국가 중심의 근대적

---

3   부산대학교 한국민족문화연구소는 한국연구재단의 인문한국(HK) 지원사업(대형)의 일환으로 '로컬리티의 인문학'이라는 아젠다 연구를 수행하고 있다. 여기에는 인문학, 사회과학, 공학 등의 다양한 전공을 가진 20여명의 연구자들이 전임 연구인력으로 참여하고 있다.

패러다임에서 벗어나 로컬의 자율성과 독자성에 입각한 새로운 연구 패러다임(연구단위, 연구시각, 문제의식, 연구방법론 등)을 모색한다는 점에서 창조 도시론과 공감하는 부분이 적지 않다. 우선 창조도시론과 로컬리티 연구는 공히 스케일의 측면에서 국가보다는 도시에 주목한다. 그리고 단순히 스케일의 측면에서만이 아니라 도시를 인간 삶의 터전으로 파악하여 인간이 살기 좋은 도시를 만들기 위해 다양한 인문적 처방을 제시한다. 나아가 각 도시가 가진 나름의 장소성, 즉 고유성과 다양성의 가치 발현을 지향한다.

1) 스케일로서의 도시

도시라는 공간 단위는 전근대시대부터 존재해 왔으며, 인간 삶이 이루어지는 중요한 곳이었다. 하지만 근대 국민국가체제의 성립과 함께 도시는 국가 속의 하위단위로 위치 지워졌다. 도시들 간의 다양한 차이는 국가적 동질성 창출이라는 미명으로 무뎌졌고, 도시의 자율성은 국가와 도시 간의 위계적 관계에 의해 퇴색되었다. 도시정책은 국가의 전체적인 기획 하에 이루어졌고, 국가내의 도시들 간의 위계와 기능분담이 국가적 필요에 의해 구획되었다. 이러한 근대적 공간질서에 변환을 초래한 것은 글로벌화와 로컬화의 동시진행으로 대변되는 포스트-모던적 공간 재편이다. 글로벌화와 로컬화는 국민국가의 위와 아래에서 이루어지는 공간의 재편으로 국민국가의 약화로 이어진다.

논란의 여지는 있지만, 그동안 도시공간에 대해 일정한 규정력을 행사하던 국민국가의 약화는 도시공간에 대한 새로운 관심을 불러 일으켰다. 신자유주의적 글로벌화는 국민국가의 경계를 무력화시켰고, 국가의 재정위기는 케인즈주의적 복지정책의 포기로 이어져 그동안 국가의 재정지원에 의존하던 도시들은 이제 자구책을 강구하지 않으면 안 될 상황에 직면했다. 1980년대에 들어서면서, 국가는 분권화라는 미명으로 이러한 상황변화에 대응하였고, 구미의 많은 도시들은 이제 자신의 문제를 스스로 책임지지 않으면 안 되게 되었다. 특히 재정적자에 따른 예산의 삭감은 복지와 문화정책 등에서 더욱 두드러졌다. 이러한 위기 상황에서 문화정책에 의해 도시를 재생하고자 하는 역발상이 나타났고, 그것이 창조도시의 한 갈래를 이루는 문화도시 전략에 다름 아니다. 창조도시의 문제의식은 어떻게 하면 도시가 국가의 재정지원으로부터 자립하여 지속적으로 발전해 갈 수 있을 것인가에 있었고, 문화예술이 그 문제해결을 위한 아이디어의 원천이 되었다.

1980년대 이후 전개된 분권화란, 국가가 재정위기의 문제를 도시에 떠넘겼다는 속사정은 있지만, 도시공간의 위상과 자율성을 강화시키는 결과로 이어졌음은 분명하다. 도시공간을 중심으로 미래의 변화를 준비하는, 이른바 창조도시론자들은 서로간의 많은 이견에도 불구하고 이제 국민국가의 시대는 가고 도시의 시대가 도래 하였다는 점에는 대체로 동의한다. 많은 창조도시 이론가들에게 영향을 준 제이콥스는 일찍이 도시공간(단위)의 중요성을 갈파한 대표적인 학자이다. 그녀는 저서 『도시와 국가의 부*Cities & The Wealth of Nations*』(1984)에서, "국가는 정치적 군사적 실체이지만 꼭 경제적 삶의 기본 단위라고는 할 수 없으며 특별히 유용한 것도 아니다. (…중략…) 국가는 매우 상이한 여러 개의 경제로 구성되어 있으며, 다양한 경제형태 중에서도 도시야말로 다른 곳에 사는 사람들의 경제를 결정하고 재구성하는 능력이 탁월함을 알 수 있다"라고 주장하여, 도시가 새로운 형태의 경제적 삶을 창조하려는 실천적 시도에서 핵심을 이룬다는 점을 밝히고 있다(제이콥스, 2004 : 44). 이외에도 대표적인 창조도시 이론가인 랜드리는 그의 저서 *Creative City Making*(2006)의 서문에서, "도시국가시대를 다시 열어 근대의 민족국가로서는 결코 꿈꿀 수 없는 높은 가치를 지향할 수 있는 큰 기회가 놓여 있다는 사실을 깨닫고, 중앙정부와 도시(지방)정부와의 권력관계도 재조정해야 한다"고 제안하고 있으며(랜드리, 2009 : 29). 플로리다 또한 "도시가, 종래 법인이 했던 역할을 대신하여, 창조적 사람들과 경제 기회를 연결하고 성장에 필요한 두터운 노동시장을 제공하는 등 경제와 사회의 중심적인 조직단위가 되고 있다"고 주장한다(플로리다, 2002 : 344). 그리고 사사키도 마찬가지로 "사물은 항상 구체적인 로컬에 기인하며, 우리에게 필요한 것은 로컬의 문제에 새로운 처방을 가능하게 하는 새로운 사상과 지혜이다"라고 주장하여(佐々木, 2009 : 67), 로컬이 발전의 계기 또는 원천이 되어야 한다는 시각을 견지하고 있다.

창조도시론이 도시에 주목하는 것은 단순히 스케일의 차원에서만은 아니다. 창조도시는 인간의 창조성에 주목하는바, 도시는 그러한 인간이 살아가는 삶의 터이고, 그러한 삶의 과정이 축적된 역사적 공간이다. 창조도시의 가장 중요한 자원은 도시의 입지, 천연자원, 시장에의 접근성 등이 아니라 바로 사람이라는 점에서 종래의 도시이론과는 다르다. 도시에 살고 있는 창조적인 사람들은 그 도시의 문화 예술적 활동이나 환경으로부터 영감을 얻고 도시의 창조성도 거기서 비롯된다. 즉, 문화예술 활동과 인프라가 도시문제의 창조적 해결을 가능하게 한다. 2004년 창조도시의 글로벌 네트워크를 제창한 유네스코는, 왜 도시에 주목하는가? 라는 질문에 대해, "일련의 창조적 행동은 도시를 중심으로 일어나며, 도시는 인간의 창조성 발휘에 적당한 규모이다"라고 밝히고 있다(佐々木, 2009 : 16).

2) 성찰성과 인문성

로컬리티의 인문학 연구가 도시의 창조성 또는 창조도시에 주목하는 것은, 그것이 도시 또는 로컬 스케일에 기반하고 있다는 점 이외에, 근대적 도시 또는 도시이론에 대한 성찰에 근거하고 있기 때문이다. 근대성에 의해 기획되고 개발되어온 근대도시는 합리성, 보편성, 성장, 경제주의, 경쟁 등의 가치가 지배하면서, 감성, 고유성, 보존, 인문주의, 공생 등의 가치는 크게 퇴색되게 되었다. 근대적 도시에 대한 성찰이란, 퇴색된 이러한 가치들이 진정으로 인간에게 소중한 가치들이며, 이러한 잃어버린 가치들의 복원이 필요하다는 인식에 다름 아니다. 따라서 창조적 도시는 근대성에 대한 성찰과 대안 추구라는 일정한 지향성을 가질 필요가 있다. 그것이 근대도시의 비인간화에 대한 인간적 도시의 추구든, 불평등과 사회적 격차의 심화에 대한 공생의 추구든, 획일화에 대한 지역성의 추구든, 아니면 성장과 확대 일변도에 대한 지속 가능성의 추구든, 중요한 것은 인간의 보다 나은 삶에 대한 성찰의 결과이어야 한다. 그렇지 않다면 창조도시 또한 근대도시가 계속해 온 성장 또는 개발의 정체 문제 해결을 위한 전략적 대응의 한 방편에 그칠 것이다.

근대적 이성과 합리주의에 기반 하여 수백 년 동안 인간에 대한 논리적, 분석적, 기술적 해석이 이루어져 왔지만, 그것만으로는 인간을 설명하고 인간을 행복하게 할 수 없다. 창조성의 연구에 있어서도 과학적 분석이 기여한 바는 크지만, 그것만으로 창조성을 설명하거나 발현시킬 수는 없다. 인간에게는 탈합리적인 이해가 요구되어지는 부분이 존재하며, 특히 창조성과 관련된 영역에서는 더욱 그러하다.

도시 만들기는 오랜 동안 건축·토목기술이나 토지활용(도시)계획과 동일시되었다. 하지만 문화예술을 통한 도시 만들기로 시야를 넓히면 도시의 다양한 측면들이 눈에 들어온다. 물리적 시설들은 빈껍데기에 불과하며, 거기에 살고 있는 사람들의 삶과 관련한 다양한 감성적 요인들이 도시를 설명하는 잣대가 된다. 랜드리는 그의 저서에서, 도시의 소리풍경, 냄새풍경, 색깔 등 감성적 요인의 중요성을 지적한다(랜드리, 2009 : 103~121). 도시는 보고 이성적으로 판단하는 것만이 아니라, 듣고, 냄새를 맡고, 감촉과 맛을 느낄 수 있는 대상인 것이다. 소리풍경이라는 개념을 통해 도시를 바라보면, 소리가 해당 도시의 정치, 사회, 자연, 기술을 반영함을 알 수 있다. 문화권마다 소리에 대한 해석이 다르듯이 만들어내는 소리 역시 다르다. 소리풍경을 기준으로 본다면, 브리티시 콜롬비아나 밴쿠버가 창조적 중심도시가 된다. 또한 도시마다 고유한 냄새풍경을 가진다. 항구도시의 비린내 등과 같이 도시의 냄새풍경은 대개 도시 내의 특정 장소와 관련되지만, 도시 전체적으로 자극적이고 우울하거나 향기롭고 행복하다는 등으로 표현할 수도 있다. 그리고 회색빛으로 표현되는 획일화된 근대도시의 모습에서 탈피하여 나름의 색채를 만들어가는 세계적으로 유명한 색채도시들도 곳곳에 존재한다. 모로코의 마라케시는 분홍색 도시, 인도의 조드푸르는 파란색 도시이다(랜드리, 2009 : 121).

도시를, 그곳에 살고 있는 인간의 관점에서, 인간에 적합하도록 만들어 가는 것은 대안적 도시의 모색에서 가장 기본적인 전제이다. 물질적 측면이 강조된 근대도시에서는 인간에 대한 고민의 진정성authenticity이 결핍되었다. 이러한 결핍된 진정성을 메워주는 것은 다름 아닌 인문학의 역할이다. 인문학은 인간에 대한 근본적이고 심도 있는 고민에서 비롯되기 때문이다. 창조적 도시 만들기에 인문학의 개입이 필요한 이유 또한 여기에 있다. 창조적 사고를 가능하게 하는 것도 인문적 소양이지만, 창조적 도시가 지향해야할 것도 인간의 진정한 체험에 바탕을 둔 인문적 가치이다. 창조성을 발휘한다고 해서 모두 창조적 도시가 되는 것은 아니다. 창조성에는 긍정적 측면도 부정적 측면도 모두 존재한다. 창조성은 인간을 치유하는 약을 만들기도 하지만, 살인무기를 생산하기도 한다. 따라서 창조적 도시의 지향점은 창조성의 함양 못지않게 중요하다. 창조적 도시라면 그곳에 살고 있는 사람들의 일상이 진정성이 있고 즐거워야 한다. 두바이는 사막에 건설된 꿈의 도시이다. 그곳은 인간의 과학기술이나 건축공학적 창조성이 마음껏 발휘된 걸작으로, 그런 점에서는 창조적 도시라 할 수 있다. 하지만 선뜻 두바이를 창조도시라고 하기는 힘들다. 두바이에는 그곳에 살고 있는 사람들의 삶의 진정성이 결여되어 있다. 따라서 인문적 차원에서 두바이는 결코 창조적이거나 경쟁력을 갖춘 도시가 아니다.

3) 고유성과 다양성

창조도시에 관한 대부분의 논의에 공통되는 것은 도시가 가진 창조적인 힘과 그 로컬리티(장소성)와의 관계에 주목한다는 점이다. 즉, 창조도시의 2가지 핵심 개념인 창조성과 장소성은 도시(로컬이)라는 문맥에서 밀접하게 연결되어 있다. 인간 삶의 터전인 로컬은 저마다의 고유한 장소성을 갖고 있고, 창조성은 이러한 장소성을 배경으로 생겨나기 때문이다. 창조적 도시재생 또는 도시 만들기란 그 도시의 고유한 장소성을 찾아내어, 그것에 기반 한 창조적 아이디어를 통해 도시 재생이나 당면한 도시문제의 해결을 시도하는 것이라고 할 수 있다.

창조도시의 논의에서 특히 장소성이 부각되게 된 것은 글로벌화의 진전에 따라 세계의 도시들이 균일화되는 경향을 나타내면서이다. 이런 점에서 창조도시는 신자유주의적인 글로벌화가 만들어내는 획일화에 대해 지역이 가진 자립적인 저항력을 드러내는 대안적 의미를 가진다. 글로벌화에 대한 대안적 의미에 주목한다면, 장소성이야말로 창조도시의 핵심이 될 수 있다. 매뉴얼 카스텔M. Castells은 이를 유동공간 space of flows과 장소공간space of places의 대비를 통해 설명한다. 오늘날 권력, 부, 정보를 집중시키는 지배적인 과정들은 유동공간을 중심으로 조직되는 경향을 나타내지만, 그럼에도 인간적인 경험과 의미는 여전히 구체적인 로컬 공간에 그 기반을 두고 있다. 이 양자의 상호작용, 특히 유동공간이 장소공간을 끊임없이 소비해 가려는 데 대해 장소 공간이 이에 대항하는 형국이 글로컬화가 만들어낸 공간 변환의 중요한 특징이라고 할 수 있다(Castells, 1996 : 410~418).

글로벌화의 진전에 따라 공간이 점차 추상화 균질화 될수록, 역설적으로 장소의 질은 더욱 중요해진다. 하비가 잘 지적한 바와 같이, 글로벌 자본에 의해 균질화 되는 로컬공간의 이면에, 약간의 지역적 차이마저 경쟁의 중요한 변수로 등장하게 되는 역설이 자리하고 있다. 공간이 균질화 될수록 작은 차이마저 도시 간 경쟁에서 중요한 의미를 가지게 되며, 그만큼 각 도시가 가진 장소의 질이 중요해진다는 의미이다. 이제 도시들은 자신들만의 특별한 질을 가진 장소를 생산해내고 이를 통해 다른 도시들과 차별화하거나 경쟁하고자 한다. 그러나 이러한 의미의 장소성 생산은 유동자본과 문화소비자에게 장소를 판매하기 위한 것에 불과하다.

이와는 달리 신자유주의적 글로벌화의 힘에 도시가 능동적으로 대처하기 위해서도 도시가 가진 자율성과 고유성에 근거한 장소성을 만들어가지 않으면 안 된다. 이러한 의미에서 창조도시의 장소성은, 장소의 아이덴티티에 결부된 것이어야 한다. 즉, 로컬의 입장에서 글로벌화를 바라본다면, 글로벌화의 흐름 속에서 자신의 삶의 터전인 로컬공간을 능동적으로 재편해 가는 과정이 바로 로컬화이다. 따라서 글로컬화란 글로벌화가 구체적인 장소인 로컬과 만나는 지점이다. 여기서 글로벌 자본이 로컬 공간이 가진 차이를 소비하는 방식이 아니라, 능동적인 로컬화를 가능하게 하기 위해서는 글로벌화에 의해 포섭되어가는 장소성의 가치를 복원하고 각 장소가 가진 다양성을 존중해야 한다.

장소성에 입각한 창조적 도시 만들기에서 가장 중요한 것은 각 도시들이 가진 고유성을 살리는 것이다. 도시의 특성과 조건을 고려하지 않은 채 성공한 도시의 모델만을 따른다면 그것은 발전으로 가는 길이 아니다. 따라서 발전의 내발성을 주장하자면 당연히 개성을 중시하게 되는 이유가 여기에 있다(塩澤, 2009 : 309). 창조도시의 성공사례로 자주 언급되는 일본 가나자와金澤시의 경우, 외부의 대기업을 지역으로 유치하는 것이 아니라, 지역 내의 근간 산업을 중심으로 이른바 '내발적 발전'을 잘 이루어냈다는 평가를 받고 있다.

각 도시들이 가진 고유성을 강조하는 것은 다양성의 보존과도 연결된다. 유네스코는 신자유주의적인 글로벌화의 확산에 의해 개발도상국의 문화재나 언어가 소실되고, 문화권과 인간발달이 저해되며, 문화적 다양성이 훼손되는 상황에 경종을 울리고자, 문화자본의 보존을 기치로 2001년 '문화적 다양성에 관한 세계선언'을 채택하였다. 그 배경에는 거대 문화산업이 시장을 석권해 문화다양성을 훼손할 것이라는 구미 각국의 강한 위기감이 자리하고 있다.

이상에서 살펴 본 바와 같이, 창조성이란 용어는 매우 다양한 의미로 사용되고 있다. 본래 신의 능력에 속하던 창조성은 신에 가까운 특별한 능력을 가진 인간을 구분하는 특권화·신비화된 의미로 전유되다가 근대 과학의 발달과 함께 모든 인간이 가진 잠재적 능력(뇌의 작용)으로 탈신비화·세속화되었다. 창조성은 이제 예술가만이 아니라 모든 인간이 가진 능력이며, 예술의 영역에서만이 아니라 일상의 모든 영역에서 사용되는 것이 되었다.

창조성은 자아실현이나 성격분석과 같은 개인적·심리적 레벨에서 세계경제의 대안 모색과 같은 세계적 레벨에 이르기까지 다양한 스케일과 시각에서 사용되고 있다. 하지만 1990년대 이후라는 시점에서,

도시이론의 스케일에서 호출된 창조성은 2가지 측면의 포스트적 상황과 밀접하게 관련되어 있다. 즉, 모더니즘과 포디즘이라는 근대 국민국가 중심의 원리가 한계에 직면하면서 그 대안으로 주목을 끌게 된 것이다. 포스트-포디즘과 포스트-모더니즘이라는 새로운 도시 패러다임은 기존의 생산성과 효율성을 대신하여 창조성을 필요로 하게 된다. 글로벌한 유동자본의 유치를 통해 새로운 성장 동력을 마련하고, 문화의 글로벌한 소비에 대응해 도시를 문화적으로 재구성하려는 도시의 전략은 창조성을 필요로 했던 것이다.

이처럼 창조성은 산업주의 시대의 효율성과 합리성을 대신할 지식정보사회의 새로운 '원리' 또는 '성장 동력'의 핵심으로 파악된다. 하지만 논의를 확장하여 창조성을 현대도시가 당면한 다양한 도시문제를 해결하기 위한 새로운 실마리로 파악할 경우, 창조성의 본질과 의미에 대한 인문적 성찰에 그 관심이 미치게 된다. 현대 도시가 당면한 비인간화와 양극화에 주목할 경우 인간적인 도시 만들기와 소수자의 사회적 포섭이 중요한 문제로 떠오르며, 여기서 창조성이란 문화·예술을 활용하는 것과 같이 기존의 방식과는 다른 새로운 방식으로 도시문제를 해결하는 것을 의미하게 된다. 영국의 커뮤니티 댄스, 일본의 에이블 아트 등 교육이나 복지, 의료, 마을 만들기와 같은 다양한 분야에서 활발하게 이루어지고 있는 시도들이 바로 그것이다.

창조적 도시 만들기는 로컬리티에 대한 새로운 관심을 촉구한다. '로컬리티의 인문학'은 국민국가 단위의 추상적·중심주의적 사고를 비판하며, 로컬의 독자성과 역동성을 발현하고자 한다. 나아가 근대성의 부정적 결과, 즉 비인간화, 효율화, 획일화 등에 대한 성찰을 통해 도시문제에 대한 인문적 처방을 제시하고, 이를 통해 인간 삶의 터인 로컬(도시공간)을 인간을 중심으로 재구성하고자 한다. 특히 글로벌화의 맥락에서 각 도시가 가진 의미들을 지켜가기 위해서는 글로벌화에 의해 포섭되어가는 장소성의 가치를 복원하고 각 장소가 가진 다양성을 존중해야 한다. 창조적 도시 만들기는 각 도시들이 가진 장소성, 즉 고유성과 다양성을 살리는 것에 다름 아니며, 그것은 로컬리티에 대한 관심에서 비롯한다.

참고문헌

김동완, 「규모의 지리 측면에서 바라본 창조적 계급과 도시 창조성-도시 창조성의 재구성과 도시 정책적 시사점」, 『공간과 사회』 제29호, 한국공간환경학회, 2008.

박연숙, 「예술의 탈신비화와 창조적 일상」, 『생명연구』 19집, 서강대 생명문화연구원, 2011.

임상오·전영철, 「창조도시 담론의 쟁점과 재정학적 시사점」, 『재정정책논집』 11-3, 한국재정정책학회, 2009.

조은석, 「외국의 창조성 이론과 연구동향」, 『창조교육학회지』 10호, 창조교육학회, 2008.

한상진, 「사회적 경제 모델에 의거한 창조도시 담론의 비판적 검토-플로리다, 사사키, 랜드리의 논의를 중심으로」, 『환경사회학연구』 12-2, 한국환경사회학회, 2008.

랜드리 찰스, 메타기획 역, 『크리에이티브 시티 메이킹』, 역사넷, 2009.

머슬로우 에이브러햄, 오혜경 역, 『동기와 성격』, 21세기북스, 2009.

제이콥스 제인, 서은경 역, 『도시와 국가의 부-경제적 삶의 원칙』, 나남, 2004.

플로리다 리처드, 이길태 역, 『Creative Class-창조적 변화를 주도하는 사람들』, 전자신문사, 2002.

渡部薫, 「文化による都市再生と創造都市-その史的解釋の試み」, 『社會文化科學研究』 8, 千葉大學, 2004.

塩澤由典·小長谷一之, 『まちつくりと創造都市2-地域再生論』, 晃洋書房, 2009.

佐々木雅幸 外, 『創造都市への展望』, 學術出版社, 2007.

佐々木雅幸·水內俊雄, 『創造都市と社會包攝』, 水曜社, 2009.

中牧弘允 外, 『価値を創る都市へ』, NTT出版, 2008.

横浜市, 『創造性が都市を変える』, 學藝出版社, 2010.

Castells, M., *The Rise of The Network Society*, Massachusetts : Blackwell, 1996.

Guilford, J. P., *The nature of human intelligence*, New York : McCrow-Hill book, 1967.

서구 창조도시론의 비판적 고찰

박규택

창조와 관련된 다양한 용어들, 즉 창조산업creative industry, 창조경제 creative economy, 창조계급creative class, 창조도시creative city의 논의는 20세 기 중반이후 산업자본주의에 토대를 둔 서구 국가경제의 재구조화, 특 히 이들 국가 경제발전의 중추적 역할을 담당한 도시(지역)의 사회·경 제 구조의 변화와 밀접하게 관련되어 있다. 좀더 구체적으로 자연자원, 단순 혹은 숙련 노동력, 자본의 효율적 결합에 의한 대량 생산과 소비를 바탕으로 서구 자본주의 국가들은 경제성장을 이루었다. 그러나 이러 한 경제성장 체제는 다양한 요인들, 즉 자본가와 노동자 간의 갈등, 개발 도상국의 경제발전, 환경문제 등에 의해 더 이상 지속되지 못하게 되었 고, 새로운 방식의 경제성장 전략을 모색하는 작업[1]이 진행되었다.

---

1   1970년대에 서구 산업자본주의 국가 중심의 대량생산과 대량소비에 토대한 포디즘Fordism 축

대안적 경제성장 전략은 크게 세 가지 방향으로 전개되었다. 첫 째, 산업자본주의 경제성장을 탈피한 후기(탈)산업자본주의 체제로의 변화이다. 후기산업자본주의는 지구화globalization와 로컬화localization의 동시적 작동 속에서 진행되는 차이(특이성), 경쟁, 시장 등에 주목하였다. 둘째, 산업자본주의적 국가 경제성장의 원동력은 대규모 저임금 단순 혹은 숙련 노동력이었지만 후기산업자본주의는 지식과 고급 기술을 소유한 노동력을 경제 성장의 핵심 요인으로 보았다. 셋째, 창조산업에 토대한 창조경제는 문화와 예술을 경제 영역으로 포함시켜 발전 전략을 추구한다. 여기서 경제적 자원으로서 문화와 예술은 잉여가치를 창출하는 생산과정의 관점뿐만 아니라 생산과 소비 간의 상호관계 관점에서 논의되고 있다. 첫째 주제는 사회·정치·경제와 공간 간의 관계성 재편과 관련이 있고, 둘째는 노동의 양이 아닌 질적 측면, 즉 창조적 노동력의 생산과 소비 활동과 연관되어 있다. 셋째 주제는 전통적 경제체제의 외연적 확대, 즉 문화와 예술을 경제적 자원으로 포섭시키는 작업과 관계되어 있다.

1990년대 이후 유럽과 비유럽 국가의 많은 도시들이 활발하게 논의한 창조(문화)산업, 창조계급, 창조도시는 위에서 언급한 세 가지 경제성장 전략과 직·간접적으로 연계되어 있다. 본 글은 서구의 창조도시, 창조산업, 신경제와 인적자본, 창조성과 장소 연구들을 비평적으로 고찰한다.

적체제가 위기를 맞은 뒤 그 대안으로 다품종 소량생산, 유연적 축적체제, 신자유주의 경제, 지식경제, 신경제, 금융자본의 세계화, 기술혁신체제 등이 논의되었다.

1. 창조도시 개념과 생성

서구의 창조도시 연구들은 창조도시가 다양한 용어, 창조(문화)산업, 창조경제, 신경제, 창조계급 등을 포함하고 있어 대단히 복잡하며[2] 이들의 정의와 경계가 모호하고, 또한 이론과 방법론 그리고 실천 간의 관계성이 충분히 논의되어 있지 않다. 문자적으로 창조도시는 도시에 창조성을 결합시킨 것이다. 그러나 이러한 문자적 해석으로 창조도시를 이해하기 어렵기 때문에 도시와 창조성 그리고 이들의 결합에 대해 부가적 설명이 필요하다. 창조도시론에서 도시는 담론적·물질적·경험적 측면에서 그리고 창조성은 개인적·집단적·사회적 측면에서 이해되어야 할 것이다. 그리고 창조성과 도시는 역사 속에서 다양한 형태로 결합되어 창조도시를 생성·발전시킨다. 예를 들면, 산업화 시대에 번창한 공업도시는 탈산업화의 진전에 의해 쇠퇴하면서 공장, 사무실, 하부시설 등은 더 이상 유용한 기능을 수행하지 못하게 된다. 탈산업사회에서 더 이상 사용되지 않은 공업도시의 건축물 혹은 건조 환경은 개인 혹은 집단의 예술·문화적 창조성에 의해 새로운 기능과 가치가 부여된 건축물로 재생될 수 있다. 매우 혼란스럽고 애매하게 정의(개념화)되고 있는 창조도시는 세 가지 측면으로 이해될 수 있다.

---

2   창조도시 아이디어는 1980년대 후반부터 현재까지 상이한 궤적을 따라 발전되면서 다양한 의미가 부여되어 혼란스럽게 되었다. (···중략···) 창조도시에서 창조성은 창조경제에 포함된 예술가와 창조자 뿐만 아니라 사회사업가, 기업인, 과학자 등 모든 사람들이 창조적inventive 방식으로 이슈를 접근함에 따라 발생한다(Landry, 2006 : 16).

일반적으로 창조도시는 자연적으로 주어졌거나 혹은 본질적으로 존재하는 것이 아니라 사람, 사물, 공간, 제도, 사회 환경 등이 상호작용하면서 생성·변화하는 실체로 규정될 필요가 있다. 이에 따라 창조도시는 세 가지 측면으로 이해될 수 있다. 첫 번째는 사람들 간의 관계 혹은 사람과 사물 간의 관계에 의해 창조성이 생성되는 무대로서의 창조도시이다. 두 번째는 "도시의 구성요소들, 즉 건축물, 제도, 문화, 역사, 자연 환경 등이 창조적 자원 혹은 매개체로 활용될 수 있다는 의미에서 창조도시이다. 세 번째는 역사적 관점으로, "과거에 형성된 도시환경, 사회와 문화, 시민의 의식과 실천 등은 현재 혹은 미래에 개인과 집단이 창조성을 발휘하는 데 부정적 혹은 긍정적 요인으로 작동한다"는 의미에서 창조도시이다. (…중략…) 그리고 창조도시는 도시 내부에 초점을 둔 폐쇄적 관점이 아닌 도시 내부와 외부(타 도시 및 지역, 국가, 세계)와 지속적으로 상호작용하는 관계 속에서 이해되어야 한다(박규택·이상봉, 2013, 62~63).

창조도시의 기존 연구들은 문화·예술 활동에 초점을 둔 영국 중심의 창조산업과 창조적 인재에 무게를 둔 미국의 창조계급으로 구분될 수 있다. 상이한 맥락에서 출발한 창조산업과 창조계급 중심의 창조도시는 지구화와 신자유주의적 시장경제 체제 하에서 문화·예술의 창조성 혹은 창조적 인적자본을 통해 쇠퇴 혹은 정체하는 도시의 사회·경제를 발전·재생시키려는 담론과 실천이다.

창조산업은 영국의 산업자본주의 위기에 따라 국가 및 도시의 경제가 재구조화되는 과정에서 여러 도시들이 문화·예술의 창조성을 활용하여 새로운 일자리를 창출하고, 또한 사회적 통합을 통해 사회·경제 문제들을 해결하려는 정책 대안으로 제안되었다. 즉, 정체 혹은 쇠퇴하는 영국의 전통적 산업도시들은 문화·예술의 창조성(상품성, 공공성)을 통해 도시 경제를 재생시키고 공업(제조업) 중심의 경제를 창조경제로 전환시키려고 노력하였다. 1990년대 후반에 영국 노동당 정부의 '문화, 미디어, 스포츠 부처the Department of Culture, Media and Sports, DCMS'는 문화산업을 창조산업creative industry으로 명칭을 변경시켜 문화산업에 포함된 정치적 함의를 희석시키는 대신 창조 용어의 긍정성을 부각시키려고 시도하였다(Jeffcutt and Pratt, 2002). DCMS는 창조산업을 "개인의 창조성, 기술, 재능에 기초한 지적 재산권intellectual property의 지정과 활용을 통해 부와 일자리 창출에 잠재력을 지닌 활동, 즉 광고, 건축, 예술, 골동품, 공예, 디자인, 패션, 영화, 여가, 음악, 행위예술, 출판, 소프트웨어, TV & Radio를 포함한다"고 정의하였다(Jeffcutt and Pratt, 2002 : 227). 그리고 창조도시의 용어를 대중화시킨 것은 랜드리Landry의 저서 (2000), *The Creative City-A Toolkit for Urban Innovation*이다.

미국에서 신경제와 창조도시의 연계는 영국의 창조산업 전략의 확산에 비해 천천히 진행되었다. 스콧Scott이 미국의 문화산업과 도시 및 지역 경제의 관계를 지속적으로 연구해 왔음에도 불구하고 창조도시 담론이 빠르게 수용되지 않았다. 그리고 유럽에서 수행된 것과 비슷한 최초의 연구는 2001년에 "Blueprint for Investment in New England's Creative Economy"이다 (Landry, 2006 : 21). 미국에서 플로리다Florida의 저서(2002), *The Rise of the Creative Class*가 나온 뒤 창조도시의 관심이 높아 졌다. 그의 주장에 의하면, 세계화와 정보·통신 기술의 발달 등에 의해 경쟁이 심화되는 환경 속에서 도시 및 지역의 발전에 '창조계급'의 역할이 중요하다. 창조계급은 인적자본human capital에 토대를 두면서 이것과 차별화를 시키기 위해 창조적 재능을 지닌 인재에 초점을 맞추고 있다. 또한 창조계급은 신뢰에 토대한 사회적 연대에 의해 형성된 사회적 자본social capital과 차이를 두기 위해 다양성, 개방성, 포용성 등을 특징으로 하는 느슨한 사회적 관계를 강조하였다.

도시 역사의 관점에서 창조도시와 경제발전 관계를 고찰한 홀Hall에 의하면, "국가와 도시들은 대단히 빠르게 제조업 경제에서 정보경제로 다시 문화경제로 전환시켜 왔다. 유럽의 도시들은 20년 전에는 누구도 이해하지 못했던 용어인 문화산업 혹은 창조산업이 경제재생(발전)의 토대를 제공할 수 있다는 아이디어를 채택하고 있다"(Hall, 2000 : 640). 플래트(Pratt, 2008)는 창조도시의 핵심인 문화(창조)산업과 창조계급의 연구들을 고찰하였다. 창조도시의 문화산업은 문화의 생산과 소비를 통합시키고, 소비보다 문화 생산에 초점을 두고 있다. 그리고 문화는 특정한 시간과 장소에서 생산된다. 1990년대 후반부터 사용된 창조산업은 이전의 문화산업과 내용적인 측면에서 거의 유사하지만 용어의 전환에 의해 정치적 함의가 내포되었다. 창조산업은 문화산업에서 문화를 창조로 대치시킴에 따라 긍정적 이미지를 부각시킬 뿐만 아니라 저임금·단순 노동 대신에 고급 기술 및 지식 노동 중심의 신경제를 강조하고 있다. 스콧(2006)은 신경제의 맥락 속에 창조도시 개념을 위치시키고, 생산체제, 로컬 노동시장, 집적agglomeration 등을 고찰하였다.

창조도시는 신자유주의 이념, 노동착취, 성과 인종 차별, 불균등발전, 젠트리피케이션gentrification 등의 관점에서 비판을 받고 있다(Leslie and Catungal, 2012; Peck, 2005; Zimmerman, 2008). 펙의 논문(Peck, 2005)은 창조도시, 특히 창조계급을 비판하는 근거로 가장 많이 인용되고 있다. 플로리다의 창조계급은 신자유주의 사상에 토대를 둔 기업도시 전략과 무관하지 않다. 즉, 지구화된 경제체제 하에서 도시가 경쟁 우위를 점하기 위해 창조적 인재를 유입·거주할 수 있는 사회·문화·공간 환경의 조성, 즉 창조도시가 만들어져야 한다. 창조계급에 기초한 창조도시는 예술과 문화, 심지어 사회적 관용도 상품화하여 도시 경쟁체제를 위한 경제적 자산으로 활용하고자 한다. 플로리다의 창조적 정신의 핵심은 개별성, 능력, 다양성, 개방성 등이며, 이는 유동하는 창조적 인재에 무게를 두게 됨에 따라 단순(육체) 노동자 및 다수의 시민이 창조도시 담론에서 주변화되거나 배제되고 있다.

2. 신경제와 인적자본

산업 자본주의 경제는 자연자원(토지), 노동, 자본의 생산요소 투입 비용을 최소화시켜 상품을 생산하여 시장에 판매하는 '가격(비용)경쟁의 비교우위' 전략을 추구하였다. 이에 반해 신(지식)경제는 지식 기반의 혁신과 차별화에 의한 비교우위에 초점을 맞추고 있다(Asheim and Clark, 2001). 특히 신경제 하에서의 혁신은 '로컬화된 학습체제localized learning system'의 실천을 통한 지식의 생산과 확산을 강조하였다. 혁신은 도시 및 지역의 특정 장소에 위치한 기업들의 관계망, 상이한 기업가와 관리자 그리고 노동자 간의 (비)공식적 만남, 장소에 뿌리를 내리고 있는 제도, 문화 등이 결합된 학습체제에 의해 이루어진다. 또한 신경제는 로컬화된 학습체제 뿐만 아니라 정보·통신 기술 발전, 초국적 기업의 등장, 생산자서비스업 증가와 관련이 있다. 힐리(Healy, 2002)는 신경제의 특징으로 세 가지, 정보기술, 지구화, 기술과 창조성을 들고 있으며, 콜(Cole, 2012)은 세계경제와 창조적 대도시creative metro가 연계되는 개념적 틀을 제시하였다.

1980년대 이후 정보·통신기술, 특히 디지털기술에 기반을 둔 인터넷, 가상공간, 스마트폰 등은 생산, 교환, 소비(광고 및 마케팅) 그리고 일상적 삶에 커다란 영향을 미치고 있다. 예를 들면, 산업자본주의 경제는 국민국가를 토대로 한 생산과 소비 그리고 노동력 (재)생산에 의존하였지만 정보·통신기술의 발달에 의해 표준화된 제품은 저임금·단순기술 노동력이 풍부한 저개발국가에서 생산되는 반면 관리, 기술개발, 경영, 마케팅, 금융 등의 생산자서비스는 선진국 대도시에 위치한 본사가 담당함에 따라 생산과 관리·연구개발·판매의 세계화가 진전되었다. 즉, 정보와 지식의 생산과 교환이 인터넷과 가상공간을 통해 시간과 공간의 제약을 받지 않고 지구적 규모에서 가능하게 되었으며, 지식과 정보의 교환, 광고, 금융 거래 등이 언제 그리고 어디서나 가능하게 됨에 따라 일상적 삶의 양식에 커다란 변화가 일어나게 되었다. 신경제는 국가가 아닌 지구적 규모에서 경쟁이 이루어지기 때문에 단순 혹은 숙련된 노동자가 아닌 새로운 기술과 제품을 개발할 수 있는 창조적 인재가 필요하게 되었다. 카스텔Castells은 신경제를 노동자들이 자신들의 계획에 따라 항해할 수 있는 역동적이고 풍부한 정보환경으로 기술하고, 재능talent을 핵심 자원으로 보았다.

20세기 중반 이후 서구 자본주의 국가와 지역(도시)의 변화된 경제·

사회 환경 속에서 등장한 새로운 경제성장 이론은 지식과 기술에 토대를 둔 인적자본론이다. 인적자본은 (비)공식적 학습에 의해 획득된 지식과 기술에 의한 생산력 증대와 혁신에 무게를 두고 있다. 즉, 인적자본에 의존한 경제성장의 핵심은 지식이며, 이는 고등교육을 받아 높은 생산성을 보이는 사람에 체화embodied되어 있다(Lucas, 1988). 로머-루카스 모형Romer-Lucas model에 의하면, 장기적 경제성장은 지식 기반의 규모에 따른 수익률 증가에 의해 가능하다. 이것은 "지식이 무한대로 (재)사용되며, 상이한 유형의 지식들이 자유롭게 결합될 수 있다"는 가정에 근거하고 있다. 그러나 추상적(논리적) 상황이 아닌 사회·역사적 맥락 하에서 지식 증대와 경제성장이 지속적으로 이루어짐에 대한 경험적 연구가 필요하다. 공간의 측면에서 인적자본론의 문제점은 "인적자본, 즉 지식과 고급기술을 지닌 인력이 물리적 공간에 균등하게 분포되어 있지 않고 특정한 지역, 특히 대도시에 집중화되어 있다"는 현실이다. 더욱이 개방적인 국가 및 지역(도시) 경제체제 하에서 고급 지식·기술 노동력은 자신들이 원하는 직장과 삶의 환경이 갖추어진 장소로 자유롭게 이동함에 따라 인적자본의 공간적 불균등화는 심화될 가능성이 있다. 유럽과 미국에서 실시한 인구조사 자료를 분석한 결과에 의하면, 혁신과 불균등성 간에 연계성이 있다. 즉, 유연성이 낮은 노동시장과 저임금의 이민자들이 혁신과 임금 불균등성 사이에 나타나는 높은 상관관계의 주요한 요인으로 간주되고 있다(Lee and Rodriguez-Pose, 2013).

플로리다의 창조계급론은 도시를 혁신과 창조성의 핵심 공간단위로 취급하면서 다른 장소들, 도시 외곽 지역, 농촌, 도시와 농촌의 연계 공간 등을 소홀하게 취급하였다. 영국 국토의 86%와 인구의 36%를 점유하는 농촌은 경쟁력이 떨어지고 있음에도 불구하고 창조계급에 토대한 경제발전 정책은 도시를 경쟁과 성장의 기본단위로 가정함에 따라 농촌의 잠재성이 개발되지 않고 있다(Huggins and Clifton, 2011 : 1341). "농촌은 다양한 도전에 직면하고 있다. 농촌의 고립성remoteness은 낙후된 기술력, 산업, 시장, 정치적 영향력에 의해 심화되었다. 도시에 초점을 둔 정책은 암묵적으로 농촌을 독자적 영역이 아닌 도시인의 거주지 혹은 놀이(휴식) 공간으로 취급해 왔다. 최근의 혁신정책도 도시에 집중하고 농촌을 소홀히 취급함에 따라 농촌에 대한 고정관념을 강화시키는 경향이 있다"(Mahroum et al., 2007 : 2). 허긴스와 클리프톤(Huggins and Clifton, 2011)은 영국의 도시와 농촌을 포함한 로컬에서 이루어진 창조성과 경쟁의 관계를 고찰 한 뒤, 장소 기반의 경제발전 개념적 틀을 제시하였다. 이 틀은 세 가지 요소, 장소의 경제적 경쟁력 증대 목표, 장소 경쟁의 원동력으로서 창조성, 도시-농촌 연계의 공간에 토대한 경제발전 정책을 포함하고 있다(Huggins and Clifton, 2011 : 1342~1343).

3. 창조산업의 특성과 집단화

1) 예술·문화의 상품성과 공공성

문화산업cultural industry의 용어는 계몽의 변증법*Dialectic of Enlightenment*(1947) 저서[3]에서 아마도 처음 사용되었다. 저자들이 대중문화mass culture를 논의하는 초고drafts에서 대중문화 대신에 문화산업이라는 용어를 사용하였다. 그렇게 한 이유는 "저서에서 논의되는 대중문화가 대중의 자발성에 의해 생산된 문화 유사물a matter of something like a culture, 즉 현대 대중예술로 해석되는 것을 배제"하기 위함이었다(Adorno, 1975 : 12).

전통적 예술은 엘리트 중심이었던 고급문화에 머물렀다. 예술작품은 소수의 엘리트들과 귀족들만의 전유물이었으며, 예술가가 되기 위해서는 전승된 예술의 형식을 이어받기 위해 끊임없는 훈련을 필요로 했다. 그러나 오늘날 이러한 고급예술이라는 테두리가 무너지면서 예술의 영역은 일상의 범위로 확대되었다. 즉, 예술의 생산이 문화산업의 확대재생산 구조와 맞물리게 되면서 다양한 대중매체들과의 결합을 시도하게 된 것이다. 예술은 예술가만이 독특하고 개인적인 창조성에 의해 생산되는 폐쇄적인 대상이 아니라 감상자들의 다양한 수용과 해석의 맥락이 예술작품을 구성하는 데에까지 함께 작동되는 '열린 대상'으로서 발돋움하게 된 것이다(노성숙, 2002 : 222).

문화산업은 대리 충족을 만들어내고 일상에서의 도피를 조장하며 획일적 방식으로 교육시키고 환상과 자발성을 위축시키며 기존의 지배 관계를

---

3 아도르노T.W. Adorno와 호르크하이머M. Horkheimer는 문화산업이 계급 의식의 발달을 저해하며 사회통제의 강력한 도구를 제공한다고 주장했다. 파시즘이 시민사회를 파괴시킨 반면 문화산업은 고립화한 개인을 수동적 관중으로 만들어버렸다. (…중략…) 모든 이론적 착상과 마찬가지로 문화산업 개념은 나름대로의 역사적 시기의 산물이었다. 파시즘의 경험은 분명히 문화적 장치 및 정치경제의 쇠퇴에 대한 비판이론가들의 견해를 형성하는 계기가 되었다. (…중략…) 문화산업이론은 텔레비전이 등장하기 직전에 발전되었다. 대중매체에 대한 관심이 고조되고 있었고, 그것의 사회적 기능을 연구하기 위해 새로운 학문이 나타나기 시작했다(더글라스 켈너·정혜경 역, 1987 : 132~133).

안정시킨다. 다른 한편으로 문화산업은 무엇보다 대다수의 사람들에 대해서 평소에는 폐쇄되어 있던 실재에 이르는 통로를 가능하게 한다는 사실이 제시되어야만 한다. 또한 문화산업은 교육과 경험 지평을 확장하여 삶을 풍부하게 함으로써 의사소통과 비판 가능성의 조건을 만들어낸다(행크만·로터 편, 김진수 역, 2002 : 52).

위의 인용문에서 볼 수 있듯이 문화산업에 토대를 둔 창조산업은 문화·예술의 상품성·예술성·공공성 관점에서 논의가 진행되어 왔다. 창조산업 연구들의 대부분은 문화·예술이 일자리와 수익 창출의 자산으로 활용하여 쇠퇴 혹은 정체한 도시의 경제를 발전 혹은 재생시키는 데 초점을 두고 있다(Flew and Cunningham, 2010; O'Connor, 2009; Towse, 2010). 이미 언급했듯이 창조산업은 지구적 자본주의 체제의 경쟁 속에서 도시 발전 혹은 재생을 위한 정책으로 탄생하였다. 그리고 창조산업은 1980~1990년대 실행된 문화산업 정책의 연장선 놓여 있고,[4] 다양하고 이질적인 부문들을 포함하고 있으며 창조경제와 연계시키고 있다(Flew and Cunningham, 2010 : 113~114). 그러나 창조산업이 창조도시의 핵심을 구성하고 있지만 창조계급론에서 언급하고 있는 신경제의 과학, 고급기술, 생산자서비스(금융, 법률, 경영, 연구개발, 교육, 보건) 등은 포함시키지 않고 있다(박규택·이상봉, 2013 : 63).

1990년대 후반에 영국정부의 '문화, 미디어, 스포츠부처the Department

---

4 창조산업은 이전의 문화산업과 거의 유사한 부문들을 포함하지만 창조라는 새로운 용어를 사용함에 따라 의미론적 변화뿐만 아니라 정치성을 띠고 있다. 전자는 후자에 비해 긍정적으로 인식되고 있다(Pratt, 2008).

of Culture, Media and Sports, DCMS'가 창조산업의 용어를 정의한 뒤 구체적인 영역들을 열거하고 이를 토대로 양적 통계자료를 구축한 점[5]에 대해 의문이 제기될 수 있다. 다양하고 이질적인 부문들, 미술, 음악, 영화, 출판, 건축, 디자인, 축제, 관광, TV, 게임, 디지털제품 등을 창조산업 속에 포함시키는 작업은 정치적이고 사회·경제 제도와 구조에 영향을 미치는 행위이다. 즉, 창조산업의 분류(범주화)와 계량화의 정책적 작업은 규제와 인센티브, 인적·물적 자원의 배분, 이해집단의 형성, 국가의 이념 등과 직·간접적으로 관련이 될 수 있다. 플루와 컨닝햄(Flew and Cunningham, 2010)은 창조산업이 광범위한 영역을 포함하고 있음을 보여주고 있는 데, 크게 네 영역, 전통, 예술, 미디어, 기능적 창조functional creations로 구분되고 있다. 전통영역은 문화적 장소(고고학적 장소, 박물관/미술관, 도서관, 전시장)와 전통문화(예술, 수공품, 축제)로, 예술영역은 시각예술(그림, 조각, 사진, 골동품)과 공연예술(생음악, 극장, 춤, 오페라, 서커스, 인형극)로, 미디어영역은 출판미디어(단행본, 신문, 기타 출판물)와 시청각(영화, TV, Radio, 기타 방송)으로, 기능적 창조영역은 디자인(인테리어, 그래픽, 패션, 보석, 장난감)과 창조적 서비스(건축, 광고, 연구·개발, 문화, 여가) 그리고 신생미디어(software, 비디오게임, 디지털화된 창작물)로 구성되어 있다.

창조산업은 단순(숙련)노동의 착취 혹은 배제, 임금 격차, 불균등발전 등의 측면에서 비판 받고 있으며, 특히 신자유주의 이념적 토대가

---

5 창조도시 정책으로 영국의 창조산업 정책을 수용한 (비)서구 국가의 도시 및 지역들은 거의 동일한 분류(범주화)와 통계자료 체계를 따르고 있다. 이는 상이한 국가들의 도시 및 지역의 문화, 사회, 경제, 역사, 지리 등의 특성을 고려하지 않아 모방적 정책과 현실 간의 간극이 발생할 수 있다.

가장 많은 비판을 받고 있다(Bohm and Land, 2012; Flew and Cunningham, 2010; Zimmerman, 2008). 신자유주의에 기초한 창조산업은 시장, 기업가 정신, 지적재산권에 초점을 둠에 따라 문화·예술의 생산과 소비에 불균등성이 발생하고 있다는 점이 간과되고 있다. 신자유주의는 지구적 자본주의 하에서의 자율적 경쟁, 정부의 규제 완화 등을 강조하고 있다. 이에 따라 공적 소유권, 시장의 규제 제도, 문화·예술의 정부 지원 등이 감소하고 있다. 플루와 컨닝햄(Flew and Cunningham, 2010 : 120~121) 은 신자유주의와 대기업 혹은 초국적 자본이 지배하는 창조산업을 넘어 공공 영역과 시민참여 그리고 신기술의 능동적 활용 등의 측면에서 창조산업을 전망하였다. 첫 번째, 창조산업은 문화 관련 대기업이 아닌 창조적인 소규모 및 중규모 기업에 큰 관심을 기울이고 있다. 창조적 인재와 소기업들의 느슨한 네트워크는 예술, 미디어, 문화 혁신의 핵심 자원이며, 이러한 네트워크의 활성화를 위한 적절한 정책이 필요하다. 두 번째, 인터넷과 디지털 미디어의 생산과 분배 모형이 전통적 매스 커뮤니케이션과 미디어 비평의 생산과 소비를 분리시킨 이원론을 극복하는 대안이 될 수 있다. 협력 네트워크에 토대한 사회적 생산 모형social production model은 정보, 지식, 커뮤니케이션, 문화, 창조성과 연계된 21세기 경제의 창조산업에 새로운 경쟁, 갈등, 모순이 발생하고 있다. 즉, 디지털 문화 컨텐츠의 생산자, 분배자, 사용자 간에 권력의 이동에 관한 사회·정치적 논의가 진행되고 있다. 세 번째, 문화와 창조산업의 발달 그리고 경제성장과 혁신의 긍정적 관계 수립을 위한 공공 영역의 혁신과 새로운 제도의 수립이 필요하다. 이를 위해 정부는 사용자 중심의 개방적이고 참여적 미디어 문화를 수립하는 데 적극적인 역할을 담당하여야 한다.

예술과 민주주의 관계를 연구한 무페(Mouffe, 2008)에 의하면, 공공 공간은 상이한 프로젝터들이 헤게모니를 장악하기 위해 경쟁하는 공간이며, 이 공간에서 비평적 예술행위는 지배 계층의 헤게모니를 바꾸는 데 중요한 역할을 수행할 수 있다. 문화정책, 특히 공공 예술public art은 도시 재생에 있어 지배문화 혹은 저항(대항)문화의 측면에서 이해될 수 있다. 저항문화로서의 공공 예술은 도시재생 과정에 쇠퇴하는 공간을 활성화시키고 또한 주변화(배제)된 계층(하층민, 여성, 성, 소수자)을 참여시킬 수 있다(Sharp, Pollock & Paddison, 2005). 호주 서부의 농촌지역 Ravensthrope에서 진행된 우편엽서의 생산에 관한 연구에 의하면, 마을의 자연환경, 문화, 역사 등을 소재로 한 주민 참여적 우편엽서 생산은 장소 정체성과 마을 공동체 형성에 크게 기여하였다(Mayes, 2010).

2) 산업 클러스터

창조산업을 집단적 창조성 혹은 사회·문화적 창조성과 관련하여 가장 많이 논의된 주제가 클러스터cluster이다. 창조산업 정책 가운데 하나가 "어떻게 창조적 클러스터를 형성시켜 도시(지역) 발전을 이룰 것인가?"이다. 19세기 후반 마샬Marshall이 기업의 집적, 외부성 등을 논의한 이후 혁신과 발전의 관계에 대한 연구가 많이 진행되었다. 이들 연구는 경제 행위를 합리적 개인 혹은 개별 기업보다 특정 장소에 뿌리를 내린 집단(조직)과 로컬(지역) 사회·문화에 초점을 두고 있다. 클러스터에 관한 포터Porter의 모형, 즉 지역 경쟁력, 혁신, 성장을 증진시키기 위한 도구로서 제시한 모형이 여러 국가의 정책 수립에 많은 영향을 미쳤다(Floysand, Jakobsen, Bjarnar, 2012 : 949). 그에 의하면, 클러스터는 상호 연결된 기업들과 관련 제도(대학, 무역협회, 공공기관 등)가 특정한 물리적 공간에 집중되어 작동하는 것을 의미한다. 현실적으로 클러스터는 형태, 크기, 기원, 역동성 등에 있어 매우 다양하다. 그리고 클러스터 내에 입지한 기업들은 영토적 학습territorial learning과 지식 확산 knowledge spillovers에 의해 긍정적 효과를 발생한다고 주장하지만 어떻게 그리고 어느 정도의 효과가 실제적으로 일어나고 있는지에 대해서 분명하지 않다(Huber, 2012 : 107). 그러나 클러스터와 관련된 담론적 요소(클러스터 이론·정책·재현)와 물질적 요소(기업의 공간적 집적, 네트워킹)가 상호작용하여 어떠한 효과를 나타나는지에 대해서는 깊이 있게 고찰되지 않았다(Floysand, A. at al., 2012 : 950).

행위자-연결망 이론(Actor-Network Theory, ANT)은 사회과학 내에서 담론과 물질의 이원론을 극복할 수 대안으로 제시되어 널리 논의되고 있다. ANT는 전통적 네트워크 접근보다 행위자와 네트워크를 보다 종합적으로 고찰할 수 있다고 주장하고 있다. 전통적 네트워크와 ANT 사이의 차이점은 후자에 있어 행위자actant는 인간(기업)뿐만 아니라 지식, 이념, 조직, 제도, 정책, 건조 환경, 자연 등을 포함하고 있다는 점이다. 그리고 행위자-연결망 이론은 유동적이고 변화하는 상황 속에서 이루어지는 다양한 행위자들의 관계적 실천과 창조성에 초점을 두고 있다 (Floysand, A. at al., 2012 : 950~951). ANT에 의하면, 창조산업의 클러스터는 담론(클러스터와 관련된 지식, 이념, 정책)의 실천에 의해 구체화되고, 형성된 클러스터(기업의 집중, 다양한 네트워크, 제도, 건조환경)의 작동 가운데 발생하는 상이한 행위자의 갈등적 관계는 클러스터 담론을 변화시킨다. 그리고 ANT는 추상적(일반적, 논리적) 상황이 아닌 자본의 세계화, 디지털 기술의 발달, 신자유주의 등 정치·경제·사회의 맥락 속에서 작동한다. 특정 공간에 뿌리 내린 클러스터 생성과 변화는 지구·국가적 맥락과 로컬 맥락, 즉 로컬의 생산 환경과 시장, 계획·발전 정책, 로컬의 문화 등과 관련지어 이해되어야 한다.

창조산업과 관련된 클러스터와 관련 정책은 도시 내부에 초점을 둔 결과 도시 외곽, 농촌, 도시와 농촌이 연결된 지역 등은 소홀히 취급되어 왔다(Felton, Collis, and Graham, 2010; Harvey, Hawkins, Thomas, 2012). 플로리다는 교외화를 창조적 장소 지표index 상에서 부정적 요인으로 보았다. 즉, 도시의 교외화가 진전되면 창조적 잠재력이 감소한다는 주장이다. 창조도시에서 도시 교외 지역을 생산보다 소비 혹은 거주지 관점으로 이해함에 따라 교외의 역동적 변화를 잘 파악하지 못하고 있다. 이러한 주장은 "교외는 문화적으로 황량한 장소이며, 생산이 아닌 소비(거주) 지역이다"는 담론이 만든 효과이다. 즉, 교외는 역동적으로 변화하는 장소가 아닌 담론(상상)에 의해 만들어진 장소로 인식되어 왔다. 그러나 서구 선진국의 도시 교외에서 실질적인 변화가 진행되면서 문화와 창조산업의 역동성이 나타나고 있다. 호주 도시 외곽의 담론적(상상적) 장소는 부정적으로 표현되어 왔다. 그러나 1970년대 후반 이후 교외에 큰 변화가 일어나면서 더 이상 남성 노동자들이 주간에 도시 내부의 직장으로 출근하고, 밤에 귀가하여 잠을 자고 휴식을 취하는 장소가 아니다. 교외에 많은 기업이 입지함에 따라 직업이 창출되어 다양한 활동이 이루어졌다. 즉, 다양한 창조적 산업이 입지하고 이와 관련된 활동이 도시 외곽과 인접한 지역에서 이루어져 왔다(Collis and Felton, 2010 : 107).

코뮤니안, 채페인, 크리프톤(Comunian, Chapain, Clifton, 2010)은 4가지 요소, 물질적 하부시설, 비물질적 하부시설, 통치, 시장의 관점에서 창조산업과 장소 간의 관계를 논의하였다. 특히 지리적 규모scale와 입지는 4가지 요소 모두에 연관되어 있다(Comunian, Chapain, Clifton, 2010 : 7). 물리적 하부시설은 창조산업의 외부 요인으로 물리적 공간, 자연(생태계), 로컬 인구, 교통 시설 등을 포함하며, 주어진 상수常數가 아닌 국제적(지구적) 경쟁 혹은 국가(지방정부)의 정책에 따라 달라지는 변수變數이다. 네트워크, 로컬 지식, 장소 정체성, 도시 이미지 등을 포함하는 비물질적 하부시설soft infrastructure은 창조 인재를 유치하는 요인으로 그리고 창조 인재의 유치에 의한 창조산업이 발달할 수 있는 요인으로 작동한다. 통치는 로컬과 국가의 정책, 제도 등을 포함하며, 창조산업의 유치・발전에 영향을 미친다. "통치는 다중스케일multi-scale level에서 작동한다. 창조산업은 로컬과 지역 스케일에서의 통치와 관련되어 있을 뿐만 아니라 국가적・국제적 행위자와 정책 그리고 통치방식에 영향을 받는다."(Comunian, Chapain, Clifton, 2010 : 7) 마지막으로 시장은 창조산업의 핵심적 요소로 로컬 문화에 제한을 받는 로컬 시장과 세계 시장을 포함한다. 창조산업은 빠르게 변화하는 시장 환경 하에서 작동하며, 수요의 불확실성 그리고 소비자와의 상호작용이 창조산업의 발전의 핵심 변수이다. 스콧(Scott, 2006)은 지구화 맥락 속에 창조도시를 위치시킬 필요성을 주장하였다. 즉, 창조도시가 세계적 수준의 경제

경쟁과 협력 체제 내에서 어떻게 작동하는지를 보여 주어야 한다. 콜 (Cole, 2012 : 1219)은 3개 규모scales, 지구, 대도시, 창조기업 클러스터가 서로 연계되어 작동하는 세계경제-창조적 대도시 모형을 제시하였다. 지구적 규모에서 작동하는 세계경제는 금융, 수요, 정보, 창조적 인재를 대도시 내에 위치한 창조적 클러스터에 제공하고, 창조적 클러스터에서 생산된 상품과 서비스는 세계 시장으로 수출한다. 대도시는 세계경제와 창조적 클러스터의 사이에 위치하며, 외국인 이주자들이 비창조적인 3차 산업(소비성 서비스업)의 노동자로 일한다. 창조적 클러스터는 수출 지향의 1차 영역과 소비, 여가 등의 2차 영역으로 구성되어 있으며, 두 영역은 상호 관계되어 있다.

4. 창조성과 장소

창조산업과 창조계층을 기반으로 한 창조도시는 "창조성에서 장소가 중요하다"고 주장하고 있다. 그리고 창조도시 연구들은 이러한 주장을 단순하게 반복 혹은 기술하거나 단편적인 사례를 보여주고 있기 때문에 창조성과 장소의 관계가 종합적으로 고찰될 필요가 있다. 장소는 사람, 조직, (사회적·경제적) 관계, 제도, 이념, 물질, 역사 등으로 구성되어 있으며, 구성 요소들의 역동적 관계 속에서 장소와 장소성이 (재)생산된다. 장소의 구성요소와 장소성은 4가지 측면에서 창조성과 연관되어 있다고 볼 수 있다. 창조도시에서 장소는 ① 재현, 서사, 이미지, 상징 측면에서, ② 물질(건조 환경), 자연의 측면에서, ③ 사회, 문화, 경제, 정치의 측면에서, ④ 체험, 정서의 측면에서 고찰되며, 이들은 창조성과 연관되어 있다. 첫째, 재현, 서사, 이미지로서 장소는 도시 혹은 지역이 안전하고, 쾌적하며 개성이 존중되고, 다양한 문화가 공존하는 장소로 표상 혹은 재현될 수 있다는 의미이다. 이러한 장소 재현 혹은 이미지는 특정 도시 혹은 지역의 속성과 관련지어 만들어 질 수 있고, 아무런 상관 없이 상상 혹은 순수 창작에 의해 만들어 질 수 있다. 재현, 서사, 이미지 등에 의해 도시 및 지역은 새로운 장소로 (재)탄생하게 되며, 이는 창조 산업과 창조계층을 유인하는 데 도움을 줄 수 있다. 둘째, 물질(건조환경), 자연으로서 장소는 경관, 건축물, 자연환경, 공공 시설물(도로, 공항, 공원), 공장, 사회·문화시설(학교, 극장, 공연장, 전시관) 등으로 구성된 물질 공간을 의미하며, 창조성의 무대, 매개체, 원재료(자원)의 역할을 한다. 셋째, 사회·문화·경제 공간으로서 장소는 다양한 행위자, 제도, 조직, 지식, 이념 등이 상호작용하여 개방성, 폐쇄성, 다양성, 단일성, 개성과 자유 존중, 강한(약한) 연대성 등의 특성을 나타내는 사회·문화 공간을 의미하며, 이는 창조성이 발휘되는 데 맥락으로 작동한다. 마지막으로 장소 경험(체험)은 다양한 매개체(언어, 기호, 상징물) 혹은 도구(기술)을 통하지 않고 개인 혹은 집단이 장소의 구성 요소와 직접 접촉한다는 것을 의미하며, 이를 통해 장소에 대한 창조적 감성 혹은 아이디어가 생성될 수 있다.

1) 이미지와 브랜드를 통한 장소 창조성

경험적(현상적) 또는 담론적 도시공간과 물질의 인식에 바탕을 둔 창조성 연구는 도시의 새로운 이미지화 또는 브랜드화, 장소마케팅 등의 주제를 논의하고 있다(이정훈, 2008; Colomb, 2012; Kaika, 2010; Mcauliffe, 2012; Okano &Samson, 2010; Sunley et al., 2011; Vanolo, 2008). 개인 또는 집단의 창조성을 발휘하여 도시를 새로운 이미지 또는 브랜드로 전환시킨 뒤 다양한 매체를 통해 장소마케팅을 수행하는 목적은 외부 자본과 기업 또는 관광객을 유치하여 쇠퇴 혹은 정체하는 도시(지역) 경제를 활성화시키고자 함이다. 예를 들면, 중화학공업(자동차, 철강, 석유화학, 기계 등)의 집중화로 형성된 대도시는 탈산업화(신경제) 시대로 전환되면서 쇠퇴 혹은 정체하게 되고, 여러 가지 사회·경제 문제가 발생하게 되었다. 따라서 이들 도시는 경제를 회생시키고 사회 문제를 해결하기 위해 이전과 차별적인 새로운 도시 이미지화 혹은 브랜드화를 구축하여 창조적 인재와 산업을 유치하려는 창조도시 전략을 실천하고 있다. "브랜드는 한 개인의 기억 속에 담겨 있는 이미지 차원을 넘어, 인지에서 선호, 구매에 이르기까지 존재하는 기억과 구매행동, 사회적 결과와 평가라는 경제, 사회, 문화 현상을 포괄하는 개념이다. (…중략…) 그 핵심은 소비자들이 제품이나 서비스, 조직, 나아가서 도시의 물리적 기능을 소비하던 것에서 벗어나 미학적, 정서적, 상징적 가치를 중시하기 시작했다는 점이다."(이정훈, 2008 : 77) 카이카(Kaika, M., 2010)는 영국경제의 재구조화 시기 (1970~1990)에 '세계도시world city'로 변모하면서 수행된 런던의 새로운 이미지화 및 브랜드화를 비판적으로 고찰하였다. 핵심적 질문은 "런던의 건축물에 부착된 새로운 이미지와 브랜드는 누구를(혹은 무엇을) 위한 것인가?"이며, 이에 대해 '주민과 전통'이 아닌 초국적 기업의 자본축적을 위한 것이라고 결론을 내리고 있다. 콜롬브(Colomb, 2012)에 의하면, 베를린 장벽이 무너진 직후 개인, 집단, 기업은 누구의 소유도 아닌 베를린의 공간들을 일시적으로 사용하였다. 그러나 '창조도시로서 베를린 건설'이란 슬로건 아래 도시발전과 장소마케팅을 추구하는 행정 관료와 부동산 개발업자들은 다양한 행위자들이 사용하는 공간을 상품화시킴에 따라 거주자들이 다른 곳으로 이주하거나 저항하는 현상이 나타나게 되었다. 런던의 경우와 같이 '창조도시로서 베를린 건설'은 누구를 그리고 무엇을 위한 것인가?에 대한 깊은 성찰이 필요하다. 이와 대조적으로 맥카우리프(Mcauliffe, 2012)는 낙서graffiti의 수행성을 통해 창조도시를 탐색하였다. 도시 거리의 바닥이나 벽에 표현된 낙서는 거리 예술인가? 아니면 단순한 낙서 혹은 공공성을 해치는 (범죄) 행위인가? 맥카우리프에 의하면, 창조도시를 지향하는 문화 및 공공 예술 정책은 거리 낙서를 생산적인 창조적 실천을 위한 기회를 제공하며, 낙서 행위자는 창조도시의 도덕지리, 즉 낙서와 낙서 행위자를 일정한 틀 또는 규범 속에 가두려는 시도를 벗어나 다중적 주체성multiple subjectivities을 확보하고자 한다.

2) 물질(물질성)과 장소 창조성

2000년대 이후 문화 이론과 실천은 담론 혹은 재현의 위기 그리고 후기구조주의와 후기(탈)근대화론의 한계점을 지적한 뒤 물질(성), 몸, 비재현non-representation에 관심을 갖게 되었다. 창조도시에서 창조성, 물질, 몸의 상호관계는 도시재생, 창조경제, 창조산업 등에서 체계적·종합적으로 고찰되지 않았다(김학희, 2007; Hutton, 2006; Rantisi & Leslie, 2006). 창조성은 물리적 공간에 속한 장소에서 일어나며, 이러한 공간과 장소는 육체의 자유로운 경험(물질 접촉, 시각, 소리)과 타자와의 만남을 제한하거나 허용하는 요인으로 작동한다(Kristensen, 2004 : 89). 경관과 관련된 수행성 연구에 의하면, "주체는 생동하는 몸의 활동을 통해서 경관과 역동적으로 상호 관계를 맺는다. 즉, 생동하는 몸을 지닌 주체는 수행을 통해 경관을 느끼고, 생각하고, 창조한다. 또한 주체는 만들어진 물리적 경관 혹은 이미지(언어적) 경관에 의해 영향을 받는다."(박규택·하용삼·배윤기, 2010 : 363) 코피토프(Kopytoff, 1986)의 '물질의 문화적 전기the cultural anthropology'에 따르면, 시간의 흐름 속에서 수행되는 물질과 인간의 상호관계성, 즉 사회와 문화는 물질에 의미와 수행성을 부여하며, 이들은 역으로 인간의 의식과 실천에 능동적 영향을 미친다. 호더(Hodder, 2011)는 얽힘entanglement을 통해 사람과 물질의 상호관계를 논의하였다. 인간은 물질에 의존하고, 역으로 물질은 인간에 의존한다. 그리고 물질은 다른 물질에 의존한다. 따라서 인간과 물질의 얽힘을 통해 개별적 혹은 관계적 특성traits은 지속하거나 진화한다고 보았다(Hodder, 2011 : 154). 메를로-퐁티Merleau-Ponty는 육체를 지닌 주체들의 공간 지각 행위를 통해 새로운 실체를 창조할 수 있는 가능성을 제시하였다.

메를로-퐁티에 의하면, 사람들의 공간지각은 고정적으로 (공간 속성) 정보를 받는 과정이 아니다. 그것은 육체와 더불어 일어나는 실제(현실)와 가능태 세계 사이의 변증법적 관계이다. 즉, 공간적 지각은 기억과 상상을 동시에 포함하고 있다. 육체가 실제와 가능태에 참여한다는 것은 '이미 알려지고 기억된 것'과 '상상되거나 기대되는 것'과의 지속적인 타협의 과정이다. 이러한 의미에서 특정한 공간의 맥락 속에서 이루어지는 질적 경험은 일반적으로 '지성과 인증recognition' 그리고 '풍부한 가능성과 놀라움' 사이의 상호작용으로 정의할 수 있다(Daskalaki et al., 2008 : 60).

창조도시의 핵심 동력원의 하나는 창조계층이며, 이들을 유치하기 위해 도시 내부에 조성되는 젠트리피케이션gentrification은 산업 사회에서 탈산업(신경제) 사회로 전환되는 시점에서 물질(물질성), 제도(정책), 창조계층의 거주와 활동 간의 상호관계를 잘 보여 주고 있다(Chaskin and Joseph, 2013; Harris, 2012). 젠트리피케이션은 쇠퇴하는 도시 내부에 주택(아파트), 사무실, 은행, 쇼핑시설, 고급음식점, 여가 시설 등의 전문직 노동자, 관리자 등이 거주할 수 있는 새로운 단지로 재개발하는 것이다. 이는 도심의 전통경관과 노후화된 주택지를 파괴하고, 저소득 단순노동자, 서민 등을 (반)강제적으로 다른 장소로 이주하게 하는 결과를 낳고 있다. 일반적으로 공간과 사회 계층의 불균등발전론 관점에서 젠트리피케이션을 부정적으로 인식하여 왔다. 이와 반대로 젠트리피케이션은 창조(예술, 문화)산업 인력을 도심으로 유입·거주시킴에 따라 도시의 경쟁력을 높이고 발전을 가능케하는 긍정적 힘으로 이해되기도 한다(Chaskin and Joseph, 2013; Harris, 2012). 그러나 창조계층을 위한 생성된 공간은 소수자, (불법)이민자, 장애인, 동성연애인 등이 자유롭게 다닐 수 있는 장소가 아니며 지역의 고유한 문화와 건축 경관이 대신에 동질적인 화려한 근대 건축과 상업 경관이 형성되는 경향성을 보여주고 있다.

3) 개인의 창조성과 장소

창조산업은 장소와 창조성 간의 관계를 집단적 혹은 사회 과정으로 이해하는 데 중점을 둠에 따라 개인의 창조성과 장소 간의 상호관계를 소홀히 하였다. 드래크(Drake, 2003)는 철제 가내수공업과 디지털 디자인 현장에서 이루어지는 '장소와 개인 창의성'의 관계를 탐색하였다.[6] 장소의 속성attributes of place이 개인의 창조적 영감inspiration을 얻는 데 어떠한 역할을 하는지를 고찰하였다. 가내수공업 종사자들이 장소(로컬리티) 속성을 디자인 혁신 과정에 촉매 역할을 하였다. 세계화가 진전되어도 장소(로컬리티)의 특이성은 창조적 활동에 지속적으로 영향을 미치고 있다. 즉, 로컬리티의 차별성(특이성)이 세계화 속에서 경쟁적 우위를 점하는 데 능동적 역할을 수행하며, 이것의 대체 불가능성 때문에 가내수공업자들이 특정한 장소에 지속적으로 머무른다. 개인의 장소 활용과 반응에 있어 장소를 물질적·사회적 실체일 뿐만 아니라 주관적이고, 정서적 현상으로 이해하는 것이 중요하다. 창조 작업을 하는 개인은 장소에 대해 느끼는 주관과 정서에 따라 자신들의 미학적 영감을 얻는다. 동일한 장소도 개인의 주관과 상상력에 따라 상이하게 해석될 수 있으며,

---

6 이하의 글은 드래크 논문(Drake, 2003)의 일부분을 번역·정리한 것이다.

아름다움을 창조하기 위한 원재료로 활용된다. 또한 장소에 대한 예술적 표현은 '실질적real' 장소를 형성한 데 영향을 준다. 드래크의 연구 결과에 의하면, "피면담자들은 장소의 속성이 미학적 창조성에 강한 영감과 자극을 제공하는 것으로 인식하고 있었다. 미학적 창조성은 네 가지 유형의 로컬리티에 기반을 둔 자극locality-based stimuli과 관련되어 있었다. 이들은 물질과 시각적 자극의 원천으로서 로컬리티, 로컬리티의 조밀한 사회·문화적 관계망, 평판과 전통에 기초한 브랜드로서 로컬리티, 창조적 인력 공동체로서의 로컬리티이다."(Drake, 2003 : 518)

토카틀리(Tokatli, 2011)는 세계적 디자이너인 마크 제이콥스Marc Jacobs[7]의 사례 연구를 통해 로컬이 아닌 이국적 장소와 사람으로부터 창조성 원천을 찾는 것을 고찰하였다.[8] 제이콥스는 파리에 거주하면서 도쿄와 같은 이국적 장소로부터 창조적(혁신적) 아이디어를 획득하였다. 세계적 디자이너는 특정 장소에 얽매이지 않고, 세계적 경험이 창조성의 자산이 되었다. 제이콥스 사례는 창조성 사회학과 지리를 둘러싼 논쟁에 중요한 함의를 내포하고 있다. 창조성은 개인의 마음 속에서 새로운 무엇을 단지 표출하는 것이 아닌 사회적 과정으로 이해되어야 한다. 즉, 디자이너의 창조성은 자신의 생각과 대중문화를 포착할 수 있는 능력에 근거하고 있다. 그리고 창조성의 탈영토적(장소적) 특성에

---

[7] 마크 제이콥스는 현재 최고의 패션 디자이너 가운데 한 사람이며, 10년 전의 뉴욕의 서쪽 마을West Village of New York을 현재의 모습으로 변화시키는 데 핵심적 역할한 사람이다(Tokatli, 2011 : 1256). 즉, 서쪽 거리는 현재 마크 제이콥스의 땅(Marc Jacobsland)이라는 느낌을 들게 한다(Levy, 2008 : 91~92). 마크 제이콥스는 1997년 이후 파리에 살면서, 뉴욕과 파리에서 작업을 하고 있다. 파리에서 그는 루이비통Louis Vuitton의 수석디자이너 임무를 맡고 있다.

[8] 이하의 글은 토카틀리(Tokatli, 2011) 논문의 일부분을 번역·정리한 것이다.

대해서도 논의가 진행될 필요가 있다. 스콧(Scott, 1997)에 의하면, 지구적 자본주의가 진전됨에 따라 장소 지향적place-bound, local 현상과 비장소적non-place, global 현상 간의 갈등이 심화되고 있다. 아파두라이(Appadurai)는 비장소적(지구적) 현상에 무게를 둔 결과, 로컬리티는 지구적으로 분산된 힘들을 위장하는 곳으로 이해하고 있다. 이해 반해 몰로치(Molotch, 2002)는 로컬리티를 독특한(특이한) 창조성의 저장소uncontestable repositories로서의 중요성을 강조하고 있다.

창조성의 사회학 관점에서 볼 때, 패션 디자이너의 창조성을 지나치게 강조하는 것은 잘못이다. 왜냐면 다양한 분야의 사람들이 참여하는 디자인 과정이 무시되기 때문이다. 패션 디자인은 개인의 창조성뿐만 아니라 대중문화와 연계되어 있다. 오늘날 패션 아이디어는 전통적 요소, 다른 디자이너의 생각, 대중문화가 결합되어 새로운 미학을 발견하는 것이다(Tokatli, 2011 : 1263~1265). 창조성의 지리학 관점에서 볼 때, 패션 디자이너는 창조적 아이디어를 얻기 위해 실질적(물리적, 사회적, 문화적) 로컬리티와 함께 주관적(상상적) 로컬리티를 고려한다. 제이콥스가 세계적 디자이너가 된 이후 창조적 아이디어를 얻기 위해 더 이상 특정 장소(로컬)에 머무르지 않았다. 그의 사회적 관계는 뉴욕과 더불어 파리, 도쿄 그리고 다른 세계적 도시들에 걸쳐져 있다. 예를 들면, 제이콥스가 유명한 일본 작가인 무라카미Takashi Murakami와 흥미로운 협업을 시작하는 곳은 파리도 뉴욕도 도쿄도 아닌 가상공간이다(Tokatli, 2011 : 1265~1267).

창조도시는 문자적 측면에서 해석하자면 대단히 매력적인 용어이다. 그러나 창조도시의 정의(개념화), 내용, 이론과 실천(정책) 등을 구체적으로 고찰하면 대단히 복잡하고 혼란스럽다. 이는 창조도시 관련의 이론과 실천 그리고 영향(효과)을 깊이 있게 고찰하지 않고 창조성, 창조(문화)산업, 신경제, 창초계급 등의 용어 혹은 이론을 적절하게 활용하여 쇠퇴(정체)하는 산업화 시대의 도시를 재생 혹은 발전시키려는 정책(계획)에 초점이 두어진 현실과도 무관하지는 않다. 예를 들면, 문화산업에 뿌리를 둔 창조산업은 1990년대 후반에 영국 정부의 정책에 의해 정의·분류된 뒤 실천·계량화·평가되었다. 이는 창조(문화)산업의 이론, 이론과 실천의 관계, 시대상황(자본의 세계화, 신자유주의) 등에 대한 비평적 논의가 충분히 이루어지지 않는 상태에서 도시 재생 혹은 발전 정책에 초점을 맞추어 실행되었다는 것을 의미한다. 더욱이 창조산업에 대한 영국정부의 관점, 즉 정의와 분류 그리고 정책 실천과 평가 체제가 (비)서구의 많은 국가들이 분류와 계량화에 약간의 변화를 준 것을 제외하고는 거의 그대로 정책으로 채택함에 따라 세계적으로 확산되었다. 또 다른 예는 창조산업과 함께 창조도시의 핵심을 이루는 플로리다의 창조계층이 (비)서구 국가의 도시, 특히 대도시들이 쇠퇴(정체)하는 경제를 살리기 위한 정책으로 채택되었다. 신(지식)경제 하에서 도시(지역) 발전을 위한 모형으로서 창조계층은 비창조적(단순, 숙련) 노동력의 주변화 혹은 배제, 도시(지역) 간 혹은 내부의 불균등발전, 창조적 인재 유입을 위해 로컬의 문화와 전통과 상이한 새로운 장소 마케팅, 신자유주의적 시장경제의 피해 등 많은 문제점을 노출하고 있다. 또한 창조계층의 범주화(분류) 그리고 이들에 의한 도시(지역)발전 효과를 나타내는 계량화에 대해 근본적인 의문점이 제기되고 있다. 창조계층에 대한 많은 비판에도 불구하고 이 이론은 창조도시 형성에 있어 장소의 역할을 강조한 점은 로컬리티 연구에 시사하는 바가 있다. 물론 플로리다는 창조계층 그리고 이와 관련된 창조도시에서 장소의 의미와 역할에 대해 충분히 논의하지 않았다.

창조(문화)산업은 탈산업화 사회에서 쇠퇴(침체)하는 도시(지역)의 재생 혹은 경제발전에만 초점을 두지 않고 문화 및 예술의 공공성과 사회성 강조 그리고 비도시 지역으로 범위를 확대한 긍정적 측면도 있다. 이 경우 창조산업은 지방정부가 아닌 비영리 민간단체 혹은 주민의 참여에 의해 발전되었고, 경제적 측면뿐만 아니라 정체성(공동체) 형성, 주민의 삶의 질 향상 등에 무게를 두고 있다. 창조산업의 (비)경제적 측면은 로컬리티 연구와 연계시킬 수 있다. 로컬리티는 경제적 측면에서 뿐만 아니라 인간의 삶, 공공성, 예술성 측면에서 고찰되어야 하기 때문이다. 또한 창조(문화)산업은 건축물, 도시 하부시설, 공장 등의 물질과 물리적 공간의 재활용에도 관심을 갖게 되었다. 창조계층도 도시(지역) 발전에 중추적 역할을 담당할 창조적 인재를 유입시키기 위해 사회적·문화적·물리적 환경이 조성되어야 한다고 주장하고 있다. 일반적으로 창조(문화)산업과 창조계층은 창조도시에 있어 물리적 공간 혹은 장소를 강조하고 있다. 그러나 도시(지역)의 창조성과 공간(장소) 간의 관계에 대해 체계적이고 구체적인 논의를 진행시키지 않았다. 장소는 사람, 조직, 제도, 가치, 물질 등으로 구성되어 있으며, 이들 구성 요소들의 상호작용에 의해 장소와 장소성이 (재)생산된다. 장소는 4가지 측면에서 창조성과 연관되어 있다. 즉, 창조도시에서 장소는 ① 재현, 서사, 이미지, 상징 측면에서, ② 물질(건조 환경), 자연의 측면에서, ③ 사회·문화·경제·정치 공간의 측면에서, ④ 체험 혹은 정서(감성)의 측면에서 고찰될 수 있으며, 각각은 창조성과 연관될 수 있

다. 장소와 창조성의 논의는 장소와 인간의 관계에 무게를 둔 로컬리
티 연구에 도움을 줄 수 있을 것이다.

참고문헌

김학희, 「문화소비공간으로서 삼청동의 부상」, 『한국도시지리학회지』 제10권 2호, 한국도시지리학회, 2007.

노성숙, 「일상의 미학과 아도르노」, 『철학』 제72집, 한국철학회, 2002.

박규택·이상봉, 「창조도시 담론의 비판-생성의 로컬리티 탐색」, 『한국지역지리학회지』 제19권 제1호, 한국지역지리학회, 2013.

박규택·하용삼·배윤기, 「(탈)중심화 경관의 해석을 위한 틀-권력, 주체성, 수행성」, 『한국 지역지리학회지』 제16권 제4호, 한국지역지리학회, 2010.

이정훈, 「연성軟性 지역개발의 주요 수단으로서의 장소브랜딩에 관한 이론적 고찰과 과제」, 『대한지리학회지』 제43권 제6호, 대한지리학회, 2008.

더글라스 켈너·정혜경 역, 「비판이론과 문화산업」, 『현상과 인식』 제11권 2호, 한국인문사회과학회, 1987.

행크만·로터 편, 김진수 역, 『미학사전』, 2002.

Adorno, T., "Culture industry reconsidered", *New German Critique* 6, 1975.

Asheim, B. and Clark, E., "Creativity and Cost in Urban and Regional Development in the 'New Economy'", *European Planning Studies* 9(7), 2001.

Bohm, S. and Land, C., "The New 'Hidden Abode': Reflections on Value and Labour in the New Economy", *The Sociological Review* 60(2), 2012.

Chaskin, R. J. and Joseph, M. L., "Positive Gentrification, Social Control ad the Right to the City in Mixed-Income Communities : Uses and Expectations of Space and Place", *International Journal of Urban and Regional Research* 37(2), 2013.

Cole, S., "Creative Chaos? Globalization, Agglomeration and the Metropolis", *Journal of Economic Geography* 12(6), 2012.

Collis, C., Felton, E. and Graham, P., "Beyond the Inner City : Real and Imagined Places in Creative Policy and Practice", *The Information Society* 26(2), 2010.

Colomb, C., "Pushing the Urban Frontier : Temporary Uses of Space, City Marketing, and the Creative City Discourse in 2000s Berlin", *Journal of Urban Affairs* 34(2), 2012.

Comunian, R., Chapain, C. and Clifton, N., "Location, Location, Location : Exploring the Complex Relationship between Creative Industries and Place", *Creative industries Journal* 3(1), 2010.

Daskalaki, et al., "The Parkour Organization : Inhabitation of Corporate Spaces", *Culture and Organization* 14(1), 2008.

Drake, G., "This Place Gives Me Space : Place and Creativity in the Creative Industries", *Geoforum* 34(4), 2003.

Felton, E., Collis, C. and Graham, P., "Making Connections : Creative Industries Networks in Outer-suburban Locations", *Australian Geographer* 41(1), 2010.

Flew, T. and Cunningham, S., "Creative Industries after the First Decade of Debate", *The Information Society* 26, 2010.

Florida, R., "Bohemia and Economic Geography", *Journal of Economic Geography* 2(1), 2002.

_____, "The Economic Geography of Talent", *Annals of the Association of American Geographers* 92(4), 2002.

_____, *The Rise of the Creative Class*, New York : Basic Book, 2002.

_____, "Cities and the Creative Class", *City & Community* 2(1), 2003.

Floysand, A, Jakobsen, S. E. and Bjarnar O., "The Dynamism of Clustering—Interweaving Material and Discursive Processes", *Geoforum* 43(5), 2012.

Hall, P., "Creative Cities and Economic Development", *Urban Studies* 37(4), 2000.

Harris, A., "Art and Gentrification : Pursuing the Urban Pastoral in Hoxton, London", *Transactions of the Institute of British Geographers* 37(2), 2012.

Harvey, D. C., Hawkins, H. and Thomas, N. J., "Thinking Creative Clusters beyond the City—People, Places and Networks", *Geoforum* 43(3), 2012.

Healy, K., "What's New for Culture in the New Economy", *The Journal of Arts Management, Law, and Society* 32(2), 2002.

Hodder, I., "Human-Thing Entanglement : toward an Intergrated Archaological Perspective", *Journal of the Royal Anthropological Institute*, 17(1), 2011.

Huggins, R. and Clifton, N., "Competitiveness, Creativity, and Place-based Development", *Environment and Planning A* 43(6), 2011.

Hutton, T. A., "Spatiality, Built Form, and Creative Industry Development in the Inner City",

Environment and Planning A 38(10), 2006.

Jeffcutt, P. and Pratt, A. C., "Managing Creativity in the Cultural Industries", *Creativity and Innovation Management* 11(4), 2002.

Kaika, M., "Architecture and Crisis-Re-inventing the Icon, Re-imag(in)ing London and Re-branding the City", *Transactions of the Institute of British Geographers* 35(4), 2010.

Kopytoff, I, "The Cultural Biography of Things-Commoditization as Process", *In The Soial Life of Things : Commodities in Cultural Perspective*, Appadurai, A.(ed.), Cambridge : Cambridge University Press, 1986.

Kristensen, T., "The Physical Context of Creativity", *The Physical Context of Creativity* 13(2), 2004.

Landry, C., *The Creative City-A Toolkit for Urban Innovators*, London : Earthscan Publications, 2000.

_____, "Lineages of the Creative City", *Research Journal for Creative City* 1(1), 2006.

Lee, N. and Rodriguez-Pose, A., "Innovation and Spatial Inequality in Europe and USA", *Journal of Economic Geography* 13(1), 2013.

Leslie, D. and Catungal, J. P., "Social Justice and the Creative City : Class, Gender and Racial Inequalities", *Geography Compass* 6(3), 2012.

Long, J., "Sustaining Creativity in the Creative Archetype-The Case of Austin, Texas", *Cities* 26(4), 2009.

Lucas, R., "On the Mechanics of Economic Development", *Journal of Monetary Economics* 22, 1988.

Mahroum S. et al., *Rural Innovation, National Endowment for Science, Technology and the Arts*, London, 2007.

Malecki, E. J., "Cities and Regions Competing in the Global Economy : Knowledge and Local Development", *Environment and Planning C-Government and Policy* 25, 2007.

Mayes, R., "Postcards from Somewhere-Marginal Cultural Production, Creativity and Community", *Australian Geographer* 41(1), 2010.

Mcauliffe, C., "Graffiti or Street Art? Negotiating the Moral Geographies of the Creative City", *Journal of Urban Affairs* 34(2), 2012.

Molotch, H., "Place in Product", *International Journal of Urban and Regional Research* 26(4), 2002.

Mouffe, C., "Art and Democracy", *Open* 14, 2008.

O' Connor, J., "Creative Industries-a New Direction?" *International Journal of Cultural Policy* 15(4), 2009.

Okano, H. and Samson, D., "Cultural Urban Branding and Creative Cities-A Theoretical Framework for Promoting Creativity in the Public Spaces", *Cities* 27(1), 2010.

Peck, J., "Struggling with the Creative Class", *International Journal of Urban and Regional Research* 29(4), 2005.

_____, "Recreative City—Amsterdam, Vehicular Ideas and the Adaptive Spaces of Creativity Policy", *International Journal of Urban and Regional Research* 36(3), 2012.

Pratt, A. C., "Creative Cities—The Cultural Industries and the Creative Class", *Geografiska Annaler—Series B, Human Geography* 90(2), 2008.

Rantisi, N. M. and Leslie, D., "Placing the Creative Economy-Scale, Politics, and the Material", *Environmen and Planning A* 38(10), 2006.

Scott, A. J., "The Cultural Economy-Geography and the Creative Field", *Media, Culture & Society* 21, 1999.

_____, "Creative Cities-Conceputal Issues and Policy Questions", *Journal of Urban Affairs* 28(1), 2006.

Sharp, J., Pollock, V. and Paddison, R., "Just Art for a Just City-Public Art and Social Inclusion in Urban Regeneration", *Urban Studies* 42(5 / 6), 2005.

Storper, M. and Scott, A. J., "Rethinking Human Capital, Creativity and Urban Growth", *Journal of Economic Geography* 9(2), 2009.

Sunley et al., "Design Capital-Practice and Situated Learning in London Design Agencies", *Transactions of the Institute of British Geographers* 36, 2011.

Tokatli, N., "Creative Individuals, Creative Places-Marc Jacobs, New York and Paris", *International Journal of Urban and Regional Research* 35(6), 2011.

Towse, R., Creativity, "Copyright and the Creative Industries Paradigm", *KYKLOS* 63(3), 2010.

Vanolo, A., "The Image of the Creative City-Some Reflections on Urban Branding in Turin", *Cities* 25(6), 2008.

Zimmerman, J., "From Brew Town to Cool Town-Neoliberalism and the Creative City Development Strategy in Milwaukee", *Cities* 25(4), 2008.

일본의 창조도시론과 마을만들기

한승욱

1. 서구의 창조도시 이론과 정책

최근 창조도시라는 단어가 학계뿐만 아니라 지방자치단체를 중심으로 행정적 용어로서 자주 사용되고 있다. 새로운 도시정책의 패러다임을 수렴하는 21세기의 새로운 도시 모델 중에 하나로서 창조도시가 뜨거운 관심을 받고 있다. 각 도시뿐만 아니라 그 총체인 국가의 경쟁력을 강화하기 위한 전략으로서 창조도시, 창조경제, 창조산업, 창조계층에 대한 구체적인 논의가 도시재생과 결합하여 새로운 흐름을 만들고 있다. 이러한 경향은 서구뿐만 아니라 아시아의 신흥도시를 포함한 100여 개 이상의 도시들이 창조도시 구현을 도시의 정책적 목표로 삼고 다양한 노력을 하고 있다. 특히, 아시아의 국가 중에서 급속한 경제성장을 이룩한 한국과 대만에서는 창조산업 육성을 통한 창조도시

조성을 정책적 목표로 삼는 도시들이 증가하고 있다. 또한 도시 간 경쟁이 치열해지고 있는 상황 속에서도 유네스코를 중심으로 창조도시 글로벌 네트워크와 같은 도시 간 상생발전을 위한 실험적 노력도 동시에 진행되고 있다.

UN 인구보고서에 따르면 2008년 현재 아시아 인구는 16억 명이 살고 있고 2030년에는 세계인구 50억 명 중에 27억 명이 아시아에 거주할 것으로 예상된다. 또한 아시아의 도시인구 비율은 2030년에 54%로 반수가 넘을 것으로 전망하고 있다. 22년 동안 약 11억 명이 증가하면서 아시아의 도시화는 급속도로 진행될 것으로 보이고 그 양상도 각 나라의 수도를 중심으로 대표되는 거대도시와 지방의 중소도시로 양극화되는 형태로 진행될 것으로 보인다. 아시아 국가들의 도시화에 관한 미래예측과 더불어 최근 아시아 국가의 도시성장은 외국자본과 기술을 적극적으로 도입과 국가의 전략적 차원의 지원 속에서 지속적인 경제발전을 이루고 있다. 도시의 경제적 성장을 바탕으로 형성된 신중산층은 '성장에 대한 욕망'을 더더욱 강해지고 있다. 그들은 활발하게 경제활동을 하고 시시각각 변화하는 경제정세에 즉각적이면서도 유연하게 대응하고 있다. 이들은 '성장에 대한 욕망'을 실현하고 도시성장을 지속적으로 추진하기 위해서 도시의 창조성에 관한 높은 관심을 가지고 있다.

국내에서는 창조도시에 관한 논의가 진행되기 전부터 문화도시전략의 차원에서 다양한 논의가 이루어져 왔다. 이는 한국에서 창조산업의 범위를 문화산업을 중심으로 해석하는 경우가 많았기 때문이다. 2010년 이후 창조도시 이론이 다시 주목을 받으면서 창조도시와 문화도시에 관한 담론들이 새롭게 정리되기 시작하였다. 주요한 흐름 중에서 하나가 한국에서 문화정책 혹은 도시정책적 맥락에서 창조도시와 관련된 이론들이 얼마나 유효한가에 대한 의문이었다. 이는 주요 지자체들이 도시정책으로서 창조도시전략을 수립하고 있지만 구체적인 전략이나 목표자체가 명확하지 않다는 지적이다. 이러한 흐름은 창조도시를 정형화된 도시모델이자 새로운 도시이론으로 받아들이고 있는 것에 대한 의문에서부터 시작된다. 다시 말하면 창조도시 이론은 이전에 이루어져 온 다양한 도시이론 및 정책들과 밀접한 관계를 가지고 있다. 특히 창조도시이론을 도시공간을 대상으로 그 안에서 이루어지고 있는 활동의 창조성과 창조성을 발휘하는 기초가 될 수 있는 지역성이란 두 가지 요소를 분리해내서 아시아의 창조도시론을 바라본다면 서구에서 논의된 창조도시이론과는 다른 형태의 시사점을 찾을 수 있지 않을까 하는 가설을 세워보았다.

이를 바탕으로 본고에서는 도시라는 공간을 대상으로 한 다양한 논의 중에서 일본에서 이루어진 마을만들기론의 관점을 통해서 창조성과 지역성을 바라보고 그 시사점을 찾고자 한다.

서구에서 급속한 도시화는 이미 보편적인 현상이 되었고 이에 대한 선행연구들이 이루어져 왔다. 선행연구들 가운데 도시성장론과 창조도시론과는 어떤 관계성을 가지고 있을까? 도시화라는 개념을 사회학적으로 바라본 막스 베버Max Weber는 '도시화란 농촌사회가 도시사회로 전환하는 과정'이라고 정의하였다. 이후 시카고학파에 의해서 도시사회학이라는 분야가 확립되었고 생활양식의 변화나 커뮤니티의 변화를 중심으로 도시화에 대한 연구가 본격적으로 이루어졌다. 도시화에 대한 분석은 도시지리학 분야에서도 이루어졌다. 도시지리학에서는 인구의 공간적 분포와 변화를 중심으로 도시화 및 도시성장을 분석하였다. 1970년대에 도시경제학의 분야가 확립되면서 단일 중심모델을 통한 도시의 내생적 형성에 관한 연구가 진행되었다. 이것이 90년대에 들어서면서 경제의 공간적 측면에 관한 이론적 실증적 연구가 급속도로 진행되면서 공간경제학분야가 확립되었다. 90년대 후반에 들면서 도시경제학적 측면에서 도시화와 도시성장에 관한 연구가 이루어졌다. 마이클 포터Michael E. Porter는 혁신에 바탕을 둔 경쟁력이 도시화와 도시성장을 촉진하고 이것의 기본요소로 인재, 설비, 자본, 인프라 이상 네 가지를 주장하였다. 이러한 논의가 2000년대에 들어서면서 창조도시론과 결합하게 된다. 찰스 랜드리C. Landry가 말한 문화, 예술이 가지고 있는 창조력과 도시의 정체성이 만들어내는 창조산업이 도시성장을 촉진한다는 주장이나 리차드 플로리다가 창조요소로서 인재Talent, 기술Technology, 관용성Tolerance 이 도시성장과 깊은 관계가 있다고 주장한 것도 같은 흐름으로 볼 수 있다.

창조도시론과 문화를 활용한 도시재생은 많은 유사점을 가진다. 혹자는 둘 사이의 구분은 모호하고 문화를 활용한 도시재생이 창조도시라는 이름으로 바뀌었다고 주장한다. 여기에서는 문화를 활용한 도시재생의 개념을 정리하여 두 개념의 차이를 명확하게 하고자 한다. 문화를 활용한 도시재생이 목표하는 바는 크게 두 가지이다. 첫 번째는 문화정책을 통해서 도시의 경제기반을 현대화하고 다양화하는 것이고, 두 번째가 문화정책을 통하여 관광, 여가, 스포츠, 예술이나 미디어와 연계하여 경제영역을 확대하는 것이다. 일반적으로 문화시설이 잘 정비된 곳에서 대규모 스포츠 대회나 문화이벤트가 열리게 되면 도시의 국제적 이미지가 높아지게 된다. 문화시설과 활동들은 도시가 제공할 수 있는'생활의 질'을 구성하는 요소이다. 이러한 활동들을 활성화하고 이를 기반으로 문화이벤트를 유치하는 것은 도시 간 경쟁 속에서 국가자본을 끌어들이기 위한 중요한 수단이 된다. 최근 확대되고 있는 문화소비에 대한 수요를 끌어들이기 위해서 문화소비의 공간을 조성하고 문화영역의 혁신을 통하여 도시가 연구개발, 디자인 집약산업, 고도의 서비스를 지향하는 형태로 발전되어 가고 있다. 문화를 활용한 도시 재생의 효과에 대해서 비앙키니F. Bianchini는 문화를 활용한 도시재생의 효과가 직접적인 부의 축적이나 고용창출 효과는 그다지 높지 않으나, 쇠퇴한 제조업 도시가 미디어, 디자인. 패션, 하이테크놀로지 등과 결합하여 부정적 도시이미지를 변화시킨다고 주장하였다.

동시에 비앙키니는 문화를 활용한 도시재생의 문제점 몇 가지를 지적하였는데 그 첫 번째가 문화를 활용한 도시재생 정책이 도시공간상의 문화소비의 확산을 목표로 문화공급을 확대함으로 인해 도시중심부와 교외에 사는 부유층과 이너시티에 사는 저소득층 사이의 문화적 격차를 더더욱 벌어지게 한다는 것이다. 두 번째로 문화시설, 관광, 상업 등의 소비지향중심의 정책과 출판, 영화, 음악, 디자인, 패션 등의 생산지향정책과의 연계 및 보완관계가 구축되지 않고 소비지향중심의 정책으로의 편중되는 점을 지적하였다. 특히 소비지향중심의 정책으로 인해 만들어진 직업은 저임금, 파트타임, 비숙련공이 많기에 이는 지역에 뿌리내린 창조적 산업형성을 오히려 방해하는 요소가 될 수 있다는 문제점을 지적하였다. 세 번째로 소비지향정책은 공공 공간의 상업화 혹은 사적인 소비공간으로 전용되거나 그 특성을 찾아 볼 수 없는 균질한 공간이 되어버리는 문제점을 지적하였다. 비앙키니를 포함하여 문화를 활용한 도시재생을 추진하면서 제기된 여러 가지 문제점을 해결하기 위해서 도시의 문화계획을 세우는데 창조적, 다면적, 종합적인 사고와 실천의 양식이 중요하다고 주장하는 창조도시론 계통의 연구가 1990년대 유럽을 중심으로 이루어졌다. 경제활성화 수단으로서 성격이 강했던 문화를 활용한 도시정책에 비해 창조도시론은 경제적 목적에 더해 종합적으로 도시의 문제를 해결하기 위한 접근방식으로서 창조성의 중요성을 강조한 점이 큰 차이라 할 수 있다.

2. 일본 창조도시론의 전개와 창조도시 사례

최근에 창조도시가 새로운 도시모델로서 주목받게 된 배경에는 창조도시모델이 단순한 도시재생적 차원의 정책론이 아니라 실질적으로 경제불황을 벗어날 수 있는 대안적 방법일 수 있다는 인식이 확산되었기 때문이다. 20세기 대량생산 대량소비 시스템 하에서 생산된 다양한 제품의 소비가 주요 선진국에서는 포화상태에 이르렀고, 경제의 위기 속에서 만들어진 다양한 금융상품은 실물경제를 교란하여 심각한 위기를 촉발시켰다. 시장중심의 경쟁적 사회구조 속에서 공공의 역할이 축소되었고 이로 인해 사회안전망은 제대로 작동되지 않으면서 사회는 커다란 혼란 속에 빠져들었다. 이 문제를 해결하기 위하여 기존의 사회시스템을 정비할 필요성이 강력하게 대두되었다. 국제화와 세계화라는 커다란 흐름 속에서도 문화적 다양성을 존중하고 이를 뒷받침 할 수 있는 새로운 가치를 만드는 일, 다시 말하면 스스로가 생활문화를 만드는 행위자를 육성할 수 있는 사회시스템을 구축하는 것이다. 이러한 전환적 사회시스템을 내재한 도시모델 중에 하나가 창조도시이다. 다양한 창조도시에 대한 개념들이 제시되었고 이는 '창조성이란 무엇인가'라는 명제에서 시작되었다. 사전적 의미를 살펴보면 '창조란 ① 전에 없던 것을 처음으로 만듦 ② 신神이 우주 만물을 처음으로 만듦 ③ 새로운 성과나 업적, 가치 따위를 이룩함'으로 정의되어 있다. 창조도시 이론가인 찰스 랜드리는 창조성이란 조금씩 확장되는 생성력을 가진 사고에 기반 하지만, 혁신이란 분석적이고 비판적인 접근을 요구하는 점을 들어 창조성의 개념을 명확히 하고자 했다.

리차드 플로리다는 창조적 인재, 다른 표현으로는 창조계급의 개념에 대해서는 비교적 명확하게 제시하였다. 플로리다는 노동, 서비스, 농업 등을 하나의 계층으로 나타낸다. 이를 통하여 새로운 의미를 가진 형태를 만들어 내고 창조성을 통해서 경제적 가치를 만들어내는 경제적 기능에 기반 하여 계층화하였다. 플로리다는 창조계급을 일반노동자에 비해 자립성과 유연성을 가지면서 2배 가까운 소득을 얻으면서 창조성, 개성, 차이, 경제적 가치를 중시하는 공통의 창조적인 정신을 가지고 있다고 그 특성을 밝혔다. 미국에서는 창조계급이 증가하고 있는데 그 이유로는 지금까지 경제사회에서는 분업시스템, 자본의 집중, 규모의 경제성 등 효율성을 중시해 오던 것이 질적인 가치를 추구하는 것으로 변화되면서 부터이다. 새로운 형태를 만들어내는 능력인 창조성은 경쟁우위를 결정하는 중요한 요소가 되고 있다. 지금까지 경제성장속에서 사회의 변화를 이끌어 온 것은 기업, 행정기관, 대학, 공익법인과 같은 조직체라고 생각해 왔으나 그 원동력이 된 것은 창조성이다. 창조성은 사람에게서 생겨나는 것으로 창조적인 사람은 일을 찾아 특정지역에 모이는 것이 아니라 창조적인 사람들이 모여살고 싶다고 생각하는 곳에 산다고 플로리다는 주장하였다. 다시 말하면 서구적인 관점에서 창조도시란 창조적인 인재가 모이는 도시를 의미한다.

이러한 시각은 선진국들은 공업사회에서 탈공업사회로 전환되는 과정에서 형성되었고 새로운 사회시스템과 성장 모델을 모색해 온 과정과도 그 맥을 같이 한다. 탈근대적 시스템을 재편하는 과정은 급진적으로 이루어졌고 이는 지식사회로의 전환이라는 새로운 패러다임의 변화로서 나타났다. 사회시스템을 재편하는 과정에서 산업 및 과학기술분야와 관련된 지식과 정보는 전문화되고 세분화됨과 동시에 그 중요성이 크게 강조되기에 이르렀다. 국가산업의 주요한 근간을 이루어 온 제조업을 중심으로 하는 2차 산업들의 성장세가 둔화가 눈에 띄게 나타나고 있는 가운데 새로운 부가가치를 만들어내기 위하여 새로운 기술개발과 과학의 발전을 위한 연구투자가 증가하고 있다. 지식집약적 산업과 문화예술을 바탕으로 하는 새로운 형태의 산업들이 지식사회로의 전환을 이끌어가는 견인차 역할을 하고 있고 이러한 산업을 통칭하여 창조산업이라 한다. 그리고 창조산업이 집약되어 있고 창조산업에 종사하는 인재들 많이 거주하고 있는 장소가 모여있는 특정한 도시를 창조도시라 부른다. 정보통신 및 교통수단의 발달과 국경을 초월한 자본, 자원, 사람의 자유로운 이동은 하나의 세계를 만들어 가고 있지만 창조산업에 종사하는 인재들이 정주하고 싶어하는 환경을 갖춘 도시는 한

정되어 있다. 창조산업과 종사하는 인재들 간의 관계에 대하여 창조도 시 이론가인 플로리다는 기존의 공업사회에서는 공장이나 기업의 입지 가 인재를 유인하는 요소가 되어 왔으나 탈공업사회에서는 역으로 창 조산업에 종사하는 인재, 즉 창조계급이 집주하고 있는 도시에 창조산 업이 발달하는 현상이 생긴다고 주장하였다.

　일본의 학자들은 창조계급이 정주하고 싶어 하는 도시, 다시 말하면 탈공업사회에 있어서 창조적인 도시를 어떻게 정의했을까? 이토우 모 토시게伊藤元重는 "전후 일본의 도시형성을 살펴보면 산업이 도시를 발 전시킨다. 산업이 쇠퇴하고 있는 지방과 전국의 도시가 같은 궤적을 따 라 쇠퇴해왔다. 최근에는 이러한 경향이 아주 강해지고 있다. 산업 활동 을 장려하는 도시일수록 동시에 생활환경이 잘 갖추어져야 한다. 기후 가 온난하고 최신의 첨단 정보를 발신하는 대학이나 연구기관이 있고, 외부사람들을 적극적으로 받아들이려는 노력이 있어야하고, 오락이나 다양한 서비스가 제공되어야 하고, 교육이나 의료 복지 시스템이 잘 갖 춰져야 한다. 종합적인 기능이 잘 정비된 도시에 우수한 인재들이나 기 업들이 많이 모이게 되고, 결국은 그곳에서 활발한 산업 활동들이 이루 어지게 된다"라고 매력적인 도시의 요건에 대해서 말하였다. 진노 나오 히코神野直彦는 "인간이 살고 싶어하는 도시에는 유능한 인재가 집결하 고 첨단산업도 집적하게 된다. 도시를 인간이 생활하는 장소로서 재생 하면 도시 생산 활동도 활성화 된다. 공업사회에서는 생산기능은 생활 기능을 흡수하면서 도시를 발전시켜왔다. 그러나 지식사회에서는 생 활기능이 생산기능을 수렴하면서 도시를 재생시킨다. 우수한 인재가 환경과 문화에 매료되어 몰려들면 그 도시의 산업 활동도 활발해진다"

라고 지적하면서 매력적인 도시공간 형성을 지역재생의 측면에서 바라보았다. 모리노 요시노리森野美德도 "일본의 도시는 공업을 중심으로 한 대량생산 대량소비형 경제사회에서 인간의 두뇌나 감성이 만들어내는 지식, 정보, 서비스로 중심축이 이동하는 지식정보사회로의 구조적 전환이 이루어지고 있다. 지식·정보가 경제사회를 움직이는 시기에 도시의 가치는 그곳에 어느 정도의 지적자원을 집적 시키는가에 달려있다. 최첨단의 지식, 정보가 교류하고 새로운 지적흥분을 느낄 수 있는 정보 교류장에 대한 요구는 높아만 간다. 대량생산 대량소비형의 공업경제와 감성의 희소가치를 중요시하는 지식경제와의 결정적 차이가 이것이다. 앞으로 도시는 다양한 인재가 교류하는 가운데 서로를 촉발하는 것을 통해 지식정보가 재생산 되는 무대로서의 중요한 역할을 할 것이다"라면서 지식정보사회에 있어서 도시의 역할의 중요성을 지적하였다. 지금까지 중요한 생산무대였던 공장이라는 폐쇄된 공간이었지만, 도시의 속성에 의해 창조적 인재의 집적에 의한 가능성에 의해 지적 생산이 이루어지면서 도시는 사람들의 창조성을 발휘하는 무대로서 아주 중요한 역할을 하고 있다. 지식사회로의 이행에 동반한 새로운 형태의 도시 형성이 커다란 흐름을 형성하면서 도시 간 격차가 확대되는 현상이 발생하였다. 아시아의 주요 개발도상국을 포함해서 일본의 경우에도 제1도시를 중심으로 한 수도권에 주요한 기업본사가 집중되어 있고, 대학과 연구개발기관의 수도 타지역에 비해서 압도적 우위를 점하고 있어 지역의 거점도시들이 창조도시 전략을 세우는데 많은 어려움을 겪고 있다. 종전에도 수도권과 비수도권의 도시 간 격차를 줄이기 위해서 균형발전정책 등이 실시되었으며 이러한 정책은 지역의 고용이나 소득을 증가시킨 것처럼 보이지만 지속가능한 성장이란 측면에서 보면 성공한 정책으로 평가하기는 어려울 듯하다. 이에 몇몇 지자체들이 기존의 도시개발정책에서 벗어나 대학이나 연구기관을 유치하고 산-관, 학-관 협력을 강화하고 지적산업의 집적시켜서 지역의 내발적 발전을 모색하고 있다. 그러나 코토 카즈코後藤和子는 "재생에 성공한 도시를 분석해보면 예술이나 문화가 창조산업을 만들어낼 뿐 만 아니라, 교육, 의료, 복지 등의 다양한 분야와 연결되어 많은 사람들 간의 능력개발과 커뮤니티 형성에 기여하고 있다"라고 주장하였다. 창조도시라는 것이 단순히 산학연계를 통한 지적산업의 집적으로만 이루어지지 않는다는 것을 의미한다.

일본의 대표적인 창조도시 이론가인 사사키 마사유키佐々木雅幸는 창조도시란 "과학과 예술의 창조성이 풍부하고 동시에 기술혁신에 필요한 산업이 충분히 발달된 도시"라고 정의하고, 다음의 5가지 기준을 들어 창조도시가 갖추어야 할 조건으로 제시하였다. 첫 번째가 예술가와 과학자가 자유롭게 창조적인 활동을 할 수 있고 노동자나 수련공이 자기 능력을 발휘하여 다양한 생산활동을 전개함으로서 세계적 경제불황에 따른 고용감축에 대응할 수 있는 자기혁신능력이 충분한 도시경제시스템을 갖춘 도시. 두 번째가 과학과 예술의 창조성의 기반이 되는 대학이나 연구기관뿐만 아니라 극장과 도서관과 같은 문화시설이 잘 갖춰져 있고 중소기업의 권리가 보호되고 신규 창업이 용이하며, 창조적인 일을 지원하는 각종 협동조합이나 협회등과 같은 창조지원 인프라가 잘 갖춰진 도시. 세 번째가 산업발전이 도시민의 생활의 질을 개선하고 충실한 사회서비스를 제공함으로서 환경, 복지의료, 예술 등의 영역에서의 새로운 산업산업의 발달에 자극을 줄 수 있는 산업활동과 생활문화, 즉 생산과 소비가 조화를 이루면 발전하는 도시. 네 번째로는 생산과 소비가 이루어지는 공간을 제공하는 도시환경이 잘 보전되어있고 도시민의 창조력과 감성을 고취시킬 수 있는 아름다운 경관을 지닌 도시. 마지막으로 도시민의 다양한 창조적인 활동을 보장하고, 행정에 주민이 참여할 수 있는 지역자치 시스템, 도시와 도시, 지역과 지역을 네트워크화 하는 광역행정시스템이 잘 갖추어진 도시를 들었다. 사사키는 이 기준을 가지고 이탈리아의 볼로냐를 창조도시의 전형적인 사례로 들었다. 일본 내 창조도시로서는 가나자와를 높게 평가하였다. 사사키는 기술혁신에 필요한 산업이 발달한 도시, 즉 창조산업이 발달한 도시를 창조도시라 정의 하였다. 그렇다면 창조산업은 어떻게 정의할 수 있는가? 이론가에 따라, 또 나라마다 창조산업에 대한 정의가 각각 다르다. 미국에서는 저작권 산업Copyright Industries을, 영국에서는 창조산업Creative Industries을 지칭하는 것이 일반적이다. 일본의 경우는 컨텐츠산업을 창조산업에 가까운 개념으로서 포함시켰다. 2004년 공포된 '컨텐츠의 창조, 보호 및 활용의 촉진에 관한 법률(컨텐츠촉진법)'에서는 컨텐츠를 "영화, 음악, 연극, 문예, 사진, 만화, 애니메이션, 컴퓨터게임, 그 외에 문자, 도형, 색채, 음성, 동작 혹은 영상이 조합된 것, 혹은 이러한 것과 관계된 정보를 전산기기를 통해 제공하기 위한 프로그램과 같이 인간의 창조적 활동에 의해 생겨난 것 중에서 교양이나 오락의 범위 안에 속한 것"으로 정의하고 있다. 이 정의에 의하면 컨텐츠 산업이 상근산업 전체를 대표한다고 하기는 어렵다. 데이비드 트로스비David Throsby는 문화사업의 범주에 대한 동심원 모델을 제안하였는데, 이에 따르면 독창적인 아이디어를 중심으로 다양한 종류의 생산물을 만들어내고 또한 다른 분야와 조합하여 보다 더 많은 것을 생산해낸다고 하였다. 이 모델은 중심에 전통적인 음악, 춤, 극장, 문학, 시각예술, 공예품뿐만 아니라 비디오아트, 퍼포먼스, 컴퓨터 멀티미디어 아트 등 새로운 예술 활동을 포함한 창조적 예술이 위치한다. 그 외측에는 출판, TV, 라디오, 신문, 영화 등의 산업이 있고, 가장 바깥쪽에 광고, 관광, 건축서비스가 위치한다. 이에 대해 사사키는 "동심원 모델은 중심에 창조적 아이디어가 있고, 영리성이 적은 첨단적인 일에 종사하는 예술가나 크리에이터가 충분히 활약할 수 있는 조건이 창조산업의 발전에 반드시 필요하다. 이를 위해서는 창조산업 중심부에 대한 유효한 지원시책이 필요하다"며 문화산업에 대한 지원의 중요성을 강조하였다. 창조산업에 대한 정의는 비교적 명확하지만 앞서 말한 '창조성'과 산업과의 관계성을 규정하기란 쉽지 않다. 전통적인 음악, 춤, 문학, 공예품등은 창조적 문화예술사업의 범주에 들어가지만, 통상적으로 말하는 '창조성'에는 과학기술이나 생산과정에서의 '혁신'을 포함하기 때문에 창조산업의 범위는 폭넓은 산업군을 포함한다고 할 수 있다.

일본 내에서 창조산업을 중심으로 창조도시 간 연대를 추진하는 움직임이 지속적으로 진행되고 있다. 1985년 시작된 '유럽문화수도' 사업과 같은 문화예술의 창조성을 활용한 도시재생이 성공한 이후, 많은 수의 도시들이 행정, 예술가나 문화단체, 기업, 대학, 주민 등 다양한 주체들이 연계를 시도해왔다. 유네스코도 문화의 다양성을 보호함과 동시에 세계각지의 문화산업이 잠재적으로 가지고 있는 가능성을 도시간 전략적 연계를 통해서 최대한 발휘할 수 있도록 2004년에 '창조도시네트워크' 사업을 추진해왔다. 창조도시를 7개 분야로 나누어 인정하고 상호간의 교류를 촉진하는 것이 사업의 주요내용이다. 일본 문화청도 문화예술이 가지고 있는 창조성을 지역진흥, 관광 및 산업진흥 등에 활용하여 지역문제를 해결하기 위해 노력하는 지방자치단체를 '문화예술창조도시'로 지정하고 있다. 2009년에는 문화예술창조도시부분 문화청장표창을 제정하였고 2010년에는 '창조도시 추진사업', 2011년에는 '창조도시 시범사업' 등을 추진하는 등 다양한 형태로 창조도시 형성에 노력하고 있다. 2012년에는 창조도시 네트워크회의에서 '창조도시네트워크일본CCNJ'의 설립을 위한 아젠다를 채택하였고, 2013년 1월 13일에는 창조도시 네트워크 일본이 설립되었다. 창조도시네트워크 일본은 창조도시 조성을 위해서 노력하고 있는 지방자치단체를 지원함과 동시에 일본내외의 창조도시 간 연계 및 교류를 촉진하기 위한 기반을 마련하는 것을 목표로 하고 있다. 창조도시에 관한 다양한 정보, 경험교류의 허브 역할을 하면서 창조도시를 추진하는 주체를 지원하면서 평화적이면서 공생적인 '아시아창조도시네트워크'를 형성하기 위한 노력도 하고 있다. 이러한 노력들은 일본의 창조도시로 대표되고 있는 요코하마시와 카나자와시를 중심으로 확장 발전되고 있다. 두 도시의 사례에 대해서 잠시 살펴보고자 한다.

1) 요코하마시橫浜市

인구 약 360만의 대도시인 요코하마는 오랜 역사를 가진 항구도시로서 2009년에 개항 150주년을 맞이하였다. 일본의 경제가 최절정에 이르렀을 때 중공업도시 이미지에서 벗어나기 위한 노력으로 '미나토미라이 요코하마'라는 대규모 워터프론트 개발을 진행하였다. 그러나 부동산 거품의 꺼짐과 동시에 인접한 동경에 오피스빌딩이 대량으로 공급된 영향을 받아 개발로 인한 지역변화는 한계를 맞이하였다. 원래부터 요코하마는 항구도시로서 긴 역사를 가지고 있어 도시 내에는 역사적인 건조물과 풍경 등 많은 장소자원들이 집적되어 있다. 동경東京과는 또 다른 이질적이고 독특한 도시경관을 형성하고 있어 많은 관광객들이 찾고 있다. 요코하마시는 2004년 문화예술로서 창조사업본부를 설치하여 지속 가능한 발전과 새로운 도시의 매력을 만들기 위해서 역사적 건축물과 독특한 항구의 풍경에 문화와 예술이 가지고 있는 창조성을 더하여 창조도시 요코하마시를 만들기 위한 노력을 시작하였다. 문화예술의 창조성을 활용한 마을만들기를 주요한 도시재생전략으로 삼아 행정주도 사업으로서 '문화예술창조도시 크리에이티브 시티 요코하마'라는 슬로건을 내세우고 다음과 같은 비전을 구체화 하였다.

① 아티스트의 이주를 촉진하거나 그들이 활동하기 위해 필요한 거점을 만들어 아티스트·크리에이터가 살고 싶은 창조환경을 조성하고, ② 영화, 영상, 음악, 컴퓨터 프로그램 등 창조상업으로 불리는 분야의 클러스터 형성을 통한 지역경제활성화를 도모하고, ③ 워터프론트의 정비와 도심부에 입지한 근대 건축물을 영상문화시설로서 활용

하는 등 매력이 있는 지역자원 활용하고, ④ 시민이 주도하는 문화예술창조도시만들기 실천하기, 이상 네 가지 비전을 제시하였다. 이를 실현하기 위하여 물리적 환경 측면에서는 워터프론트 정비 기업과의 거버넌스 구축, 역사적 건조물의 리노베이션 등을 통해서 '요코하마 크리에이티브 시티 센터'와 'BankART 1929'와 같은 문화예술시설을 확충하고 아티스트의 작품 활동과 발표의 기회를 제공하였다. 프로그램 측면에서는 도쿄예술대 대학원영상연구과를 유치하고 젊은 아티스트를 육성하기 위한 사업을 실시하였으며, 행정과 기업 그리고 시민단체들과의 연계를 통하여 다양한 프로젝트를 전개하였다. 또한 2005년 가을에는 국제현대미술전 '요코하마 트리엔날레'를 개최하여 시민이 문화예술을 보다 가깝게 느낄 수 있는 기회를 제공하였다. 같은 해 11월에 열린 'EU－일본 창조도시교류 2005'에서는 일본전국의 예술시민단체와 프랑스, 이탈리아, 독일 등 EU 6개국에서 예술가들이 참가하여 교류의 기회를 가졌다. 이러한 요코하마의 창조도시 만들기 노력 중에서 주목할 만한 것은 예술문화가 가지고 있는 창조성을 도시재생의 원동력으로 삼고 종래에는 칸막이 행정으로 일관되어온 문화정책, 산업정책, 마을만들기 관련 사업들을 통합적으로 재편하는 문화예술도시 창조사업본부와 창조도시추진과를 신설하여 NPO나 시민들을 정책수립과 집행과정에 참여시킨 점이다.

2) 가나자와시金澤市

인구 약 45만 명의 가나자와시는 4백여 년 전에 마에다 도시이에前田 利家를 시조로 한 가가加賀번에 의해서 성립이 되었고, 세계 제2차 대전 중에 큰 피해를 입지 않아 현재까지 당시의 형태가 남아있는 전통적인 도시이다. 유구한 역사적 배경을 가진 가나자와시는 1968년 전국의 지방자치단체 중에서 최초로 '가나자와 전통환경보존조례'를 제정하였고 이후 독자적으로 역사문화유산의 보존과 정비를 추진해왔다. 이러한 역사적 환경을 지키기 위한 노력은 전통공예의 계승과 역사성을 가진 산업의 발전과도 깊은 관계를 가지면서 가나자와의 정체성을 형성해 왔다. 가나자와의 도시경제의 특징은 긴 역사 속에서 발전을 이루어 온 다수의 중견, 중소기업이 집적되어 있다는 점이다. 이러한 기업들은 장인정신과 혁신 특성을 동시에 갖추고 있으며 독자적인 기술을 보유하고 있다. 또한 특화된 분야에 선두기업 상호간에 상생효과를 촉발할 수 있는 군집형태를 이루고 있어 자율성이 높은 도시경제를 형성하고 있다. 역사적으로 섬유공업과 섬유기계공업이 지역 내에서 상호 연관적으로 발전을 해왔고, 최근에는 공업기계와 식품관련기계, 출판 및 인쇄공업, 그리고 컴퓨터 관련 산업까지 확대되어 다양한 산업연관 구조를 형성하고 있다. 가나자와의 이러한 내발적 발전은 대규모 공업 개발을 억제하고 산업구조와 도시구조의 급격한 변화를 막아왔다. 이는 에도시대부터 형성된 독특한 전통산업, 전통적인 경관, 주변의 자연환경이 공존하고 어메니티가 갖춰진 도시의 형태를 유지할 수 있는 근간이 되었다. 또한 독자적인 도시경제구조는 지역 내에서 발생된 소득이 역외로 유출되는 것을 억제하고 중견기업의 끊임없는 혁신과 문화에 대한 투자를 가능케 하였다. 도시정책 분야에 있어서 가나자와는 요코하마와는 다른 독자적인 노선을 추구하였다.

3. 마을만들기로 본 지역성 그리고 창조성

일본은 두 번의 걸친 세계대전을 거치면서 대도시를 중심으로 급격한 인구의 증가가 발생하였고 산업기반을 정비하기 위한 경제성장정책을 추진하였다. 일본은 경제선진국 대열에 들어섰으나 생활환경은 다른 선진국가에 비해서 많이 뒤떨어져 있었다. 열악한 주거환경은 물론이고 역사적인 건조물의 파괴, 대규모 개발로 인한 공해문제 등은 도시에 거주하는 사람들의 생활환경을 크게 위협하였다. 이러한 문제는 공공에 의해서 발생되었기 때문에 주민과 지역사회는 공공에 의한 무분별한 개발에 반대하고 이 문제를 해결하기 위한 저항적 운동으로서 마을만들기를 시작하였다. '마을만들기'라는 용어는 1970년대에 들어서면서부터 일반적으로 사용되기 시작하였다.

그러나 아직까지 마을만들기라는 용어는 학술적 용어로서 정리되어 있지 않다. 최근 들어 이 단어가 일반적인 의미로 사용되기 시작하였다. 일상생활에서 마을만들기가 생활적 개념으로서 정착되고 있고 어떤 의미에서는 주민자치 혹은 시민권의 개념으로 확장되고 있다. 마을만들기라는 용어는 크게는 추상적인 개념과 구체적인 개념으로 나눌 수 있다. 추상적인 개념으로서 마을만들기는 '살기좋은 마을만들

기', '행복한 마을만들기' 와 같이 행정적 구호로서 사용되고 있는 경우
가 많다.

마을만들기가 실천적 행위가 되면 구체적인 개념이 된다. 구체적인
개념으로 마을만들기는 '물리적'인 것과 '비물리적'인 것으로 나뉜다.
물리적인 것은 병원이나 공원, 복지시설의 설립과 같이 시설의 건설을
의미하는 경우가 많다. '비물리적'인 것은 사회경제적 활동을 의미한
다. 예를 들어서 지역경제의 활성화나 마을공동체 강화와 같은 것을
들 수 있다.

지금까지 마을만들기에서는 마을회관이나 보육소와 같은 물리적
시설에 대한 요구가 높았다. 그러나 최근에 와서 이러한 경향은 변화
하여 물리적인 것과 비물리적 것이 동시에 만들어지기 시작하였다. 그
요인으로는 마을만들기의 공간적 대상이 도시권 레벨의 거시적 공간
에서부터 일상생활권 레벨의 미시적 공간으로 그 범위가 변화하고 있
는 점을 들 수 있다. 도시권 레벨에서는 도시의 총괄 디자인을 구상하
는 반면, 일상생활권 레벨에서는 지역 커뮤니티를 개선하기 위한 다양
한 내용들이 포함되어 있기 때문이다.

마을만들기란 원래 주민 스스로가 지역사회를 현재의 상황보다 좀
더 살기 좋은 상태로 바꾸는 활동을 의미한다. 그렇기에 '물리적인 것'
과 '비물리적인 것' 을 포함한 모든 것이 마을만들기라 할 수 있다. 마을
만들기가 성립되기 위해서 빼놓을 수 없는 필수불가결한 조건이 있다.
그것이 바로 공익성이다. 특정 단체나 개인의 사리사욕을 위한 활동은
마을만들기가 될 수 없다. 공익성이야말로 마을만들기의 본질이다.

지금까지 공익성의 추구는 정치가, 공무원, 기업가, 학자 등과 같은

특정계급이나 전문가들의 전유물로 생각되어 왔다. 그러나 돌이켜 보면 사람들의 일상생활과 관계된 지역레벨에서는 주민이 주체가 되어 추진된 공익활동들이 많다. 예를 들어, 기존의 반상회나 최근에 많이 구성되고 있는 주민협의회의 활동들을 들 수 있다. 그리고 민간 기업의 활동 중에서 공익활동으로서 기능을 가지고 있는 것도 많다. 일반 기업의 경제활동은 어떤 측면에서 보면 공익과 사익의 중간영역에 포함된다고 할 수 있다. 예를 들면 어떤 주식회사의 주주와 경영자 그리고 종업원들이 사익을 추구하기 위한 활동을 하여도 그것이 고용을 창출하고 세금을 납부함으로서 공익성을 가지게 된다. 기업이 이러한 공익성을 무시하고 사리사욕만을 추구할 경우, 이전에 발생했던 공해문제나 기업의 비리와 같은 사회문제가 발생하게 된다. 그리고 도로, 댐, 항만시설과 같은 종래의 공공사업도 넓은 의미에서는 마을만들기의 범위에 들어가지만 이것이 권리다툼을 위한 담합의 수단으로 사용되는 경우에는 마을만들기가 될 수 없다.

1970년대에는 시민참여, 주민참가의 중요성이 강조되면서 이 두 가지가 시민사회 형성에 필수불가결한 요소가 되었다. 동시에 기업의 사회적인 책임에 대해서도 인식이 확대되었다. 이러한 현상은 성숙단계에 들어선 시민사회로서 당연한 것이다. 그 배경에는 고도경제성장기에 일본 지역사회가 심각한 공해문제를 겪었고 도시화로 인해 지역의 커뮤니티가 붕괴되는 경험과 교훈이 자리잡고 있다.

이후 일본에서 전개된 마을만들기에 관한 담론에는 커뮤니티 회복과 마을만들기 이 활동의 종합적인 접근을 어떻게 할 것인가에 대한 고민이 담겨 있었다. 건축, 재정, 지방자치, 복지, 도시사회학 등 다양한 분야의 전문가들이 마을만들기라는 개념을 가지고 학술적이고 종합적인 접근을 하기 시작하였다. 이시기의 마을만들기는 크게 두 가지로 형태로 나뉘어 졌다. 하나가 고도경제성장에 동반한 무분별한 개발로부터 생활권을 지키기 위한 저항적 운동형 마을만들기의 형태이다. 다른 하나는 개발에 의해 훼손되어 가는 역사적 자원에 대한 보전형保全型 마을만들기 형태이다. 저항적 운동형 마을만들기 고베시 마노眞野 지구 사례는 공장에서 발생하는 공해문제를 해결하기 위한 시민운동에서 시작하여 마을만들기로 발전한 경우이다. 교토시 후시미伏見에 있는 사카쿠라酒藏 지역에서 전개된 고층 아파트 건설에 반대하는 역사적 가로경관 보전운동은 보전형保全型 마을만들기의 대표적인 사례로 들 수 있다 .역사적가치가 있는 지역에 대한 보전운동은 결과적으로 마을만들기가 경관과 같은 표상적인 부분이 아니라 그 마을 안에 이루어지고 있는 생활적 측면과 함께 접근해야 한다는 경험적 결과를 남겼다.

1970년대 후반에 들어서는 대도시권을 중심으로 원도심 문제가 심각해졌다. 이를 해결하기 위해서 지역 커뮤니티를 회복하기 위한 마을만들기가 추진되었다. 특히 주거환경이 열악한 지역을 대상으로 전면 철거형 주거환경정비가 아닌 지역 커뮤니티를 기반으로 하는 마을만들기가 시도되었다. 마을만들기 협의회를 조직하여 주민 스스로가 주체적으로 계획에 관여하고 도로나 공원의 정비와 같은 시설의 정비와 주거환경의 점진적 개선을 추진하는 마을만들기가 이루어졌다. 이러한 마을만들기가 제도화 된 것이 1978년에 만들어진 주환경정비모델 사업이다. 이 사업이 지양하는 바는 개개인의 권리와 재산을 보전하면서 지금까지 만들어온 역사와 생활자원들을 바탕으로 산업, 복지, 교육 문제등과 연계하여 해결하고 삶의 질을 높이는 것이다.

같은 시기 대도시 근교지역에 형성된 신도시에서도 마을만들기가 전개되었다. 교외에 형성된 베드타운 지역에는 생활기반시설이 충분히 정비되지 않은 상태로 대규모의 주택단지가 형성되었고 비슷한 연령대와 세대구성의 주민들이 일시에 이주하면서 공공시설 및 서비스가 부족한 문제가 발생하였다. 이를 해결하기 위해 새로운 커뮤니티 만들기가 필요하게 되었다. 한국에서도 마을이란 용어와 동시에 잘 쓰이는 '커뮤니티'라는 용어는 전통적인 지역사회와는 다른 독립적 개인을 기반으로 형성된 근대적 지역사회라는 의미로 1960년대부터 도시사회학 분야에서 사용되기 시작하였다. 70년대에 들어서면서 일본의 전통적 주민조직인 초나이카이町內會형 조직은 약화되어 갔고, 한편으로 근대적이고 민주주의적인 운영이 이루어지는 커뮤니티의 개념이 확산되면서 마을만들기는 활성화 되었다. 국가의 커뮤니티 정책을 기반으로 공민관이나 커뮤니티 센터가 거점이 되어 초등학교와 중학교의 학구學區단위로 활동을 전개하는 새로운 지역활동의 주체가 만들어졌다. 신도시에서 발생한 문제를 해결하기 위해서 지역주민들이 참가하여 커뮤니티 계획을 만들고 실행하는 모든 과정 또한 원도심에서 진행되어온 활동들과 마찬가지로 마을만들기로 받아들이기 시작하였다.

마을만들기를 추진하기 위해서는 주민이 직접 참여할 수 있는 조직도 동시에 만들어졌다. 1970년대 초반 혁신지자체가 만들어졌고, 이를 뒷받침하고 민주적인 마을만들기를 추진할 조직이 필요하게 되었다. 이러한 필요에 의해 만들어진 것이 지역회의, 마을만들기 협의회, 주민협의회 등과 같은 조직이다. 알려진 바와 같이 이탈리아에는 볼로냐, 피렌체에는 '지역주민평의회' 제도가 있다. 각 지역에서 선거를 통해 평의회의 대표를 뽑고 각 정당의 대표를 더해진다. 공영주택의 입주와 같은 생활과 밀접한 사항들을 독자적으로 결정할 수 있는 조직으로 행정권한을 지역사회에 나눠주는 분권시스템이다. 일본의 혁신지자체 지역협의회는 이탈리아의 제도가 롤모델이 되었다. 초나이카이는 전시체제하에서 행정의 말단 조직이 되었고 보수적인 정치세력과 연계되면서 근대적인 시민의 요구에 부응하지 못했다. 70년대 초반 혁신지자체장들은 보수적인 의회에 대항하기 위해서 시민의 직접 참여 조직인 지역의회를 설립하였다. 지역의 참여와 분권을 위한 조직으로 만들어진 지역의회나 마을만들기 협의회는 주민 스스로가 문제의식을 가지고 지역문제를 해결하는데 일정부분 성과를 이루었다. 현재에는 당시의 형태로 조직이 남아있는 경우는 거의 없고 현안별로 작은 조직으로 나뉘거나 다양한 개성적 운동으로 전환되었다.

4. 공익적 마을만들기와 창조적 인재

공익성을 추구하는 마을만들기의 기원을 거슬러 올라가면 산업혁명기의 영국에 이르른다. 19세기에 이미 마을만들기 개념을 생각하고 실천한 방적공장의 경영자이자 사상가이면서 이상주의자였던 로버트 오웬(Robert Owen, 1771~1858)이 바로 마을만들기의 선구자이다. 그는 '인격은 환경에 의해서 형성된다'라는 신념을 가지고 공장노동자들을 위해서 주택을 공급하고, 종업원의 건강관리를 지원하고, 교육의 기회를 보장하였다. 또한 생활협동조합과 유치원의 원형을 만들기도 하였다.

19세기 영국의 옥타비아 힐(Octavia Hill, 1838~1912)과 같은 자선활동가의 활동은 요즘의 NPO활동의 원형이 되었다. 19세기에서 20세기 초까지 영국의 근대 도시계획이 확립되는 시기에 도시계획가인 에베네저 하워드(Ebenezer Howard, 1850~1928)의 전원도시론은 도시의 무질서한 확장을 제어하고 도시와 자연환경의 공생을 실현하는 데 중요한 역할을 하였다. 레치워스Letchworth는 세계에서 최초의 전원도시로 건축가인 레이몬드 언윈(Raymond Unwin 1863~1940)이 하워드의 이상을 정확하게 이해하고, 설계도를 작성하는 등의 기술적인 지원을 하였다. 정원도시주식회사라는 경영 시스템을 만들어 도시를 지속적으로 관리·경영하는 것에 성공하였다. 이러한 영국의 전원도시운동은 일본의 근대도시계획에도 큰 영향을 미쳤다.

일본에도 마을만들기의 선구자들이 존재했다. 명치시대의 건국에 큰 역할을 한 실업가 시부사와 에이이치澁澤榮一는 영국의 전원도시의 이념을 실천하고 전원도시를 건설하였다. 주요한 요직을 두루 거친 고토 신뻬이後藤新平는 관동대지진 이후 동경복구를 지휘했다. 한큐 그룹에 창설자이자 타카라즈카 극단 창설자인 코바야시 이치죠小林一三는 교외주택지의 모델을 개발하였다. 두 사례 모두 건축가나 기술자가 아닌 실업가이자 문화인이면서 정치가에 의해서 추진되었다.

마을만들기의 선구자들은 반드시 건축가나 기술자가 아니었다. 앞서 소개한 사람들은 높은 이념과 명확한 비전을 가진 프로듀서였다.

건축가나 기술자들은 그것을 도와주는 역할을 했다. 이 점은 매우 중요한 사실로서 마을만들기의 주체가 반드시 기술자일 필요는 없다는 점을 시사한다. 이것은 과거뿐만 아니라 현재에도 통용되는 사실이다. 현재와 다른 점 한 가지는 마을만들기의 선구자들은 소위 말하는 엘리트였고 특권계층이었다는 점이다. 이에 반해서 현재의 마을만들기의 주역은 지역에서 생활하는 주민으로 바뀌고 있다. 자신이 바라기만 하면 마을만들기에 적극적으로 참가할 수 있는 기회가 시민의 누구에게나 주어지고 있다.

마을만들기는 물리적으로 마을을 만드는 행위만을 말하는 것이 아니다. 시민사회의 성숙화의 과정에서 주민참가는 활발해지고 마을만들기의 목표도 다양해졌다. 이제는 이전과 같이 엘리트가 프로듀서로서 리더할 수 있는 시대가 아니다.

마을만들기에 대한 관심과 실천적 활동은 자연발생적으로 생기는 것이지만, 실천적 마을만들기가 반드시 성공으로 이어지지는 않는다. 오히려 전략적인 접근이 없으면 반드시 실패하게 된다. 예를 들면 자치연합회나 마을만들기 위원회 등의 회합에서 생활에 뿌리내린 다양한 문제에 대해서 주민 모두가 진지하게 토론하고 열심히 참여한다. 그러나 때때로 토론이 쓸데없이 반복되거나 논점이 흐려져서 마을만들기가 몇년 동안 전혀 진전되지 않는 경우도 있다. 그러면서 활동 자체가 자연소멸 되어버린다. 이런 사례가 많은 것 또한 주지의 사실이다.

이러한 문제점을 해결하기 위해서 생겨난 것이 마을만들기 코디네이터이다. 일반적으로 행정, 컨설턴트 계획가, 연구자 등과 같은 전문가가 코디네이터가 되는 경우가 많지만, 지역주민 중에도 이러한 자질을 갖춘 사람이 있는 경우도 있다. 만약 지역사회에 이런 사람이 있는 경우라면 그것은 그 지역사회로서는 큰 행운이다. 마을만들기는 추상적인 논의만으로는 이루어지지 않는다. 마을만들기는 구체적인 문제 해결책을 필요로 하는 실천적인 활동이다. 따라서 마을만들기가 성공하기 위해서는 문제를 냉정하게 분석하고 때로는 실태조사 등을 실시하여 문제를 해결하기 위한 방법을 찾아내는 작업이 필요하다. 이것을 리드하는 것이 코디네이터의 중요한 역할이다. 코디네이터의 능력에 따라서 그 지역의 마을만들기의 질이 좌우된다. 마을만들기의 보이지 않은 조정자는 코디네이터라고 말해도 과언이 아니다. 마을만들기 코디네이터는 아주 고도의 능력이 요구되지만 직업으로서 인정받고 있지 않기 때문에 정당한 보수를 못 받고 있다. 아직까지는 자신이 관여하고 있는 마을만들기가 성공하고 지역사람들이 즐겁다면 그것을 보람으로 삼고 일하는 사람들이 대부분이다. 마을만들기 코디네이터는 창조도시론에서 말하는 창조계층과 같은 역할을 하고 있다고 할 수 있다.

마을만들기에 있어서 창조계층으로서 코디네이터의 필요성을 증명하는 사례가 있다. 2009년 배럭 오바마Barack Hussein Obama가 제44대 미국 대통령으로 취임하였다. 오바마 대통령은 1983년 콜럼비아 대학을 졸업했을 때 그가 목표로 삼은 것이 커뮤니티 오거나이저Community Organizer였다. 커뮤니티 오거나이저란 커뮤니티의 조정하는 역활로서 지역에서 발생하는 여러 문제들에 관여하는 지역활동가를 의미하는 것으로 정치적 색깔이 강한 것이 특징이다. 정치적인 부분만 제외한다면 앞서서 말한 마을만들기 코디네이터와 같은 의미로 해석할 수 있다. 오바마 대통령이 커뮤니티 오거나이저가 되고자 했던 당시, 이것을 직업으로 생각했던 사람은 적었고 실제로 커뮤니티 오거나이저로서 생계를 이어갈 수 없었다. 그래서 오바마는 금융비즈니스에서 일하면서 벌어들인 돈을 가지고 생계를 이어가면서 시카고 공영주택을 대상으로 하는 커뮤니티 오거나이저로서 활동하였다. 그때 얻은 경험을 다음과 같이 말하였다. "커뮤니티 오거나이저로서 내가 배운 것은 민주주의가 진정으로 이루어지는 곳은 문이 닫혀있는 워싱턴의 의회와는 다른 곳이라는 점이다. 민주주의가 시작되는 곳은 마을의 한 켠, 현관 앞, 거실이나 집회소이고, 그곳에 있는 자신 안에 세계를 바른 모습으로 바꿔가는 힘이 있다는 것을 깨달은 보통의 미국민의 손에서 시작된다." 민주주의의 실천으로서 마을만들기의 역할과 커뮤니티 오거나이저의 중요성을 오바마 대통령이 직접 입증하였다.

사회학자 쯔루미 카즈코鶴見和子가 제안한 내발적 발전론은 서구를 모델로 삼은 근대화론의 지배적인 패러다임에 저항하는 패러다임이다. 근대화론은 국가, 전체사회를 하나의 단위로서 생각하고 있으나, 내발적 발전론은 우리가 살고 있는 구체적인 지역이라는 작은 단위에서 세계적 규모의 대문제를 풀기 위한 실마리를 찾기 위한 노력을 전제로 한다. 내발적 발전론은 각각의 지역 생태계에 적합하고 지역주민의 생활에 기본적인 필요와 지역문화와 전통에 뿌리내린 주민 간 협동에 의해 발전방향을 만들어가는 창조적 과정의 중요성을 지적한다. 경제성장을 가장 중요한 지표로 삼고 있는 근대화론에 반해, 내발적 발전론은 인간의 성장을 가장 중요한 지표로 삼고 있다. 이 부분이 지역성과 창조성을 중시하는 현재의 마을만들기의 개념과 합치된다.

이점에 대해서 사토 시게루佐藤滋 크게 일곱 가지로 나눈 마을만들기의 정의로부터 일본의 창조도시론과 마을만들기의 연관성을 살펴보면 다음과 같다.

① 주민과 지권자地權者가 주체가 되는 마을만들기

마을만들기는 지역 주체인 주민의 창조적인 행위가 안정적으로 이루어 질 수 있게 하는 프로세스이다. 그리고 다양한 전문가와 비영리 마을만들기 조직들이 협업하여 운동론적인 활동을 전개하는 것을 원칙으로 한다. 마을만들기 협의회는 주민의 참여와 전문가 및 행정이 협력하여 주체적인 마을만들기 계획과 규칙을 결정해야 한다. 참여하는 사람들은 시민으로서의 자각과 견식을 가진 주민이 중심이 되어야 한다.

② 생활권내의 주거환경 개선을 하는 마을만들기

마을만들기는 종래의 도로와 도시기반을 우선시하는 도시계획과 달리 생활권내의 주거환경을 정비하는 것이다. 주거환경은 넓은 의미에서 주택과 주택을 둘러싼 환경을 의미하고 건축과 도시의 중간적 영역을 나타낸다. 마을만들기는 이 중간적 영역을 조정하면서 건축과 도시 사이를 연계하는 방법을 구축하는 것을 원칙으로 삼는다. 이 원칙을 적용하면 전면재개발방식의 주택지구개량사업이 가장 제도화 된 방식이라 할 수 있다. 제도화된 마을만들기 방식은 1970년대 이후 성립된 것으로서 보전, 수복, 개선과 같이 다양한 방식의 주거환경 정비를 목적으로 한다. 다양한 사업방식 중에서도 '개선형 마을만들기'라고 불리는 방법은 목조밀집시가지가 산재해 있는 일본 대도시에서 많이 사용되었다.

③ 점진성과 지속가능성을 가진 마을만들기

마을만들기는 끝나지 않는 지속적인 과정으로 점진주의를 바탕으로, 한 번에 결과를 만들어 내지 않고 서서히 개선해나가는 방법이다. 전체적으로 봤을 때는 각각 다른 형태로 진행되는 것처럼 보이지만 작은 움직임들이 조금씩 쌓여져서 상호간의 상승작용을 일으킨다. 이러한 과정은 하나의 모델로서 일반화 시킬 수 있는 것이 아니며 각각의 장소나 지역문화의 다양성에 따라서 다르게 나타날 수 있다. 항상 살아있는 생물처럼 지역사회의 창조성을 만들어가면서 조금씩 변화되어 간다. 안정된 형태가 될 수 있으나 고정된 형태가 아니라 항상 지역사회와 함께 변화하는 끝나지 않는 과정이다. 이것이 마을만들기의 점진성의 원칙이다.

그리고 지구환경의 보전이나 생태계를 교란하지 않는 것과 같은 새로운 형태의 목표를 가진 지속가능한 개발Sustainable Development, 지속가능한 지역사회Sustainable Community와 같은 개념과 마을만들기가 지향하는 목표는 유사한 점이 많다.

④ 지역성을 중시하는 마을만들기

마을만들기는 지역의 장소성을 중시하고 잠재력과 활력을 되살려 자율적인 활동을 진행해 나가는 것을 원칙으로 한다. 지역사회가 존재하고 있는 것은 그 나름의 이유가 있기 때문이기 때문에 이를 긍정적으로 받아들이고 그 연속성 위에서 마을만들기를 추진해 나간다. 마을만들기는 지역 단위에서 각각의 마을이 처한 상황에 맞춰서 아주 세밀한 대책을 세우고 실행해야 한다. 그러기 위해서는 지역에 맞는 진단을 하고 문제점 리스트를 작성해서 대책을 유형화 한다. 뉴욕의 커뮤니티 리뉴얼 프로그램과 같은 도시계획적 방법론이 있는데 이는 대책이 필요한 지역이 어느 정도 존재하는지를 파악하기 위한 개량적 방법론으로서 의미는 있으나 지역의 조건과 지역적 맥락이 반드시 일치하지 않는다는 한계를 내포하고 있다. 따라서 각각의 장소가 가진 문맥을 파악하기 위한 작업이 마을만들기에서 가장 중요한 작업이 된다.

⑤ 창조성을 중시하는 마을만들기

조직이나 역량이 부족한 곳에 갑자기 마을만들기와 관련된 투자가 이루어져서는 안된다. 주민의 주체적인 활동을 유발하고 파트너 쉽을 만든 후에 공공투자나 물리적 환경정비가 이루어져야 한다. 창조적 행위가 지속적으로 일어난 다음 그것이 지역 역량으로 쌓여야 한다. 마을만들기에서는 사회와 환경을 하나로 보고 사회상과 공간상 그리고 생활상의 관계의 정합성을 점진적으로 맞춰나가야 한다.

⑥ 다양한 주체들 간의 파트너쉽을 통한 마을만들기

마을만들기는 다양한 주체들 간의 상호작용에 의해 이루어진다. 지역 내의 이해관계나 다양성을 배경으로 이것들의 정합적인 관계 속에서 단계적으로 마을의 물리적 환경과 사회적 환경을 바꿔나가야 한다. 주민, 지권자地權者, 전문가, 직접적인 이해관계자는 아니지만 특정 사항에 대해서 관심을 가지고 있는 시민단체나 비영리조직, 민간기업 그리고 행정까지 마을만들기의 중요한 주체이다. 이러한 다양한 주체들 간의 파트너쉽을 바탕으로 지역사회가 협력하고 각 사항에 대해 협의를 거치는 과정속에서 진행되는 것이 마을만들기이다.

⑦ 개인의 사명감과 참여를 통한 마을만들기

마을만들기 과정에서 개인은 디자인과 운영에 직접 참가를 유도할 수 있는 기법들이 다양하게 개발되어 있다. 워크샵이나 디자인 게임 등을 활용하여 계획과 디자인에 주민의 의사를 적극적으로 반영하고 보다 잘 이해할 수 있는 기법의 적용이 필요하다. 워크샵은 공동작업을 통해서 구체적인 성과를 올리고 개인의 사명감과 능력을 개발하는 것으로서 마을 만들기는 참여 그 자체라고도 할 수 있다.

이상의 일곱 가지 마을만들기의 정의를 통해서, 지역성과 창조성을 중시하는 마을만들기 지역을 대상으로 복지나 지역산업, 교육, 환경문제 등 다양한 문제를 종합적으로 고려하여 해결하고자 하는 일련의 활동들은 기존에 추진되어 온 창조도시 만들기와 그 맥락을 같이 한다는 것을 알 수 있었다. 마을만들기는 창조도시보다 더 포괄적인 개념으로 지역 주체인 주민이 중심이 되고, 이들을 위한 환경 만들기이자, 주민이 그곳에 살고 또 일하는 장소를 만들어가는 창조적 활동으로서, 앞으로도 계속 이어질 것이다.

이상 마을만들기에 대한 7가지 정의를 살펴보았다.

지금까지의 마을만들기는 한사람의 훌륭한 리더가 존재했고, 리더가 제시하는 가치관에 찬동하는 사람들이 지역이 가지고 있는 명확한 문제를 해결하기 위한 활동을 전개해왔다. 이러한 문제해결형의 활동은 문제가 해결됨과 동시에 지속력을 잃어버리는 경우가 많았다. 이후 마을이 가지고 있는 문제를 해결하려는 활동과 동시에 지역에서 새로운 가치를 만들기 위한 새로운 움직임이 일어났다. 그 이유는 마을만들기가 기본적으로 다른 문화나 다른 가치관을 가진 사람들이 같은 지역에서 생활하는 것을 전제로 하기 때문이다. 다시 말하면 마을만들기의 본질은 다양한 세대, 다양한 라이프 스타일의 사람들이 같은 지역에서 함께 생활하기 위해서 창조적 생각들을 모아 그것을 실천에 옮기는 활동이다. 마을만들기에서 말하는 다양한 가치관을 가진 사람들은 현재의 주민뿐만 아니라 미래에 주민들을 포함한다. 미래에 주민이 될 사람들이 선택할 여지를 두고 이를 포함한 다양한 가치관의 공존은 마을만들기의 주요한 과제이다. 앞으로 마을만들기는 지역성과 창조성을 중시하고 그 영역을 복지나 지역산업, 교육, 환경문제등 다양한 문제를 종합적으로 고려하여 해결하고자 하는 일련의 활동으로서 최근에 추진되고 있는 창조도시 만들기와 함께 새로운 도시만들기의 일환으로서 추진 될 것으로 본다. 창조도시보다 더 포괄적인 개념인 마을만들기는 지역 주체인 주민이 중심이 되고 이들을 위한 환경 만들기이자, 주민이 그곳에 살고, 또 일하는 장소를 만들어 가기 위한 창조적 활동으로서 앞으로도 계속 이어질 것이다.

참고문헌

박은실, 「국내 창조도시 추진현황 및 향후과제」, 『국토』 2008년 8월호(통권322호), 국토연구원, 2008.

リムボン 編, 『まちづくりコーディネーター』, 學芸出版社, 2009.

岡俊明, 『創造的都市論の課題と可能性』, 北九州市立大學地域課題研究報告書, 2008.

渡部薫, 「文化による都市再生と創造都市－その史的解釋の試み」, 『千葉大學社會文化科學研究』 8, 千葉大學, 2004.

上町台地・コミュニティーデザイン研究會 編, 『地域を活かすつながりのデザイン』, 創元社, 2009.

野田順康, 「アジアの都市化・都市成長と創造都市論について」, 『國連ハビタット福岡本部講演記録』, 國連ハビタット福岡本部, 2010.

日本政策投資銀行, 『現代アートと地域活性化』, 日本政策投資銀行報告書, 2010.

佐藤滋 編, 『まちづくりの科學』, 鹿島出版會, 1999.

佐々木雅幸, 『創造都市の経濟學』, けいそう書房, 1997.

_____, 「日本における創造都市の理論と政策的課題」, 『大阪市立大學都市研究プラザ解說記念都市研究プラザウィーク講演記録』, 大阪市立大學都市研究プラザ, 2006.

創造都市ネットワーク會議, 『創造都市の推進に關する取り組み－資料４』, 2012.

國際交流基金, 『クリエィティブ・シティ－都市の再生を巡る提案』, 國際交流基金報告書, 2003.

2부

도시 창조성 논의의
유형과 양상
주체 · 공간 · 문화의 관점

창조도시의 지향점과
창조주체의 설정

이상봉

1. 누가, 어떤 도시를 만들 것인가?

창조적 도시란 담론의 차원에 머물지 않고 구체적인 시·공간 속에서의 실천과 결부되어 있다. 따라서 누가, 어떤 도시를, 어떻게 만들어 가고자 하는가? 라는 주체와 대상의 문제는 중요한 의미를 지닌다. 창조도시의 주된 행위자(주체)는 누구인가? 라는 문제를 생각할 때 우선 떠오르는 것이 리처드 플로리다R. Florida가 말한 창조계급Creative class이다. 창조도시에서 가장 중요한 자원은 천연자원이나 시장에의 접근성 등과 같은 입지 조건이 아니라 인간자원이며, 이 인간자원이란 구체적으로 창조계급이라는 것이다. 이에 비해, 찰스 랜들리C. Landry는 주된 행위자를 도시에 살고 있는 주민 전체로 본다. 랜들리가 창조성을 타고난 재능을 지닌 특정 집단(예술가, 과학자, 전문가)에 한정시키지 않고,

모든 주민을 창조성의 주체로 본 것은 사회적 격차나 배제의 해소에도 관심을 가지고 있었기 때문이다. 도시 내의 소수자(소외계층)를 적극적으로 창조도시의 주체로 품으려는 노력은 사사키 등에 의해 계승되면서 도처에서 다양한 시도들을 낳고 있다.

도시를 구성하는 주민 전체를 창조도시의 주체로 규정하더라도, 그 내부에는 플로리다 류의 창조계급을 비롯해, 문화예술전문가, 관료, 기업인, 소시민, 거류외국인, 소외계층 등 다양한 집단이 차별적으로 존재하며, 각각의 역할과 의미 또한 구별된다. 중요한 것은 어떤 창조도시를 만들 것인가에 따라 각 주체들의 의미와 역할이 달라진다는 점이다. 창조성은 이른바 '포스트' 시대에 도시가 당면한 제반 문제에 대한 새로운 처방이 요구되면서 호출된 것이므로, 그 당면과제의 중점을 어디에 두는 가에 따라 그 담지자나 수혜자 또한 달라지기 때문이다. 예를 들어 창조산업의 육성이나 창조경제의 형성과 같은 경제적 관점을 지향한다면 플로리다가 말한 창조계급은 확실히 주체의 지위를 획득한다. 하지만 문화예술도시 만들기와 같은 인문적 관점에 주목하면 문화예술전문가가 중요한 주체로 등장한다. 그리고 도시가 당면한 양극화 해소나 소외계층의 포섭을 우선순위에 둔다면, 도시의 다양한 소수자들이 새로운 주체로 등장하게 된다.

이와 함께, 구체적으로 창조적 도시를 만들어 가는 방식(정책이나 전략)에 있어서는, 이들 행위자(주체)들 간의 관계 맺기가 중요한 의미를 지닌다. 현재 진행되고 있는 창조도시 만들기에는 관주도, 문화예술전문가 주도, NGO 주도, 톱-다운, 보텀-업, 거버넌스 등 다양한 방식의 시도가 이루어지고 있는 바, 어떤 방식이 더 나은 것이라고 일률적으로 말하기는 힘들다. 각 도시에 적합한 방식은, 그 도시가 가진 로컬리티의 반영과 함께, 어떤 창조도시를 지향하며, 또 누가 주체가 되는가에 연동하여 고려되어야 하기 때문이다. 대표적인 사례를 중심으로 창조도시 만들기의 방식들을 유형화하고 그 각각의 방식이 지닌 의미와 가능성을 고찰할 필요성이 요구되는 대목이다.

2. 도시의 지향점과 주체의 관계

창조도시를 도시가 당면한 문제를 해결함에 있어 창조성을 발휘하는 도시로 폭넓게 이해할 경우 창조도시는 다양한 지향점을 가지게 된다. 즉, 도시의 규모나 고유한 특성 그리고 각각의 도시들이 당면과제를 어떻게 인식하고 있는가에 따라 창조도시의 지향점도 달라질 수 있다는 것이다. 현대 도시는 여러 가지 도시문제를 복합적으로 안고 있는 만큼 당면과제 또한 다양하며 서로 연관되어 있다. 즉, 경제성장의 문제는 복지나 소외의 문제와 밀접하게 연관되어 있으며, 문화예술의 활성화나 민주적 참여의 문제 또한 경제적 문제와 분리하여 다룰 수 없다. 하지만 도시문제를 바라보는 시점이나 가치관에 따라 문제의 우선순위는 달라질 수 있다. 경제성장이 최우선의 과제가 될 수도 있고, 사회적 격차 해소를 위한 분배가 중시될 수도 있다. 그리고 도시의 양적 확대가 목표가 될 수도 있고, 환경이나 삶의 질이 우선시 될 수도 있다. 이하에서는 현실적으로 전개된 창조도시이론을 중심으로 그 지향점을 몇 가지로 유형화하고자 한다. 다만 어떤 창조도시이론도 특정 관점만을 배타적으로 주장하지는 않는다. 상대적인 무게 둠이 다르다는 의미이다.

1) 경제적 관점-창조경제와 창조계급

도시가 당면한 여러 가지 문제 가운데 경제성장의 침체나 경제구조
의 전환 등의 경제적 문제는 어느 도시도 피해갈 수 없는 최우선의 과제
임이 분명하다. 시민들이 먹고 사는 문제를 해결하지 못하면 도시 자체
의 유지가 불가능하기 때문이다. 특히 산업사회에서 성장을 주도하던
선진도시들이 성장의 한계에 직면하거나, 도시 경쟁력을 좌우하는 경
제구조의 전환이 일어났을 경우, 경제적 문제는 해당도시의 최우선 당
면과제로 대두한다. 도시 간 경쟁에서 뒤처지는 것은 곧 파멸을 의미한
다고 여기기 때문이다. 여기서 경제적 패러다임의 변화는 위기임과 동
시에 기회이기도 하다. 포스트-포디즘으로의 패러다임 전환을 계기로,
변화를 기회로 활용하려는 도시전략의 모색이 도시의 당면과제로 대두
하였다.

이러한 경제적 관점(당면과제)에 주목하여, 창조계급 또는 창조경제
라는 해결책을 제시한 대표적인 학자가 리처드 플로리다이다. 그에 따
르면, 21세기 포스트-포디즘의 패러다임 하에서 도시의 경제적 경쟁
력은 지식기반 혁신산업에 달려있다. 지식정보사회에서는 물적 생산
보다 지식이나 아이디어와 같은 지적 생산에 의한 부가가치의 생산이
중요하기 때문이다. 이러한 비非물질의 생산에 기반 한 경제를 '창조경
제'라고 부른다. '창조경제'라는 용어가 쓰이게 된 것은 피터 코이P. Coy

가 『비즈니스 위크』지에 「창조경제The Creative Economy」라는 글을 실은 것이 계기가 되었다. 여기서 그는 미래에는 어떤 기업이 살아남을 것인가? 라는 질문을 던지고, 그 답으로 아이디어를 최상의 가치로 두는 기업이라고 답한다. 또한 아이디어를 활용해 지적 재산권과 같은 무형의 가치를 생산하는 기업이 중심이 되는 경제가 창조경제이며, 이제 산업경제는 창조경제에 그 자리를 물려주게 될 것이라고 전망한다(김동완, 2008 : 152).

이러한 창조경제의 주된 행위자는 창조계급이다. 도시의 가장 중요한 자원은 천연자원이나 시장에의 접근성과 같은 입지적 조건이 아니라 인간자원이며, 여기서의 인간자원이란 구체적으로 창조계급을 가리킨다. 도시의 경제성장은 창조계급이 만들어내는 혁신에서 나온다. 따라서 지역발전을 위해서는 아이디어의 원천인 창조계급이 두터워져야 하고, 그러기 위해서는 창조계급이 모여 살 수 있는 거주환경을 조성해야 한다는 게 플로리다의 주장이다.

플로리다를 비롯한 다수의 창조도시 이론가들은 경제학이라는 학문적 배경을 가지고 있다. 그들이 말하는 경제성장이란 주로 하이테크 산업에 의해 주도되는 성장을 말하며, 이 점에서 유럽의 창조도시 논의에서 자주 언급되는 문화산업과는 다소 거리가 있다. 굳이 나누자면 예술 문화가 가진 창조성보다는 첨단 과학기술의 창조성에 무게를 두고 있다. 플로리다가 제시한 창조지수가 높은 도시들은 대부분이 지역 내에 유력 대학이 소재하고 있다. 대학의 R&D 기관에 종사하는 교수나 연구 인력 그리고 거기서 배출된 기술 인력들이 창조도시 만들기의 주역들임을 확인할 수 있는 부분이다. 이처럼, 경제적 관점에서, 그것도 21세기 지식정보사회에서의 도시 경쟁력에 주목하는 논의는 신자유주의적 경제논리에 부합할 수밖에 없다. 즉, 도시의 성장은 창조계급이라는 선택된 엘리트에 의해 주도되며, 그 결과 창조계급이 아닌 자들의 사회적 배제는 불가피하다. 또한 도시 간의 경쟁을 강조하면서 그 결과가 초래할 도시 간 불균등에 대해서도 무관심해 지기 쉽다.

플로리다가 주장한 창조경제와 그 주체로서의 창조계급에 대한 강조는, 새로운 성장 동력 찾기에 부심하던 도시들에게 매력적으로 다가왔다. 특히 도시의 경제적 경쟁력을 강화하여 세계적인 도시를 만들고자 하는 도시 경영자와 기업가들은 플로리다의 주장을 경청했고, 많은 도시들이 창조경제의 육성과 창조계급을 유인할 수 있는 도시환경 만들기에 나섰다. 생존을 위해서든 아니면 과시를 위해서든 여전히 경제적 성장과 경쟁에 목말라 있는 도시들에게, 특히 개발도상국의 도시들에게, 플로리다가 제시한 창조경제는 도시의 지향점이 되었고, 여기서의 중요한 행위자는 창조계급이었다.

2) 문화적 관점-문화예술에 의한 도시재생과 창조적 주민

포스트-포디즘으로의 산업적 패러다임 전환과 국가 재정의 파탄은 국가 주도의 복지정책과 재정지원에 크게 의존하던 유럽의 도시들에게 커다란 위기로 다가왔다. 1980년대 이후, 국가는 신자유주의 정책을 적극적으로 취하면서 그동안 계속해오던 도시에 대한 지원과 책임을 분권화라는 미명하에 도시정부에 떠 넘겼다. 이제 도시들은 경제구조 전환에 따른 산업공동화와 재정부족이라는 현실적인 문제를 최우선의 과제로 인식하지 않을 수 없게 되었다. 지역경제를 주도하던 산업들이 사양길로 접어들고, 지역 공동체의 결속을 위해 지출되던 복지예산이 대폭 줄어들 수밖에 없는 현실을 눈앞에 두고, 도시들은 스스로의 힘으로 어떻게든 해결책을 찾을 수밖에 없었다.

산업구조 전환과 국가로부터의 재정지원 축소로 인해 발생한 도시의 침체는 '도시재생'이라는 새로운 과제를 안겨 주었다. 도시재생이라는 새로운 과제는, 이전의 도시성장과는 문제의 성격과 주체를 달리하기에, 해결방식 또한 이전과 같은 방식이 아닌 새로운 시도를 요구하는 것들이었다. 여기서 새로운 도시재생의 돌파구가 된 것이 바로 문화예술에 의한 도시재생이다. 이전까지 국가나 지방정부의 재정지원 대상이었던 문화예술 활동을 도시재생의 새로운 수단으로 적극적으로 활용하려는 역 발상의 시도이다. 1990년대에 들어서면서 서구 도시들의 문화정책은 본격적으로 복지, 의료, 교육 등의 공공정책과 연계를 맺기 시작했고, 특히 문화자원의 가치를 다면적으로 평가한 다음 그것들을 도시재생에 적극적으로 활용하는 움직임이 나타났다. 예로, 영국의 리버풀시는 1994년 중앙정부의 도시재생에 관한 보조금이 도시재생청이 지원하는 단일재생예산으로 바뀐 것을 계기로, 1999년 시와 시민단체 등이 공동으로 '리버풀 비전'을 설립하여, 문화에 의한 도시재생의 이른바 리버풀 모델을 구축했다(マライニセン, 2010 : 214). 이외에도 바르셀로나, 베를린, 낭트, 암스테르담 등 다수의 유럽 도시들이 문화예술에 의한 도시재생의 성공적 사례들을 만들어가고 있다. 문화에 의한 도시재생은 도시정책이나 도시계획과 문화예술정책이 하나

가 되어 진행되고 있다는 것이 주된 특징이다. 문화도 경제적 가치를 창출하는 산업이 될 수 있으며, 산업도 문화적 가치를 품어 문화가 될 수 있다는, 이른바 '문화의 산업화'와 '산업의 문화화'라는 발상이 문화에 의한 도시재생의 근저에 흐르고 있는 것이다.

　문화예술은 직접적인 산업의 대상이 되기보다 상상력의 원천이 된다. 문화예술도시란 풍부한 문화예술자원을 가진 도시이며, 문화예술자원에는 그 도시의 역사와 전통, 의미 있는 유산들, 예술가들과 그들의 작품, 주민들의 일상적 삶의 이야기 등 다양한 것들이 포함된다. 이러한 문화자원을 어떻게 양성하고 발휘해 나가는가가 그 도시의 문화 예술적 역량이며, 이러한 문화 예술적 역량이 뛰어난 도시는 창조적 도시이다. 즉, 도시의 주민들은 문화예술 활동에서 영감을 얻고, 거기서 창조성도 발현되는 것이다. 또한 창조적 문화예술 활동이 왕성한 도시에서는 도시재생을 포함한 도시문제의 해결에도 창조성을 발휘한다. 랜드리는 특히 도시의 문화예술시설(공간)을 강조하였는데, 그것은 거기서 이루어지는 문화예술 활동이 도시 창조성의 원천이 되기 때문이다.

　창조경제와 창조계급에 주목하고 있는 플로리다 등의 논의와 달리 문화예술에 의한 도시재생에 있어서는 그 도시에 살고 있는 주민 전체를 주된 행위자로 상정한다. 대량생산과 대량소비를 토대로 한 포디즘 시대의 도시는 전문 계획가, 공학자, 행정 관료 등에 의해 하향식 방식으로 만들어지고 관리되었지만, 고급 기술, 정보, 지식, 문화를 중심으로 하는 포스트-포디즘 시대의 도시는 모든 사람들의 상상력과 창조성을 결집하여 새로운 방식으로 만들어가야 하기 때문이다. 즉, 창조도시를 만드는 행위자는 전문가, 관료, 예술가 등의 특정 집단이 아닌 모든 도시주민이며, 이들의 상상력과 감성이 창조성의 원천이 된다. 실제로 진행된 문화예술에 의한 도시재생의 다양한 사례들에서 뛰어난 재능을 가진 문화예술가의 역할이 두드러지게 나타나는 것은 사실이다. 즉, 가우디, 피카소, 달리 등의 걸출한 예술가를 가진 바르셀로나와 같은 도시가 문화예술도시 만들기에 유리하다는 점은 부정하기 힘들다. 하지만, 문화예술 활동을 통한 창조성의 발휘가 몇몇 예술가들의 전유물은 아니며, 그들의 역할에 그쳐서도 안 된다.

3) 사회적 관점-사회적 포섭과 소수자

현대도시의 대부분은 지역적·계층적 불평등과 소수자의 사회적 배제라는 심각한 문제를 안고 있다. 도시들이 성장하는 과정에서 치열한 경쟁에 기반 한 약육강식, 승자독식이라는 근대성의 원리가 작용했기 때문이다. 현대도시의 당면과제를 부, 젠더, 민족성 등에 의한 사회적 차별이나 배제의 심화와 그로 인한 인간성의 상실에 둔다면, 사회적 약자들을 포섭하여, 인간다운 삶이 보장되는 공생의 공동체를 만들어 가는 것이 창조도시의 중요한 지향점이 된다. 특히 창조도시 논의가 그 출발에 있어 근대성이나 근대도시에 대한 성찰을 담고 있었다는 점을 고려한다면, 사회적 포섭은 창조경제나 도시재생 못지않은 중요한 의미를 지닌다.

랜들리가 창조성을 타고난 재능을 지닌 특정 개인(예술가, 과학자, 전문가)에 한정시키지 않고 모든 도시민들을 창조성의 주체로 본 것은 사회적 배제의 해소 문제에 관해 많은 관심을 가지고 있었기 때문이다. 영국의 경우 사회 결속은 창조산업 정책과 동시에 진행된 창조도시의 주요 정책이다. 실제로 영국의 창조도시정책은 사회통합을 위한 배려와 함께 추진되었다. 1998년 블레어 내각의 '사회배제에 관한 위원회'에서 관련 정책이 만들어졌으며, 도시재생 프로그램에 내포된 문화정책이 사회적 배제를 개선하는 잠재력이 있음을 강조하고 있다. 특히, 유럽의 창조도시 논의에 있어서 창조성의 원천으로 중시되고 있는 것이 문화적 마이너리티의 존재나 다양성이다. 랜들리는 도시란 원래 역사적으로 국외로부터의 이방인이 유입됨에 의해 성립한 공간이라는 점을 상기시키면서, 다양성, 즉 이민이나 마이너리티가 많은 도시야말로 창조도시 형성의 좋은 무대가 되고 있다고 본다(랜드리, 2009 : 358).

도시 내 소외계층을 창조도시의 행위자(주체)로 품으려는 노력은 사사키에 의해 적극적으로 계승되고 있다. 사회적 협동조합이 활성화된 볼로냐를 사회 포섭형 창조도시의 좋은 예로 평가하는 그는, 다양한 사회적 문제, 특히 사회적 약자 문제의 해소를 위해 문화 예술을 활용하는 사례를 발굴하고 기획하면서 일본을 중심으로 사회포섭을 위한 창조도시론을 의욕적으로 전개하고 있다. 장애자를 중심으로 한 '에이블 아트able art 운동'은 그 전형적인 사례이다(中川, 2009 : 222).

한국에서의 창조도시론 전개가 도시 간 경쟁이나 경제발전의 문제에 치중하여, 이미 문제가 되고 있는 사회적 양극화와 불평등을 오히려 심화시킬 수 있다는 점을 감안한다면, 도시주민 전체가 창조도시의 주체가 되는, 이른바 '사회포섭을 통한(위한) 창조도시론'의 방향에 대해 주목할 필요가 있다고 여겨진다.

창조도시 담론의 확산과 함께 창조도시라는 용어가 유행처럼 퍼져 나가면서, 많은 도시들이 창조도시 만들기를 목표로 내세우고 있다. 하지만 같은 창조도시라는 용어를 사용하면서도 그 지향하는 바는 각기 다를 수 있다. 즉, 그 도시의 역사나 현실의 사회 경제적 상황 등에 따라 지향하는 바가 달라지면 주체 또한 그에 연동하여 달리 설정될 수 있다.

3. 창조도시의 다양한 주체들과 그 특성

1) 창조계급

도시의 당면 최우선 과제를 경제성장에 둘 경우, 21세기의 지식정보 사회에 부응하는 새로운 산업형태인 창조경제가 유력한 대안이 되며, 그러한 창조경제를 이끌어 갈 창조계급이 중요한 주체로 등장한다. 창조경제 또는 창조산업이란 개인의 창조성, 전문적 기술, 예술적 재능 등을 활용해 부와 고용을 창출할 수 있는 산업을 말하며, 달리 지식기반의 혁신산업이라고 표현할 수 있다. 적어도 이론적으로는 모든 산업 분야에서 창조성이나 기술 혁신이 필요하며 또 그것이 가능하다고 볼 수 있지만, 창조경제는 경제성장을 견인하는 중요한 역할을 첨단 하이테크 산업에서 찾는다. 즉, 경제성장의 다양한 경로 가운데, 기술 혁신에 의해 견인되는 보편적인 경로를 제시하고자 한다. 창조계급의 대두를 주창한 플로리다는, 창조성이 다양한 직업분야에서 나타날 수 있음을 인정하면서도, 정책적 처방에 있어서는 첨단 하이테크 산업에 초점을 맞추고 있다.

창조성과 교육수준은 반드시 일치하지 않음에도 불구하고, 첨단 하이테크 산업에 주목할 경우, 창조계급은 대체로 교육수준이 높은 사람과 일치하게 된다. 창조계급론은 교육수준을 중시하던 기존의 인간자본론과 달리 창조성이라는 새로운 지표를 제시하였다는 점에서는 일정한 인정을 받고 있지만, 결국 교육수준의 영향에서 벗어나지 못하고 있다는 점에서는 한계 또한 가지고 있다. 플로리다의 창조계급론이 엘리트 지향적이라고 많은 비판을 받는 것은 바로 이 대목에서이다.

플로리다가 말하는 창조계급이란 구체적으로 어떤 사람들인가? 플로리다는 창조계급을 '순수 창조의 핵'과 '창조적 전문가' 라는 두 가지 부류로 나누는데, 새로운 계급인 순수 창조의 핵에는 과학자, 기술자, 대학교수, 건축가, 디자이너, 연예인, 배우, 작가, 예술가 등이 해당되고, 창조적 전문가에는 금융가, 법률가, 경영자, 건강관리 전문가 등 광범위한 지식집약형 산업에 종사하는 자들이 포함된다. 이들은 전형적으로 고학력의 정식교육을 받은 수준 높은 인간자본이다(플로리다, 2002 : 114). 플로리다에 따르면, 2000년대 초반 미국 노동력의 약 30%인 3,830만 명이 이러한 창조계급에 속하였으며, 이는 1990년의 약 300만 명에 비해 10배 넘게 증가한 것이다(플로리다, 2002 : 121). 이들 창조계급 가운데 기업과 대학에서 연구 개발R&D에 종사하는 자들은 특히 중요한 역할을 담당하고 있다. 플로리다가 제시하고 있는, 창조성 지수가 높은 도시들의 대부분은 지역 내에 새로운 연구개발을 이끌고 있는 유력 대학과 첨단 하이테크 기업을 보유하고 있다.

창조계급이 창조도시 만들기의 중요한 주체로 설정되면, 이들의 성향과 선호에 맞춰 도시공간의 구조와 원리 또한 재편될 필요가 있다. 플로리다에 다르면, 창조계급은 우선 기술집약적 첨단산업의 비율이 높은 지역을 선호한다. 그것이 그들에게 다양한 새로운 일자리를 제공하기 때문이다. 또한 창조계급은 문화 예술적 여가를 즐길 수 있는 환경을 요구한다. 그들은 고급문화를 지향하는 전통적 엘리트층이 아니라 아방가르드적 보헤미안으로 불리는 사회집단에 가까우며, 오페라나 클래식 음악에 대해서 뮤지컬이나 재즈, 록과 같은 대항문화를 선호한다. 그리고 창조계급은 도시의 이질성 또는 다양성이 존재하는 지역에서 편안함을 느낀다. 특히, 이점에 있어서는 창조계급론은 퍼트남의 '사회자본론'과 배치되는 관계에 있다. 사회자본론에서는 지역사회의 강한 유대가 사회자본을 강화시키는 긍정적 요인으로 강조되지만, 창조계급에게는 이것이 딜레마로 작용한다. 즉, 강한 유대가 지닌 배타성은 외부인이나 새로운 문화의 자유로운 유입에 장애로 작용하며, 오히려 약한 유대가 외부인의 진입, 새로운 규범과 가치의 도입, 창조성의 발현을 촉진한다는 것이다(플로리다, 2002 : 339). 플로리다의 창조계급론에서는 강한 연대를 바탕으로 활발한 문제해결 지향적 활동을 벌여온 시민 NGO나 특별한 전문지식이 없는 보통사람들이 설 자리가 좁아진다.

2) 문화예술가 및 문화산업 종사자

도시의 당면과제를 쇠락하는 도시의 재생 특히 문화예술에 의한 도시재생에 둔다면, 문화예술가와 문화산업 종사자가 창조도시 만들기의 유력한 주체로 등장한다. 한자와半澤誠司는 문화산업을 "생산물에 창조성을 포함하고 있고, 어느 정도 지적 재산권을 체화하며, 상징적인 의미를 전달하는 재화와 서비스를 취급하는 산업"으로 정의하며, 여기에는 제조업이나 관광업 또는 라이프 엔터테인먼트 등도 포함된다(半澤, 2010 : 319). 또한 래쉬와 어리에 의하면, "문화산업은 지식 집약적이라기보다는 디자인 집약적이며, 문화산업 종사자들에게 요구되는 것은 인지적 지식이 아니라 대중의 의미론적 필요를 이해하거나 직관할 수 있는 해석학적 감성"이라고 특징 지워진다(半澤, 2010 : 324).

현실적으로, 문화예술에 의한 도시재생 전략을 채택한 대부분의 도시들에서 문화예술가 및 문화산업 종사자들의 역할은 두드러진다. 문화예술 활동이 이루어지는 거점으로서의 문화공간(시설) 만들기나, 문화전시나 관광 등과 같은 문화를 활용한 산업의 활성화를 주된 전략으로 채택하는 바, 이들 모두에서 전문적인 지식을 갖춘 문화예술가의 역할이 절실하기 때문이다. 문화예술가는 플로리다가 개념화한 창조계급에 있어서도 중요한 부분을 차지한다. 플로리다가 제시한 창조성 지수 가운데 하나인 보헤미안 지수는 작가, 디자이너, 음악가, 배우, 감독, 화가, 조각가, 사진가, 무용수 등의 문화예술가 수를 집계하여 도출한다(플로리다, 2002 : 382). 이들의 활동이 활발한 도시가 창조적인 곳이자 창조계급이 선호하는 곳이라는 의미이다.

문화예술가들을 중심으로 문화예술 활동이 이루어지는 도시 내의 거점 공간이 '문화 공간'이다. 문화공간 만들기는 특히 랜드리가 그 중요성을 강조했는데, 그것은 이들 문화공간에서 이루어지는 문화예술가를 비롯한 시민들의 활발한 활동이 도시의 다양성을 증진시키며, 창조성의 원천이 되기 때문이다. 문화공간은 궁극적으로는 시민들의 문화예술 활동을 위한 공간을 마련하기 위해서 필요하지만, 그러한 문화공간의 형성과 운영에는 전문가들의 역할이 요구되기에 문화예술가의 중요성을 더한다. 그리고 문화를 활용한 산업의 대표적인 형태 가운데 하나가 헤리티지 산업이다. 하비의 통계에 의하면, 도시재생이 활발하게 이루어진 영국에서는 거의 3주에 하나 꼴로 박물관이 세워졌다고 한다. 그리고 일본에서는 최근 15년간 약 500개가 개장하였다(원도연, 2008 : 143).

비록, 문화예술에 의한 도시재생에 있어 문화예술 전문가들의 역할이 두드러지기는 하지만, 그것은 그들만이 문화예술을 전유한다는 의미가 아니다. 문화예술가와 문화산업 전문가들은 지역민들의 문화예술 활동 참가를 돕고, 지역사회에 문화적 네트워크를 형성하기 위한 촉매제의 역할을 담당한다. 스쿼트 아트Art of Squat나 커뮤니티 아트Community Art는 예술가들이 도시재생에 관여하는 대표적인 형태라고 할 수 있다. 유럽에서 도시 예술의 한 형태로 정착된 스쿼트 아트는 예술가들이 허가 없이 유휴공간이나 배타적인 도심 공간에 들어가 예술 활동을 펼침으로써, 그곳을 문화적 가치를 생산하는 공간으로 탈바꿈 시키는 것을 말하며, 커뮤니티 아트란 1980년 수잔 레이시S. Lacy에 의해 주창된 새로운 장르의 공공 미술로, 작품의 제작 과정에서 시민들의 참여를 중시하며, 커뮤니티의 현안문제를 주제로 삼음으로써 이의 비판과 해결을 위한 사회적 공간 조성 또한 도모하는 것을 주요 목적으로 삼는 예술 활동을 가리킨다(정희선, 2011 : 284). 일반적으로 공공 예술Public Art은 공공을 위해 제작되고, 공공이 향유하는 예술을 지칭하지만, 이것이 지역 공동체와 결합하여, 공동체의 회복과 공동체의 당면과제 해결을 지향하게 될 때 커뮤니티 아트가 된다.

이러한 스쿼트나 커뮤니티 아트는 예술가 집단에 의해 자발적으로 진행된, 신도시주의 운동이나 미국의 '도시예술운동City Beautiful Movement' 등과 맥락을 같이하는 일종의 사회운동으로 볼 수 있다. 베이징의 '798 다산자 예술구'의 사례는 스쿼트를 통한 문화예술 공간 창출을 잘 드러내며, 인천의 예술가 그룹인 '스페이스 빔'과 문인들의 모임인 '인천작가회의' 그리고 배다리의 '반지하'의 활동은 문화예술가가 지역공동체와 어떻게 만나서, 어떤 방식으로 공통의 문제들을 해결해 가는가를 보여주는 좋은 사례를 제공한다. 이러한 자발적인 운동 이외에, 의도적으로 유휴공간이나 용도 폐기된 공간에 예술가들을 유치하여 그곳을 거점 문화공간으로 만들려는 전략도 창조도시를 지향하는 도시들에서 적극적으로 시도되고 있다. 최근에 서울시가 디자인 창의도시를 표방하면서 곳곳에 예술가들이 거주하는 창작공간을 조성하고, 이를 통해 예술가와 지역공동체와의 공유문화공간을 만들고자 한 시도는 그러한 한 예라고 할 수 있다.

3) 시장市長 및 지방정부

시장을 비롯한 지방정부의 관료들은 창조도시 만들기의 중요한 행위자이다. 특히 한국과 같이 주민자치의 경험이 일천하거나 시민사회 영역의 사회참여가 일찍부터 활성화되지 못한 도시들에서는 어떤 도시를 만들 것인가가 시장이나 지방정부의 전문가 그룹에 의해 결정되

는 경우가 대부분이었다. 그들은, 기존의 도시정책 결정과정, 즉 중앙
정부로부터 예산을 따오거나 주어진 예산의 범위에서 효율적으로 도
시를 관리하는 등의 측면에서, 전문성과 대표성을 갖춘 자들로 여겨졌
기 때문이다. 한국사회 지방정부 엘리트의 영향력을 비교분석한 연구
결과에 의하면, 도시정책의 결정에 영향력이 가장 큰 것은 시장 / 부시
장, 중앙정부, 담당실국장(관료)의 순이었고, 시민(단체)의 영향력은 미
미한 것으로 나타났다(박대식, 2004 : 287).

　창조적 도시 만들기는 기존의 도시개발 정책과는 그 지향점을 달리
할 수 있다는 점에서 시장이나 지방정부 관료의 위상이나 역할은 재고
될 수 있다. 즉, 관官이 중심적 행위자에서 거버넌스에 입각한 관리자
로 그 역할을 바꿔가고 있다. 하지만 이들이 여전히 도시 만들기의 중
요한 행위자인 것은 분명하다. 관 주도적 경제성장 모델로 잘 알려진
싱가포르는 창조적 도시 만들기의 일환으로 시민 전원의 생활에 창조
성을 보급한다는 이른바 '르네상스 도시계획'을 추진했다. 이 계획은
적잖은 성과를 거두었지만, 그 과정에서 싱가포르의 전형적인 관주도
적 전통과 도시의 창조성과의 충돌 문제가 제기되었다. 창조성은 규제
나 제약과 어울리지 않으며, 자율과 다양성 속에서 쉽게 생겨나는 속
성을 가지고 있기 때문이다.

　창조도시 만들기의 성공적인 사례로 자주 언급되는 일본의 요코하
마横浜시는 관이 주도하여 문화예술에 의한 도시재생을 추진한 대표적
인 사례이다. 즉, 20002년 무소속으로 출마해 요코하마 시장에 당선된
나카타中田 宏시장은 2004년 1월 도시재생의 비전으로 '문화예술창조
도시-크리에이티브 시티 요코하마의 형성을 향하여'를 제시하고, 동

년 4월 종래 수직적이던 문화정책 관련 행정조직을 재편하여 새로운 횡단 조직인 '문화예술도시창조사업본부'와 '창조도시추진과'를 신설해, 이들 조직을 바탕으로 NPO 등 시민의 참가를 대담하게 제안하는 등 의욕적으로 도시재생 정책을 추진하였다(佐々木, 2007 : 50).

이러한 관의 두드러진 역할은 한국에서도 찾기가 어렵지 않다. 그 성과에 대한 평가는 차치하고, 서울시의 오세훈 시장이 '디자인 창의도시'를 목표로 내걸고 의욕적으로 문화예술정책을 추진한 것이나, 부산시의 허남식 시장이 '사람중심 창조도시'를 5대 시정과제 가운데 하나로 제시하면서 2010년 7월 '창조도시본부'라는 총괄조직을 신설한 것 등은 이와 동일한 맥락에서 해석할 수 있다. 특히 주민들의 직접 선거에 의해 뽑힌 선출직 시장들은 임기 내의 짧은 기간에 가시적인 변화를 드러내어 성과를 인정받고 싶어 하며, 여기에 문화예술에 의한 창조적 도시 만들기라는 매력적인 새로운 흐름이 결합되면서, 시장을 비롯한 관료조직이 앞 다투어 창조도시 만들기에 나서게 되었다고 할 수 있다.

4) 주민, NGO

개발과 성장 위주의 도시정책에서 일반 주민은 그 수혜자에 불과하거나, 기껏해야 정책결정과정의 정당성 확보를 위해 동원되는 참여자에 그치는 경우가 많았다. 도시계획은 전문성을 가진 자들만이 제대로 할 수 있는 영역이었고, 주민들은 자신들과 이익이 상충되는 몇몇 문제들에 대해 의견을 제시하거나 저항하는 방식으로 거기에 관여했다. 즉,

도시 만들기의 진정한 주체로 자리하지는 못했다. 전문성과 결속력을 가지지 못한 주민들이 도시 정책에 적극적으로 개입하는 방식은 필요에 따라 결사체(조직)를 만드는 것이다. 이러한 조직들 은 관官과 대비되는 의미에서는 비정부조직NGO, Non-governmental organization이며, 이윤을 추구하는 기업과 대비되는 의미에서는 비영리조직NPO, Non-profit organization이다. 주민들은 조직을 만듦으로써 시간과 전문성의 제약을 어느 정도 극복하고 도시의 정책결정에 일정한 영향을 미칠 수 있게 된다. 하지만 이러한 NGO / NPO 조차도, 개발 위주의 도시정책이 실시되던 시기에는, 재개발, 복지, 환경 등 특정 이슈를 중심으로 직접 또는 간접적으로 관官에 영향력을 행사하는 정도에 그칠 정도로 참여가 제한적이었다.

주민이나 주민조직이 도시 만들기의 중요한 행위자의 하나로 등장하는 것은 생활정치 단계에서의 주민자치에 대한 관심이 증대하면서이다. 즉, 국가 단위의 대의제 민주주의가 국민들의 정치적 무관심에 따른 정당성의 위기와 대표의 불균등에 따른 정치적 평등의 위기라는 문제에 봉착하면서, 그 해결을 위한 다양한 대안이 모색되는 가운데 생활권 단위에서의 주민자치를 강화하는 방안이 유력하게 대두하게 된 것이다. 도시정책의 결정과 집행에 있어서의 민주적 정당성은 주민들의 참여와 감시에 의해 담보될 수 있다. 이러한 과정은 시민사회 영역에서의 능동적 참여 운동이나 지방정부 차원에서의 시민참여 유도라는 정책 전환에 의해 동시에 이루어졌다. 도시정책의 결정과 집행에 시민사회 영역의 적극적 참여를 보장하는 방식이 이른바 로컬 거버넌스Local Governance이며, 이는 지방정부가 주체가 되어 지역을 통치Government하는 것이 아니라 지역사회의 대표적인 3영역, 즉 정부, 기업, 시민사회가 협력하여 지역사회를 관리해 나가는 방식을 말한다. 이러한 경향이 확대되면서 지역의 NGO / NPO의 수는 급격히 증가하였다. 부산시의 경우를 예로 든다면, 2000년 '비영리민간단체지원법'이 제정될 당시 188개였던 NGO / NPO의 수는 2005년 372개를 거쳐 2011년 현재 584개로 늘어났다.

앞서 간단히 언급한 바 있지만, 도시가 문화예술에 의한 도시재생을 지향할 경우 NGO / NPO의 도시 만들기에의 참여 가능성은 훨씬 커진다. 문화예술 영역의 NGO / NPO는 기존의 도시문제 해결 지향의 시민단체에 비해 관심분야가 다양하고 문제의식이 소프트하며 일상과 결합하기가 용이하기 때문이다. 창조도시 만들기가 경쟁적으로 전개되고 있는 일본의 자료를 참고하면, 일본에는 2009년 말 현재 총 39,000개의 NPO가 등록되어 있으며, 그 가운데 1 / 3이 정관에 '문화, 예술, 학술 또는 스포츠 진흥'을 목적으로 제시하고 있으며, 그 가운데 예술문화 활동을 중심으로 하는 이른바 아트Art NPO는 2003년 535개였던 것이 5년 후인 2008년에는 2255개로 4배가량 증가하고 있다(吉本, 2010 : 60). 이들 아트NPO는 시로부터 문화예술 영역의 사업을 위탁받아 운영하는 등 왕성한 활동을 전개하고 있다.

주민이 창조도시 만들기에 참가하는 것은 NGO / NPO와 같은 조직을 통해서만이 아니다. 특히 문화예술 영역의 경우 주민 자신이 주체적 행위자가 된다. 문화 공간(시설)이나 일상을 통해 이루어지는 다양한 문화예술 활동은 주민을 더 이상 수동적인 문화(복지)정책의 수혜자가 아니라, 능동적인 문화예술의 창조자로 만들었다. 주민들의 문화예술 활동이 일상화된 가나자와金澤 시의 경우, 연간 20~30만 명의 시민이 문화예술 창작공간인 '가나자와 시민예술촌'을 자유롭게 이용하며, 시민의 1 / 3 정도가 아마추어 예술가로 자처하면서 현재 각종 예술 활동에 전념하고 있다(김후련, 2012 : 96). 또한 최근에 활발해지고 있는 커뮤니티 아트는 생활공간도 예술의 장이 될 수 있고 일반 주민도 예술가가 될 수 있으며 일상의 삶도 예술의 대상이 될 수 있음을 잘 드러내고 있다.

5) 하층민, 소수(소외)자

창조경제나 문화예술에 의한 도시 재생만이 아니라, 도시에 살고 있는 모든 시민이 창조성을 실현할 수 있는 도시가 진정한 의미의 창조도시라고 한다면, 그동안 문화적 생활에서 배제되기 일쑤였던 빈곤층, 장애자, 홈리스, 이주노동자 등의 소수자들도 문화적 생활이 가능하도록 하는 것 또한 중요한 과제로 여겨진다. 즉, 소수자에 대한 '사회적 포섭' 문제가 창조도시 만들기의 당면과제로 자리하게 된다. 사회적 포섭이란 "사회적 배제를 초래하는 다양한 요인을 제거하여, 소수자들의 사회참가를 이끌고, 이들과 다른 사람들과의 상호적인 관계를 회복 또는 형성하는 것"을 말한다(佐々木, 2009 : 37). 최근 들어 소수자에 대한 관심이 증대하고 있지만, 이들의 사회적 배제 문제는 최근에 새롭게 발생한 문제가 아니다. 이는 약육강식, 승자독식의 경쟁논리가 지배하는 근대도시가 안고 있는 구조적이고 오랜 도시문제이다. 따라서 소수자에 대한 사회적 포섭이 도시가 우선하여 해결해야할 당면과제로 여겨지게 된 데는 근대성 또는 근대도시에 대한 성찰이 자리하고 있다고 할 수 있다.

사회적 포섭의 문제는 서구도시들의 도시재생 전략 가운데 하나의 요소로 일찌감치 제기되었다. 1990년대에 들어서면서 서구도시들의 문화정책은 복지, 의료, 교육 등의 공공정책과 본격적으로 연계되기 시작하였다. 많은 도시들은 문화예술을 경제적 재생의 수단으로 활용하는 데 그치지 않고 그동안 배제되어 왔던 사회적 약자의 보호나 그들의 사회참여를 촉진하는 방향으로 활용하고자 하였던 것이다. 즉, 문화예술을 소외자의 사회적 포섭이라는 도시의 당면 과제를 해결하기 위한 창조적인 새로운 방법의 하나로 생각하였다. 이와 관련하여, 랜드리는

〈『The Big Issue』 일본어판〉

1991년 런던에서 발행되어 큰 성공을 거둔 『더 빅 이슈*The Big Issue*』[1] 발간 사업을 사회적 약자의 포섭을 위해 문화를 활용한, 창조적 도시문제 해결의 좋은 사례로 높이 평가한 바 있다.

하층민이나 소수자들의 주체적 참여에 의해 사회적 포섭을 이루려는 대표적인 형태의 하나가 '사회적 협동조합'이라고 할 수 있다. 사회적 협동조합이란 공적 또는 사회적으로 필요한 일들을 관이나 기업이

---

1 빅 이슈는 홈리스의 사회복귀를 목적으로 만들어진 사회적 기업이다. 잡지인 『빅 이슈 *The Big Issue*』는 런던에서 처음 발행되어 한국, 호주, 일본 등 세계적으로 확산되었으며, 홈리스만이 가두에서 이를 판매할 수 있다.

아니라 협동조합이라는 자율적 결사를 통해 수행하는 형태를 말한다. 이는 사회적 약자 문제 등과 같이 영리를 추구하는 조직인 기업이나 시혜적이기 쉬운 공적조직으로서는 해결하기 힘든 공공의 과제를 해결하기에 적합한 형태로 평가받고 있으며, 당사자의 자율적 참가에 의해 문제해결을 도모한다는 점이 가장 중요한 특징이다. 사회적 협동조합은 1970년대 후반부터 1980년대에 걸쳐 이탈리아의 볼로냐 등지에서 등장하기 시작하였는데, 이 시기는 신자유주의적 정책이 확산되면서 케인즈주의에 기반 한 복지국가 정책이 크게 후퇴한 때와 맞물린다. 즉, 신자유주의 경제원리가 확산되면서 사회적 약자를 위한 공적 복지는 방기되기 일쑤였고, 이러한 문제에 스스로 결사를 형성하여 대응하고자 한 것이 바로 사회적 협동조합이었던 것이다.

4. 주체의 구성전략과 거버넌스의 유형

도시가 지속되기 위해서는 경제성장과 고용창출이 무엇보다 중요하다. 그곳에 살고 있는 사람들의 먹을거리를 해결하지 못하면 도시는 더 이상 존재할 수 없기 때문이다. 하지만 경제성장만이 능사는 아니다. 도시는 생존을 위한 공간만이 아니라 삶을 위한 공간이기 때문이다. 도시가 살기 좋은 그리고 살고 싶은 삶터가 되기 위해서는 삶터를 피폐하게 만드는 여러 가지 도시문제들, 즉 환경파괴, 빈부격차, 물질화, 인간소외 등의 과제 또한 해결이 시급하다. 이러한 과제들은 서로 상충되는 것도 있고, 또 도시가 가진 역량 때문에 동시에 모두 해결하기란 매우 힘들다. 따라서 어떤 문제를 우선할 것인가를 고민할 수밖에 없다. 도시가 어떤 과제를 우선할 것인가는 즉흥적으로 또는 몇몇 유력자들에 의해 결정되어서는 안 된다. 그것은 도시가 지향하는 가치, 즉 어떤 도시를 만들 것인가 라는 미래의 비전에 입각해 고려되어야 하며, 도시가 지향하는 가치는 그 도시가 처한 상황과 그 도시에 살고 있는 주민들의 바람이 반영되는 것이어야 한다.

　구체적으로는 어떤 도시를 만들고자 하며, 그 과정에서 어떤 행위자가 거버넌스를 주도하는가 등에 따라 창조도시 만들기의 방식은 몇 가지로 유형화 할 수 있다. 하지만 도시 별로 그 방식을 유형화 하기는 곤란하다. 대부분의 도시들이, 특히 거대도시의 경우, 필요에 따라 다양한 층위의 창조도시 전략을 복합적으로 전개하고 있기 때문이다. 그럼에도 불구하고, 주체(주된 행위자)의 관점에서 창조도시 만들기의 다양한 방식들을 유형화 하는 것은 각 행위자별 역할이나 의미를 부각시켜 비교하기 위함이다. 또한 대부분의 창조도시 만들기의 사례들에서 각 행위자들의 참가에 의한 거버넌스는 기본적인 공통분모이다. 즉, 창조도시 만들기에 있어서 관료 등 특정 행위자(섹터)만의 독자적인 도시정책은 더 이상 계속될 수 없다. 창조도시 만들기는 그러한 비민주적인 도시운영에 대한 성찰을 담고 있기 때문이다.

　창조도시 만들기의 방식은 앞서 살펴 본 도시정책을 둘러싼 주요 행위자들, 즉 관官, 문화예술전문가, 시민 및 NPO / NGO, 소수자들이 각기 거버넌스에 참가하는 형태나, 누가 주도권을 가지고 거버넌스를 이끄는가? 등에 따라 아래와 같이 유형화될 수 있다.

1) 관 주도 거버넌스(관-산-학, 관-민 파트너십)

창조적 도시의 스펙트럼은 매우 넓다. 도시가 당면한 문제들의 해결에 있어 이제까지와는 다른 창조적 방법을 사용하는 도시를 넓은 의미의 창조도시라고 한다면, 경제성장이나 경제적 경쟁력 강화를 위해, 포스트-포디즘 시대 경제적 경쟁력의 기반인 지식기반 혁신산업, 즉 창조산업의 육성에 주력하는 도시 또한 경제적 측면의 창조도시라고 할 수 있다. 이와 관련해 제인 제이콥스J. Jacobs는 자신의 저서 『도시와 국가의 부Cities & The Wealth of Nations』(1984)에서, 창조도시란 포스트-포디즘의 시대를 맞이하여 유연하면서도 혁신적인 자기조절 능력에 기반 한 경제시스템을 갖춘 도시라고 규정한 바 있다. 또한 존 호킨스J. Howkins는 특허, 저작권, 전매디자인 등의 형태로 지적 소유권을 생산하는 산업을 '창조산업'으로 정의하고, 연구개발, 출판, 소프트웨어 등 15개 업종을 핵심 창조산업으로 보며, 이들 산업이야말로 21세기의 지식경제하에서 국제경쟁력의 중심을 이룰 것이라고 주장한다(中牧, 2008 : 34).

창조산업이란 용어를 정책 슬로건으로 채택한 영국의 토니 블레어 정부는, 창조산업을 "개인의 창조성, 기술, 재능을 원천으로 하여, 지적 재산권의 활용을 통해 부와 고용을 창조하는 가능성을 가진 산업"으로 정의하며, 구체적으로는 컴퓨터 소프트웨어, 게임, 음악, 영화, 패션, 공예, 디자인, 광고 등과 관련된 직종을 예로 들고 있다.[2] 이는 생산된 소

---

2 창조적 직종에 주목하고 있는 플로리다는, 1950년대부터 2000년대까지 반세기 동안, 기술적 창조성을 발휘하는 과학자와 엔지니어는 62만 5천 명에서 약 500만 명으로, 문화 예술적 창조성을 발휘하는 프로의 예술가, 작가, 연기자 등의 이른바 보헤미안은 5천 명에

재의 속성에 따라 정의되는 것이 아니기에, 이처럼 관련 직종의 예는 들 수 있지만, 이전과 같이 업종이나 산업의 형태로 제시하기는 힘들다. 창조산업의 특징은 창조와 산업의 결합, 즉 창조적인 아이디어나 예술적 재능의 발휘와 같은 그 자체로는 비영리적인 활동을, 계약, 생산, 유통이라는 시장의 영리적 활동과 결부시켜야 하는, 일종의 딜레마적인 관계에서 찾을 수 있다.

창조산업의 육성을 창조도시 만들기의 당면과제로 채택할 경우, 기존의 관 중심의 도시발전 전략이 여전히 유효하게 된다. 과학·기술 기반의 창조산업 육성을 위해서는, 관이 중심이 되어 기업과 대학의 연구기관을 잇는, 이른바 관-산-학 클러스터의 형성이 중요한 전략으로 등장하며, 문화·예술 기반의 창조산업 활성화를 위해서는 문화 예술가들이 모여들 수 있는 환경 만들기와 문화의 산업화 전략이 요구된다. 이처럼 경제적 측면에서의 창조도시 전략, 즉 창조산업의 육성은 도시가 가진 문화자본이나 재정력에 크게 의존하며, 따라서 세계적 경쟁에 뛰어든 대도시들이 주로 채택한다. 특히 기존의 문화 콘텐츠만이 아니라, 연구개발, 생산, 유통 등의 과정에서 시장원리의 영향을 크게 받기 때문에 인프라를 잘 갖춘 기존의 대도시들이 유리하다.

문화예술에 의한 도시재생의 측면에서도 관이 주도적 역할을 행한 사례는 적지 않다. 바르셀로나는 관(공공부분)이 개발의 가이드라인을 제시하면서 민간(자본)의 참여를 이끈 이른바 '관주도 관-민 파트너십'의 좋은 사례이다. 1979년 자치헌장의 제정 후, 시의회와 도시계획국

서 약 250만 명으로 증가하였음을 통계자료를 통해 제시하고 있다.

〈2004 세계문화포럼(바르셀로나)〉

이 주도하여 공공 공간의 문화적 재생에 나선 바 있는 바르셀로나 시
는, 1992년 올림픽 개최 후 재정압박과 경기후퇴에 직면하자, 문화에
의한 도시재생에 본격적으로 뛰어들었다. 문화정책의 효율적인 수행
을 위해서는 일원적인 조직체계와 싱크 탱크의 역할이 중요하다는 점
을 자각하여 '바르셀로나 문화기구'(1996)를 설립해 문화정책을 총괄하
여 담당케 하였다. 이를 바탕으로 2004년에는 세계문화포럼Universal
Forum of Cultures을 개최해 20세기의 산업중심의 만국박람회를 대신하
는 21세기 문화박람회의 계기를 만들었다(佐々木, 2009 : 20).

　영국의 뉴캐슬이나 리버풀의 창조도시 전략에서도 관 주도의 역할은
확인된다. 뉴캐슬은 '아트에 의한 자부심의 재생'이라는 명확한 콘셉트
를 제시하고, 시가 영국을 대표하는 현대조각가인 앤소니 곰리Anthony

Gormley에게 작품을 의뢰하여 양 날개 54m에 이르는 거대한 엔젤 상(북방의 천사, angel of the north)을 제작해 언덕위에 설치하는 등 예술적 도시 만들기에 주력했다(鈴木, 2010 : 214). 그리고 리버풀 시는, 시와 잉글리쉬 파트너십 그리고 노스웨스트 지방개발청으로 구성된 '리버풀 비전'(1999)을 설립해 창조도시 전략을 전개하고 있으며, '크리에이티브 커뮤니티'라는 시민과 예술을 잇는 프로그램을 만들어 시민의 문화의식 고양에 앞장섰다. 이 프로그램에는 전체 16만 명가량의 시민이 참가해 시민이나 정치가의 문화에 대한 의식을 바꾸는데 크게 기여했다고 한다(鈴木, 2010b : 221).

일본의 창조도시 가운데 관의 주도적 역할이 확인되는 대표적인 사례는 요코하마이다. 개항 150주년이 지난 근대적인 대도시인 요코하마는 '미나토 미라이 21'이라는 임해도시형 개발전략을 추진하였으나 그 성과가 미진하자, 새롭게 당선된 시장中田宏이 그것을 비판하는 형태로 창조도시 전략이 실시되었다. 시장을 중심으로 한 관官은 창조도시 전략을 효과적으로 수행할 수평적 기구인 '문화예술도시창조사업본부'와 '창조도시추진과'를 신설해 전청全廳적으로 이를 수행하고, 그 과정에서 관민공동의 '창조도시요코하마추진협의회'를 설립하는 등 NPO(시민영역)의 참여를 적극적으로 이끌어 내었다(佐々木, 2007 : 50). 특히 '창조

〈북방의 천사(angel of the north)〉

적 거점Creative Core'의 형성에 주목하여, 1929년 건설된 후지은행과 재일
은행 건물, 일본유선郵船 창고 등을 활용하여 'BankART 1929'라는 예술
가와 시민이 함께하는 공간을 만들었다. 이러한 노력을 발판으로 2009
년 9월에는 '세계창조도시회의'를 개최해 창조도시로서의 요코하마의
위상을 과시했다. 바르셀로나의 문화박람회 개최 전략과 유사성이 확
인된다.

　한국의 경우에도, 각 지자체가 실시하고 있는 창조도시 전략에서 관
주도의 성격은 쉽게 확인된다. 관 주도의 급격한 근대화를 이룬 한국
의 상황에서 관은 재정적 그리고 전문적 능력의 측면에서 여전히 독보
적인 행위자이기 때문이다. 2000년대에 접어들면서, 서울과 부산을 비
롯한 다수의 지자체들이 문화를 전면에 내세우면서 창조(창의)도시 전
략을 실시하고 있다. 서울시는 디자인적 측면에서의 도시 경관 가꾸기
와 함께 도시 내에 창조적인 창작 공간 만들기에 주력하고 있다. 유휴
공간을 시가 매입하여 그곳을 작가들이 머물며 창작 활동을 수행하는
공간으로 전환하는 방식으로, '서교예술실험센터'나 '금천예술공장' 등
8곳에 창작공간을 조성하였다. 지역주민들이 이들 창작공간을 통해
가까이서 문화예술을 접할 수 있게 함으로써, 도시의 문화 예술적 역
량을 제고하기 위함이다(정희선, 2011 : 280). 부산시의 경우, 민선 3기에
접어든 허남식 시장이, 사람중심 창조도시 전략을 5대 시정과제의 하
나로 제시하면서, 국장급 이상의 기구인 '창조도시본부'를 신설하고,
본부장을 공모를 통해 임명하는 등 이전과 다른 방식으로 '산복도로 르
네상스'를 비롯한 도시재생전략을 의욕적으로 추진하고 있다.

　문화예술에 의한 도시재생은 관의 권한이나 능력만으로는 제대로

이루어지기 힘들다. 문화예술 영역에서 관은 행정관리나 도시개발에서와 같은 전문가가 아니며, 오히려 민간에 관의 능력을 뛰어넘는 다양한 전문가들이 존재한다. 이러한 '사회적 자본'을 잘 활용하는 것이 중요하다. 또한 창조도시는 물리적 기능적 도시개발만이 아니라 그곳에 사는 사람들의 민주적이고 행복한 삶을 중시한다는 점에서 주민들의 참여 또한 소홀히 할 수 없다. 따라서 관은 다양한 주체들의 거버넌스를 위한 계기나 플랫폼 만들기에 주력해야 한다. 창조적인 경관과 디자인을 자랑하는 도시국가 싱가포르나 무에서 유를 창조한 과학기술의 결과물인 두바이가 창조적 아이디어의 산물임에도 진정한 의미의 창조도시로 평가되지 않는 것은 그곳에 주민의 자발적인 참여나 진정한 인간의 삶이 결여되어 있기 때문이라는 점은 새겨둘 필요가 있다. 삶의 결이 느껴지지 않는다면, 그것은 경제적 부가가치 창출과 도시발전에 문화예술과 창조라는 수단을 단지 활용한 것에 불과하다.

관이 주도적인 역할을 하는 분야는 창조산업이나 도시재생의 분야에 머물지 않는다. 뉴욕의 홈리스 사회복귀 프로그램인 '코먼 그라운드Common Ground'**3**의 예와 같이 다양한 도시문제의 해결을 위해 관이 주도적으로 문화예술을 활용하는 사례도 적지 않다.

---

3 코먼 그라운드는 뉴욕 타임스퀘어의 시영복지호텔을 홈리스를 위한 지원주택으로 개조한 것을 계기로 만들어진 뉴욕에서 가장 큰 홈리스 지원단체이다. 그 주요 활동은 주택지원에서 취업교육, 소셜 서비스 등에 이르기까지 홈리스의 수요에 맞춰 이루어지고 있다. 상세한 내용은 홈페이지(http://www.commonground.org) 참조.

2) 문화예술 전문가 및 시민 주도 거버넌스

창조도시 만들기의 방식 가운데는 문화예술 전문가나 시민활동가 등 민간이 계기를 만들거나 사업을 주도하고 관은 이러한 활동을 지원하는 사례 또한 적지 않다.

문화예술 분야에 있어서는 예술가나 문화 활동가 등 지역의 사회적 자본이 관에 전혀 뒤지지 않는 전문능력과 열의를 가지고 있다. 과거 관의 필요에 의해 자문을 행하는 등의 역할에만 머무르던 이들 민간 전문가 및 활동가들은 직접 나서서 다양한 사업들을 전개하고 있으며, 관 또한 과거 지방정부가 담당했던 역할을 일정부분 민간에 이관하여 이들이 공적역할을 수행하도록 장려하고 있다. 최근 각 도시마다 출범하고 있는 민간중심의 문화재단(예 성남문화재단)은 그 좋은 사례이다.

예술가나 문화 활동가 주도의 창조도시 만들기의 좋은 사례로는 몬트리올을 들 수 있다. 창조도시의 성공사례로 자주 언급되는 몬트리올은 자체인구 약 180만에 주변지역 인구 약 160만을 합쳐 300만이 넘는 규모의 대도시권을 가진 도시이다. 항공우주, 제약바이오 등 하이테크 산업이 발전해 있고, 세계적 명성의 서커스를 비롯해 다양한 아티스트와 문학가의 활동이 활발하게 이루어지고 있는 곳으로, 플로리다의 연구에서 '슈퍼 크리에이티브 코어'에 해당하는 도시로 분류될 정도로 창조성 지수가 높은 도시이다. 몬트리올 역시 1990년대 중반 세계적 금융위기 속에서 재정위기에 직면하게 되었고, 이에 문화예술 활동에 대한 예산지원도 대폭 삭감되었다. 이러한 위기에 대응하기 위한 방안이 지역의 예술가나 문화 활동가를 중심으로 적극적으로 모색되었다. 문화예

〈감천문화마을 전경〉

술단체가 중심이 되어 지역의 상공단체를 아우르는 통합조직인 '컬쳐 몬트리올(회원 700명의 NPO)'을 설립하고, 시에 새로운 문화정책을 제언하면서 '컬쳐 데이(도시의 모든 문화예술단체가 무료 이벤트 실시)' 등의 행사를 전개하였다. 몬트리올이 특히 힘을 쏟은 분야는 기존의 서커스에 고품질의 음악과 스토리를 더한 새로운 예술장르의 '서커스 아트'였다. 몬트리올의 사례에서 확인할 수 있는 점은 아티스트나 문화 활동가가 중심이 되어 행정 및 경제계의 지원과 시민의 참여를 이끌어내어 창조도시 만들기를 위한 열린 협력 체제를 형성했다는 점이다(佐々木, 2009 : 25).

한국에서도 예술가나 문화 활동가가 중심이 되어 창조적 도시 만들기를 시도한 사례를 확인할 수 있다. 부산의 '마추피추'로 알려진 '감천 문화마을'은, 문화예술가들이 시작하고, 행정(사하구청)이 지원하며, 마을주민들이 참여하면서 쇠락하던 마을을 문화적으로 재생하였다. 시작은 인근에서 활동하던 예술가 집단인 '아트 팩토리 인 다대포'가 문화체육부가 공모한 2009년 마을미술 프로젝트에 '꿈을 꾸는 부산의 마추피추'라는 제안으로 당선되어 10여 점의 조형물을 설치하면서부터이다. 이를 밑거름으로 2010년 2월에는 지역주민 5명, 문화예술가 5명, 지자체 공무원 1명으로 구성된 '감천동 문화마을 운영협의회'를 결성하였고, 2010년 시행된 문화관광체육부의 콘텐츠융합형 관광협력사업 공모에 '美로迷로 골목길 프로젝트'가 당선되어 사업을 이어나갔다(김창수, 2012 : 234). 이러한 노력에 힘입어 행정당국(사하구) 또한 11명의 직원으로 구성된 창조도시 기획단을 만들어, 주택개조, 공동화장실 건립, 공영주차장 확충, 마을기업 관리자 채용 등의 지원을 행하게 된다.

　예술은 남다른 재능과 전문적 지식을 가진 프로 예술가나 작가들만 향유하는 것이 아니며, 문화란 문학이나 음악 등의 특정 영역만이 아니라 일상과 관련된 광범위한 생활양식으로 이해하려는 경향이 확산되고 있다. 특히 문화예술의 탈신비화, 대중화 경향과 함께 새로운 기술과 기법에 의한 예술작품의 생산과 소비가 늘어나면서, 프로와 아마추어라는 기존의 구분을 무색하게 만들고 있다. 따라서 문화예술에 의한 창조도시 만들기에서도 문화예술 전문가뿐만 아니라 일반 시민의 역할 또한 커지고 있다. 특히 소규모 지역 단위의 '마을 만들기'나 생활자치에 기반 한 '문화 공동체 운동' 등에서는 주민들의 주도적 역할이 두드러진다.

　구미의 성공적인 창조도시로 널리 알려진 볼로냐나 토론토의 사례는 주민들의 주도적 역할을 잘 나타낸다. 선구적인 역사적 시가지의 보존과 재생으로 유명한 볼로냐는 지구 단위 주민 협의회에서의 철저한 토론을 거쳐 합의를 이끌어내는 방식으로, 강제성 있는 도시계획을 마련한 뒤 이를 토대로 문화재의 보존과 새로운 문화의 창조를 이끌어냈다. '볼로냐 2000'의 목표는 시민의 문화권을 확립하는 것이었으며, 전통적 시가지를 유지하기 위해 외관과 구조의 보존은 철저히 하면서도 내부는 새로운 문화적 기능을 더하는 방식으로 이루어졌다(佐々木, 2007 : 44). 세계적인 금융도시에서 창조도시로의 탈바꿈을 시도한 토론토의 경우에도, 시민이나 NPO 등 민간에서 먼저 활동이 시작되고, 관은 이러한 민간의 제안을 받아들여 정책적인 틀을 만들어 가는 방식으로 창조도시 만들기가 진행되었다. 특히 '토론토 커뮤니티 재단'은 기업이나 개인의 기부로 조성된 캐나다 최대의 민간 공공재단으로서, 다양한 커뮤니티 아트 활동을 통해 홈리스, 실업자, 선주민, 사회적 약자 등의 당면 도시문제 해결에 앞장서고 있다(飯笹, 2010 : 231). 이외에도, 런던의 해크니 지구와 코인 스트리트, 암스테르담의 'City as a Hull' 재개발 계획 등 다수의 도시들에서 주민들의 주체적인 참여에 의한 도시재생의 사례가 증가하고 있다.

일본의 창조도시 가운데 주민의 주도적 참여가 성공적인 도시재생으로 이어진 대표적인 사례가 가나자와金澤시의 경우이다. 가나자와는 역사적 전통과 독자적 경제기반을 가진 인구 45만 정도의 중규모 도시이다. 전후 곧바로 시립 가나자와 미술공예대학을 설립하여 전통공예의 맥을 이어나가고 있다. 도시재생의 필요성은 전후 경제성장 기간 동안 가나자와의 경제를 이끌던 섬유산업의 쇠퇴와 함께 찾아왔다. 섬유산업의 쇠퇴로 유휴시설이 된 방적공장(야마토 방적)을 재활용하는 과정에서 '가나자와 시민예술촌'(1996)이라는 공방을 건립하게 된 것이다. 건립 과정에서 시민의 주체적이고 능동적인 참여는 두드러졌다. '가나자와 경제동우회'라는 단체가 일반시민들에게 호소하여 '가나자와 창조도시회의'라는 논의의 장을 만들고, 여기서 능동적인 논의를 진행하였고, 시는 부지를 매입하여 제공하는 등 전폭적인 지원을 행하였다(佐々木, 2009 : 28). 이외에도 가나자와에는 2003년 '가나자와 마치쯔쿠리 시민연구기구'라는 기구가 만들어졌다. 이는 시민이 주체가 되어 시정과 정책에 대한 연구를 행하는 곳이며, 이듬해인 2004년부터 1년 단위로 연구 성과를 내놓고 있다(김후련, 2012 : 93).

한국에서도 주민이 주도적으로 참여하는 '마을 만들기'나 '문화공동체 운동'이 최근 들어 증가하고 있다. 성남시의 '우리 동네 문화공동체 만들기'도 그 가운데 하나이다(이현식, 2012 : 53). 특히 관의 지원을 기대하지 않고 철저하게 주민자치에 기반 한 공동체 운동도 이루어지고 있다. 부산의 반송동 느티나무 도서관의 경우 순수하게 지역주민들이 1억여 원을 모금하여 마을 도서관을 만들고 모든 주민이 주인이 되어 이를 운영하고 있다. 철저한 지역기반 창조전략의 성공사례로 볼 수 있다(김창수, 2012 : 237).

〈가나자와 시민예술촌〉

3) 소수자 참여, 사회포섭형 거버넌스

20세기 이후 예술의 대중화, 즉 탈특권화, 탈신비화가 진행되어 일반 대중들도 문화예술을 널리 향유할 수 있게 되었지만, 하루하루 먹고사는 문제를 걱정해야 하는 하층민에게 문화예술은 사치라는 생각이 여전히 남아있다. 비록 대중화되었다고는 해도 문화예술은 어느 정도 여유가 있는 자들만이 즐길 수 있다는 것이다. 가끔씩 하층민들에게 문화예술을 체험할 수 있는 기회를 주기 위해 이루어지는 이벤트에서 그들은 주체적 참가자가 아니라 시혜적 대상일 뿐이었다.

1990년대 이후 창조도시에 관한 논의가 확산되면서 이제까지의 문화예술에 관한 정책들이 많이 바뀌게 되었다. 이제 문화예술정책은 문화예술분야 자체만이 아니라 '문화산업'과 같은 경제·산업분야를 비롯해 복지나 생활자치 등의 공공정책과도 밀접한 관련을 맺게 되었다. 특히 빈부격차의 심화에 의한 도시의 양극화와 게토문제, 산업구조 조정에 다른 실업자나 홈리스 문제, 이주외국인의 증대에 따른 문화적 갈등 등 이른바 '소수자 문제'로 표현되는 도시문제가 심각성을 더해감에 따라 이를 해결하기 위한 방안의 하나로 문화예술을 적극 활용하려는 전략이 확산되고 있다.

이러한 방식을 문화예술을 활용한 도시공동체의 복원, 즉 사회적 포섭을 위한 창조도시 전략이라고 할 수 있으며, 여기서는 그동안 문화예술에서 배제되거나 기껏해야 시혜의 대상 정도로 여겨지던 도시의 하층민이나 소수자들이 주체로서 직접 문화예술 활동에 참가하는 경향이 두드러진다.

하층민이나 소수자들이 주체적으로 참여하여 도시의 소수자 문제 해결이나 사회적 통합을 도모하려는 대표적인 형태가, 앞서 간단히 언급한, 사회적 협동조합이다. 유럽의 창조도시 가운데 사회적 협동조합의 활동이 가장 활발하게 이루어지고 있는 곳이 인구 약 37만 명의 전통도시인 볼로냐Bologna이다. 볼로냐의 사회적 협동조합은 여성의 사회적 지위 향상이나 장애인 및 홈리스의 생활권 보장 등의 기본적인 인권의 확대를 목적으로 풀뿌리 주민운동의 차원에서 출발하였지만, 그 성과가 알려지면서 이러한 시도들이 점차 확산되어, 1991년에는 '사회적 협동조합법(법률 제381호)'이 제정되어 활동이 제도적으로 뒷받침되게 되었다. 여기서 사회적 협동조합이란 "인간발달 및 시민의 사회적 통합이라는 커뮤니티의 전반적 이익을 추구하는 협동조합"으로 설명되고 있다. 볼로냐의 사회적 협동조합 가운데 홈리스 스스로가 조합원으로서 활동하는 '피아짜 그란데Piazza Grande'의 활동은 사회적 약자가 도시 활동의 주체로 등장하는 대표적인 사례라고 할 수 있다(佐々木, 2009 : 40). 볼로냐에는 1,000명가량의 홈리스가 있는데, 이들은 '피아짜 그란데'라는 신문을 만들어 가두에서 판매한다. 각기 기업과 협동조합이라는 형태상의 차이는 있지만 활동 내용은 런던의 '빅 이슈'와 유사하다고 할 수 있다. 이외에도 이들은 자전거 수리, 의류 및 가구의 재활용 등을 통해 취업의 기회와 자립을 위한 소득을 얻고 있으며, 특히 극단을 만들어 직접 연극에 참가함으로써, 손상된 인간성의 회복은 물론 지역사회와 소통을 도모하고 있다.

빈곤 커뮤니티의 재생에 문화예술을 활용한 대표적인 사례로는 몬트리올의 TOHU(서커스마을) 설립을 들 수 있다. 몬트리올 시는 문화 가운데 특히 서커스에 주목하여, 고품질의 음악과 스토리가 결합된 '서커스 아트'라는 새로운 장르를 개척하였고, TOHU 마을은 그 일환으로 1999년 11월에 설립되었다. 마을에 인접한 센 미셀지구는 마이너리티 주민들이 집주하는 빈곤한 커뮤니티였기에, 주민들이 참여하는 새로운 축제를 기획하고 마을의 관리와 청소 등에 현지 젊은이들을 고용하는 등 소수자들의 사회적 포섭을 위한 다양한 활동들이 전개되었다(佐々木, 2009 : 25).

소수자의 사회적 포섭에 문화예술을 활용하는 형태, 바꾸어 말하자면 소수자들이 직접 문화예술 활동을 수행하는 주체가 되어 자신들의 인간성과 소속감 회복을 도모하는 다양한 사례들이 최근 일본에서 확인되고 있다. 일용노동자 집주지역인 오사카 가마가사키釜ヶ崎의 '코코룸(cocoroom, 聲と言葉と心の部屋)'이라는 공간을 중심으로 이루지는 활동은 그 대표적인 사례의 하나이다. 원래 시단에 속해있지 않은 독립시인이었다가 아트 메니지먼트 활동을 시작한 우에다上田라는 여성을 중심으로, 이곳에서는 사회적 포섭을 위한 다양한 예술 활동을 전개하고 있다. 몇 가지 예를 들자면, 고령자(평균 76세)의 종이연극 집단인 '무스비(むすび, 인연)'는 가마가사키에 살다가 노숙자로 전락한 노인들로 이루어져 있으며, 통상의 종이연극을 넘어 실험적이고 예술적인 연극을 연출하여 신선함을 줌은 물론 국제 홈리스 아트 페스티발에 참가하여 갈채를 받을 정도로 열심히 활동하고 있다. 니트NEET, Not in Education, Employment or Training나 홈리스 등 무직 젊은이의 취업을 지원하는 활동인 '취업지원카페 코코룸사업'은 예술 활동을 통해 당사자들이 처한 환경에 대한 이해를 도모하고 새로운 관계를 엮어감으로써 취업활동의 어려움을 해소해나가고자 다양한 참여 프로그램을 실시하고 있다(中川, 2009 : 218).

이처럼, 홈리스나 장애자 등 사회적 소수자들이 직접 행하는 문화예술 활동을 에이블 아트able art 운동이라고 부른다. 에이블 아트라는 용어는 1995년 오사카에서 개최되었던 '에이블 아트 페스티발 95'에서 최초로 사용되었으며, 이후 다양한 활동들이 시도되고 있다. 오사카에 있는 '아트센터 하나HANA'에서는 약 40명의 장애인들이 직접 그림, 도예, 짜기 등의 아트 제작활동에 참가하고 있으며, 이외에도 말하기, 음악 등 치유를 위한 활동도 수행하고 있다(中川, 2009 : 222). 이러한 에이블 아트는 그동안 문화예술 활동을 비롯해 일상적인 사회활동에서 소외되어 왔던 장애인들이 문화예술 활동을 향유하면서 장애를 치유하거나 극복함은 물론 사회적 연대감을 느낄 수 있게 하고 있다. 또한 에이블 아트는 장애자들뿐만 아니라 그동안 일상에서 문화예술과 동 떨어져 있던 많은 사람들에게 긍정적인 메시지를 던지고 있으며, 장애인이 행복하게 지낼 수 있는 곳에서는 다른 모든 이들도 행복할 수 있다는 의미에서 지역사회 전체에도 활력을 불어넣고 있다.

이상에서 살펴본 바와 같이, 도시의 창조성 또는 창조도시라는 말은 매우 광범위하게 사용되고 있다. 창조라는 용어와 도시라는 용어가 모두 포괄적이고 추상적으로 이해되고 있는 용어인 까닭이다. 범위를 좁혀 1990년대 이후 전개된 새로운 도시 패러다임으로서의 창조성 논의에 주목한다면, 창조적 도시란 인간이 살기 좋은 도시이자 인간이 살고 싶은 도시이며, 도시가 당면한 과제를 해결함에 있어 이제까지와는 다른 창조적 아이디어나 새로운 기법을 잘 활용하는 도시를 말한다. 창조적 아이디어나 새로운 기법의 구체적인 형태는 과학기술이나 문화예술의 활용과 관련되어 있다. 이들이 창조성이 잘 발휘되는 영역이기 때문이다.

과학기술이나 문화예술의 창조성은 그것의 새로움이나 기발함만으로 평가되지 않는다. 창조성은 결과물만이 아니라 과정을 포함하고 있으며, 그것이 무엇을 위해 사용되는가도 매우 중요하다. 창조적 아이디어와 첨단 과학기술이 번뜩이는 두바이를 성공적인 창조도시라고 평가하는 창조도시 이론가들은 별로 없다. 특히 인문학의 관점에서 두바이는 결코 창조적인 도시가 아니다. 주체의 일상적 삶과 지역의 역사적 경험 그리고 고유의 장소성에 대한 성찰이 결여되어 있기 때문이다.

성찰적 창조도시와 로컬리티에 대한 관심은 공통의 지향성을 가진다. 즉, 근대성의 국가, 이성, 물질, 효율 중심의 이분법적 논리를 타파하고 도시(지방), 감성, 인간, 공생의 새로운 자리 매김을 지향하는 로컬리티 연구는 삶의 터인 로컬 공간(도시)을 인간을 중심으로 재구성하고자 한다. 인간 중심의 도시가 되기 위해서는 그곳에 살고 있는 인간들의 주체적 참여가 전제되어야 하며, 장소성과 역사성 등 지역의 고유한 특성이 발현되어야 한다. 즉, 성찰적 창조도시란 고유의 장소적 특성이 발현되는 공간성, 역사의 기억이 새로운 비전(대안)으로 이어지는 시간성, 그 속에서 살고 있는 인간들의 행복한 일상적 삶이 존재하는 인간성이 살아있는 도시이며, 이는 로컬리티의 가치 회복에 다름 아니다. 글로벌 도시, 명품도시 등과 같은 일상과 동떨어진 구호를 내세우는 것이 아니라 시민들의 삶과 생활에서 문제제기와 대안을 찾아가는 것이 성찰적 창조도시의 나아갈 길이며, 이러한 창조도시의 실현은 주민 모두가 주체가 될 때 비로소 가능하게 될 것이다.

참고문헌

김동완, 「규모의 지리 측면에서 바라본 창조적 계급과 도시 창조성 - 도시 창조성의 재
　　　구성과 도시 정책적 시사점」, 『공간과 사회』 제29호, 한국공간환경학회, 2008.
김창수, 「도시마을 창조전략」, 『한국비교정부학보』 16-1, 한국비교정부학회, 2012.
김후련, 「가나자와형 창조도시 발전전략 연구」, 『글로벌문화콘텐츠』 제8호, 글로벌문
　　　화콘텐츠학회, 2012..
원도연, 「문화도시론의 발전과 도시문화에 대한 연구」, 『인문콘텐츠』 13호, 인문콘텐
　　　츠학회, 2008.
임상호, 「창조도시 담론의 쟁점과 재정학적 시사점」, 『재정정책논집』 11-3, 한국재정
　　　정책학회, 2009.
정희선·김희순, 「문화예술을 매개로 한 도시재생과 창조성의 배양」, 『국토지리학회
　　　지』 45-2, 국토지리학회, 2011.

박대식 편, 『한국지역사회 엘리트 - 특성과 구조』, 오름, 2004.
랜드리, 찰스 저, 메타기획 역, 『크리에이티브 시티 메이킹』, 역사넷, 2009.
이현식, 『성찰적 창조도시와 지역문화』, 글누림, 2012.
플로리다·리처드, 이길태 역, 『Creative Class - 창조적 변화를 주도하는 사람들』, 전
　　　자신문사, 2002.

マライニセン·ロバート, 「アムステルダム - 都市圏連携による創造都市政策」, 橫
　　　浜市, 『創造性が都市を変える』, 學藝出版社, 2010.
吉本光宏, 「アートを起點とした地域のイノベーションに向けて」, 橫浜市, 『創造性
　　　が都市を変える』, 學藝出版社, 2010.
鈴木伸治, 「ヘルシンキ - 文化政策の多様な展開」, 橫浜市, 『創造性が都市を変える』,
　　　學藝出版社, 2010a.
―――――, 「リバプール - 都市再生プロセスと歐洲文化首都による活性化」, 橫浜市,
　　　『創造性が都市を変える』, 學藝出版社, 2010b.
飯笹佐代子, 「トロント - 創造都市を担う多様なアクター」, 橫浜市, 『創造性が都市
　　　を変える』, 學藝出版社, 2010.

半澤誠司, 「文化産業の創造性を昂進する集積利益に關する一考察」, 『人文地理』 62 -4, 2010.

佐々木雅幸 外, 『創造都市への展望』, 學術出版社, 2007.

佐々木雅幸, 「文化多樣性と社會包攝に向かう創造都市」, 佐々木雅幸・水內俊雄, 『創造 都市と社會包攝』, 水曜社, 2009.

中牧弘允 外, 『価値を創る都市へ』, NTT出版, 2008.

中川愼, 「社會包攝に向き合うアートマネジメント」, 佐々木雅幸・水內俊雄, 『創造 都市と社會包攝』, 水曜社, 2009.

사진 출처

북방의 천사, http://ja.wikipedia.org/wiki/

감천문화마을, http://www.gamcheon.or.kr

『The Big Issue』, http://www.amazon.co.jp/

가나자와 시민예술촌, http://ja.wikipedia.org

2004. 세계문화포럼(바르셀로나), http://ja.wikipedia.org

커뮤니티 아트를 통한 창조도시 만들기

손은하

1. 도시 재생으로의 시선 전환

　도시는 발생부터 지금까지 끊임없는 변화와 발전을 거듭하며 성장하고 있고, 다양한 분야에서 도시에 관한 연구들이 진행되고 있다. 그 가운데 '세계도시'담론은 유럽과 북미에서 1970년대 이후에 재정과 상업, 산업적인 측면에서 그 파급력이 세계적으로 영향을 미치는 도시에 주목하면서 형성되었다. 특히 세계경제 변화와 관련한 도시 재구조화와 공간구조의 재편 측면에서 관심을 가지면서 우리나라는 1990년대 이후부터 연구가 시작되었다. 물론 이 담론이 문화적인 면에 관심을 가지고 있지만 경제적인 면이 다른 데 비해 좀 더 부각되는 편이다. 글로벌 경제 산업화로 인해 발생되는 부작용들이 여러 측면에서 나타나자 무차별한 개발은 지양되는 분위기가 형성되었고 도시 발전의 새로

운 패러다임이 요구되었다. 이에 1980년대에 제인 제이콥스Jane Jacobs
가 말하던 창조도시 담론이 부각되면서 찰스 랜드리Charles Landry, 리차
드 플로리다Richard Florida, 사사키 마사유키佐佐木雅幸를 거치며 수정과
발전이 이뤄져왔다. 2008년 문화도시 국제 컨퍼런스에서 사사키 마사
유키는 창조도시의 정의를 "예술문화에서 새로운 사조를 육성하고 다
양한 창의적 환경과 혁신적 환경을 마련하여 예술가, 창작자, 일반 시
민의 활발한 창의적 환경과 혁신적이고 창의적인 산업을 발전시키며
지역과 시민활동을 통해 지구 온난화와 같은 전 세계적인 환경문제에
대한 해결책을 마련할 수 있는 역량을 가진 도시"라 말한다.(라도삼,
2008 : 4) 예술가나 과학자 등의 전문적인 계층뿐만 아니라 시민 모두가
자유롭게 창의적인 활동을 할 수 있는 환경이 마련되어야 한다는 것이
다. 우리나라에서도 이러한 담론들이 논의되고, 활성화 되자 각 지자
체들의 관심과 함께 공공 미술(공동체 미술)과 마을 만들기 등의 형태로
나타나기 시작했다.[1] 한국의 현 상황은 창조도시를 만들고자 하는 선
망은 있으나 환경적 기반이 체계적으로 마련되어 있지 않은 실정이다.
그러나 이러한 면을 개선하기 위한 한 방안으로 예술을 통한 공간의
활성화를 유도하고 있다.

오늘날 한국의 도시들은 기업의 경쟁력 제고와 지역 경제발전을 위
해, 여전히 과학단지 조성을 비롯한 각종 개발 사업을 추진하고 있지
만, 이 보다는 재생에 초점을 두고 문화와 예술을 통해 개선하려는 시

---

[1] 우리나라에서 '공공 미술Public Art'은 '환경 조형물', '미술 장식품' 등의 말과 뒤섞여 사용되
고 있다.

도들도 눈에 띄게 나타나고 있다. 또한 문화콘텐츠를 중심으로 각 도시를 브랜드화 하여 경제적 문화적으로 발전시키고자 하는 경우는 시를 상징하는 로고를 비롯하여, 각 도시의 공공건축물과 조형물 등에서 경쟁적으로 나타난다. 그러나 한편으로, 각 도시에 세워지고 있는 '그 도시를 상징한다'는 수많은 공공 건축물 중에는, 도시 정체성과는 무관하게 주로 과시행정 차원에서 규모 경쟁만을 일삼거나, 혹은 시장경제와 기업논리에 입각하여, 한 도시의 공동체적 삶, 즉 지역의 정체성을 확실하게 드러내지 못한 채 오남용 되고 있는 것들이 수없이 많다. 더욱이 최근 각 지자체마다 도시디자인과 공공디자인에 관심이 고조되면서, 획일적인 도시디자인 발상과 수법으로 정체성 없는 도시로 표백해 버릴 수 있다는 점은 여러 측면에서 이미 지적되고 있는 사항이다.

또한 근대화, 산업화로 인해 급성장한 도시의 모습 중 개발의 중심에서 벗어난 구도심은 대부분 공동화현상을 겪고 있다. 각 지역자치단체는 이를 해소하기 위해 여러 가지 방안을 내세우고 있지만, 단기적인 행정단체의 계획과 경제적 지원은 근원적인 대책이 되기는 어렵다. 사람이 살기에 좋은 장소가 되지 않으면 지역에 대한 애착감은 지속될 수가 없다. 여기서 장소Place란 물리적 속성을 지니는 공간Space과는 조금 다른 의미로, 그 속에 사회적인 관계와 문화적 요소가 포함되어 있다. 투안Yi-Fu Tuan은 장소를 '가치가 내재된 공간'으로 말하고 있다. 이것은 그 속에 사는 사람들의 삶의 가치일 수도 있고, 장소가 매개가 되어 의미 있는 공간으로 만들어주는 가치를 말 할 수도 있을 것이다. 이러한 가치가 내재된 공간을 커뮤니티 공간에서, 그 가운데 일련의 활동으로 볼 수 있는 커뮤니티 아트에 관해 주목해 보고자한다. 커뮤니티 아트는 그동안 도시의 재생을 환경 정비적 차원에서 바라보는 시각을 넘어서, 사람 중심의 활동으로 인해 커뮤니티가 살아난다는 점에 있어 공동체 미술과의 차별성을 지닌다.

2000년대 초반부터는 공간에 대한 시각을 그 속에 있는 '사람'에 집중하여, 난개발로 인해 황폐해 지고 있는 다양한 도시문제를, '문화와 예술을 통한 재생'이라는 개념에 주안점을 두기 시작해 학계를 비롯한 다양한 분야에서 논의가 진행되었다. 이후 2000년대 중반에는 실질적으로 시와 관차원에서 공공 미술 프로젝트를 시행을 하게 된다. 처음에는 미비한 준비로 인해 여러 가지 시행착오가 있었지만, 현장에서 부딪히는 다양한 문제들을 수렴하고 해결해 나가면서 조금씩 변화와 발전을 거듭하고 있는 중이다. 본 고에서는 공공 미술의 진화과정과, 실제 사례의 모습들도 살펴보면서 문제점을 진단하고, 시대의 요구에 맞는 방향이 무엇인가에 대한 논의를 던져보고자 한다. 이에 커뮤니티와의 관계 속에서 발전해 나가고 있는 커뮤니티 아트의 활동을 통해, 새로운 시각으로 도시재생을 시도하고 있는 현장을 심도 있게 살펴볼 것이다.

2. 공공 미술에서 커뮤니티 아트로

하버마스Jurgen Habermas는 공공 영역이 사회 비판적 기능을 가지긴 하나 문화영역에 대한 국가의 개입이 확대되면, 이로 인해 비판적 기능이 약화되어 공공 영역의 공간이 소멸되어간다고 주장한다. 이와 비교하여 토니 베넷Tony Bennett은 국가의 개입으로 인해 공공 영역이 소멸되는 것이 아니라 오히려 기능이 전환되고, 새로운 교육의 기능이 나타났다고 말한다(김세훈, 2008 : 30). 이렇듯 변화된 공공 영역의 역할과 국가와의 새로운 관계설정, 이를 통하여 시민 사회의 강화라는 점은 오늘날 공공성을 바라보는데 있어 주목할 만한 점이다. 우리는 공공 미술에서 공적 영역을 '장소'를 중심으로 정의하는 경향이 있어, 그 장소에 얼마나 쉽게 접근을 하느냐를 공공성의 척도로 상정한다. 하지만 실상 공공 미술의 공적 영역은 현실의 특정 장소와 함께 미술과 사회 체제, 사회적 주체들이 사회정치적으로 엮여 정신적이고 감각적으로 만나는 곳이다. 이것은 대중의 일반적 미술에 대한 의견, 미술관의 공간, 미디어의 정보와 이미지로 구체화될 수 있다.

'공공 미술Public Art'은 존 윌렛John Willett의 1967년『도시속의 미술Art in a City』이라는 책에서 처음으로 언급되었다. 윌렛은 소수의 전문가들에 의해 향유되던 예술에 대해 비판적인 시각으로 대중들이 수요할 수 있는 예술에 관심을 가졌다. 대중들과 대화하고 그들의 정서에 동참할 수 있는 미술의 개념으로 공적인 기능과 역할을 강조하며 공공 미술에 대한 논의를 제기한다. 미술과 공공성의 관계에 대해 디자인 평론가 최범은 크게 공간적 관계와 의식적 관계, 두 가지로 나누고 있다. 공간적 관계는 미술과 공공성이 특정한 공간을 매개로 이루어지는 것이므로 공공 공간의 미술Art in Public Space로, 의식적 관계는 미술과 공공성이 공공적 의식으로 형성되는 것이므로 공공적 관심의 미술Art in Public Interest로 설명하고 있다. 또한 공공 미술과 관련한 다양한 개념과 장르들은 모두 이 두 가지 틀 내에서 이해할 수 있다고 한다. 공공 미술은 '공공'이라는 사회적 가치와 '미술'이라는 개인적이고 개체적인 가치가 모순되게도 합쳐져 있는 개념이다. 예술은 본질적으로 개인의 자율적 판단과 표현을 중시하고 집단적 사고를 거부하는 면을 지닌다. 그러나 '공공'은 일반 사회 구성원 전체를 대상으로 하기 때문에 이 둘은 서로 충돌하는 면이 발생한다. 이 개념은 '공공'의 의미와 '미술'의 성격이 시대적, 장소적 상황이 변화함에 따라 다양한 전개와 논쟁을 거치게 된다.

공공 미술에 대한 보편적인 생각은 공적 공간에 설치된 기념조형물, 회화, 조각 작품 등이 중심이 되었다. 그러나 최근에는 미적 오브제 중심의 공공 미술을 넘어 포스터, 빌보드 혹은 사인보드 디자인, 스트리트 퍼니처, 사진과 영상 미디어, 퍼포먼스, 지역민과 함께 하는 예술 워크숍 또는 프로젝트까지(아마추어의 창작 경험, 미술가와 주민의 협업, 미술교육 등)를 포함하는 추세이다. 미술시장의 경우를 살펴봐도 화랑들이 개인 소장가에 대한 의존도를 줄이고, 미술관, 기업, 공공 기관 등과 같은 공동 사회와의 접촉을 늘려가고 있어 그 경향성이 변화하고 있음을 감지할 수 있다.

현재에 이르러서는 '공동체'에 주목하고 '공공성의 실현'을 목적으로 하여 완성되는 '미술적 가치의 실현'이라는 방향으로 나아가고 있다. 이는 인간적 유대와 공동체성 회복을 위한 공간개발을 실천하고자 하는 신도시주의New Urbanism운동2과 19세기 말경에 도시 미관에 대한 관심이 형성되면서 공공 예술과 공공건물, 공공 공간과 같은 장소를 대상으로 한 미국의 도시예술운동City Beautiful Movement(최병두, 2006 : 515) 등

---

2 신도시주의New Urbanism는 도시의 사회문제가 무분별한 도시의 확산에 주목하고 이러한 사회문제를 해결하기 위해 도시의 개발에 대한 접근 방법의 전환이 필요하다는 인식으로부터 출발했다.

과도 맥을 같이 한다고 볼 수 있다. 20세기 후반에 이르면 Urban의 개념이 City뿐 아니라 Village를 포함한 넓은 의미로 확장이 된다. 도시 디자인의 중요한 목적은 기본적으로 공공 영역의 물리적, 사회적 질을 높이고 사람들이 즐기는 장소 만들기에 주목한다. 공공 공간의 활용과 장소로서의 기능을 높이기 위해서 광장과 같은 곳을 여러 가지 의미가 부여된 장소로 만들기 시작했고, 이벤트나 축제와 같은 행사가 이뤄지는 공간으로 활용하기도 했다. 그러나 우리나라는 광장문화가 그리 발달하지 않아 주로 보행로와 같은 성격을 지닌 공간들로 형성되었다.

'공적'이라는 말은 '사적'에 대비하여 설명할 수 있을 것이다. 일반적으로 '공적인 것'이란 드러난 것(가시성), 모든 사람들에게 접근이 허용된 것(개방성), 부분이 아닌 전체(집단성)를 뜻하는 말로 사용된다. 모든 사람들에게 개방되어 있고, 그 과정이 투명하게 드러나며, 결과적으로 개인이나 특정집단이 아닌 사회전체와 관련된 일들이 일어나는 공간이라고 할 수 있다(이승훈, 2010 : 105). 고대 그리스에서의 공공 영역은 사적 영역의 과제, 곧 경제문제를 해결한 소수자유인들의 공간으로서, 개인들의 차이와 다양한 관점들을 드러내는 자유의 공간이자 정치의 영역이었다. 여기에서 공공 영역은 어떤 목적을 위한 수단이 아니라, 인간의 다양성을 드러내는 공간이었다(아렌트, 1996 : 102~112). 고대 그리스와는 다르게 현대사회의 조건에서 논의하기 위해서는, 누구나 차별받지 않고 동등하게 참여할 수 있는 공간으로서의 특성을 주목해야 한다.

공적인 공간에 위치하고 있는 공공 미술은 초기 장식의 기능과 더불어 공간의 행동양식을 좌우하는 기능에서 점차 지역적 맥락을 형성하는 역할까지 이르렀다. 이는 특정 장소가 가지고 있는 정신적이고 정서적인 면이 표출되는 점과 그 속에 살고 있는 사람들의 공통된 관심사에 관해 생각할 수 있도록 만들어준다는 점에서 엿볼 수 있는 점이다. 그러나 공적인 공간의 활용과 미적인 가치를 부합시키고자 하는 공공 미술의 성격은 공동체적 미술의 방향성과는 차이점이 있다. 물론 공공 미술의 초기의 개념에서 많은 변화를 가져왔기 때문에 비슷한 경향을 띄는 부분도 있어, 현재는 공공 미술의 목표를 공적 영역의 가치와 공공성 회복, 개인적 가치와 사회적 가치의 조정 및 조율이라는 점에 초점을 두고 있긴 하다. 다시 말하면, 공공 미술의 사회적 의의는 '소통'과 '교감'을 중심으로 사람들의 삶에 참여하고 개입하여 가치를 발견하고 유익함을 주는 것으로 발전했다는 말이다. 초기에 미술의 전시적 기능을 위주로 시작된 공공 미술은 오늘날 로컬의 외부 공간, 주변 환경 등 수용자를 중심으로 그 의미가 활성화 되어야 한다는 시각으로 방향이 전환되어, 미술가뿐만 아니라 정책 담당자, 특히 지역 주민이 주체가 되어 공동체 단위의 협동성을 중시하여 프로젝트 단위로 실행된다(김정주, 2010 : 12). 이러한 과정까지의 현대 공공 미술의 흐름을 살펴보면 대략 다음과 같은 네 단계의 변화를 겪으면서 진행되었다.

제1단계의 공공 미술은 1930년대 경제공황 속에서, 일거리를 상실한 미술가들에게 일자리를 제공하기 위한 수단으로 시작되었다. 1934년 미국에서 실직한 미술가들을 위한 뉴딜정책의 일환으로 '미술을 위한 퍼센트 법Percent for Art Ordinance'[3]이 처음 재정된 후 미술가들은 공공 건물을 장식하기 위한 벽화나 조각을 제작하게 되었다. 이 법은 예술

---

3 1%법 ─ 정식명칭은 문화예술진흥법 제3장 11조 「건축물에 대한 미술장식」이다.

가들에게 자금을 지원하는 동시에 정부 건물의 미적 가치를 창출하기 위한 방법으로 주로 장식적인 기능을 담당했다. 그러나 장소성을 무시하고 규모만 변형해 미술관 밖으로 나왔다는 비난을 받아야 했다. 이 제도는 '건축 속의 미술Art in Architecture'이라는 형태로 아직까지 남아있다.[4] 제2단계는 '공공장소 속의 미술Art in Public Places'로, 이것은 공공 건물을 장식하던 단계에서 한 발 나아가, 공공장소를 예술 공간으로 꾸미려는 취지로서 대상이 공공건물을 넘어 공공장소로 확대된 것이다. 이것은 중앙정부가 지방자치단체 및 민간의 공공 미술 프로젝트 채택을 지원하기 위해 마련된 것으로서, 지역사회의 활성화를 위해 공원이나 광장과 같은 곳으로 영역이 확장되었다. 1967년 미국의 국립예술기금NEA은 '공공 장소 속의 미술'을 지원하기 위한 프로그램을 도입하여 자치단체나 민간의 공공 미술 프로젝트 비용의 일부를 지원하였다. 그리고 제3단계는 '도시계획 속의 미술Art in Urban Design'로 도시 계획의 일환으로 공공 미술 종합 계획을 수립하고 기금제를 도입한 경우로 미술가가 디자인한 가로 시설물, 문화시설, 다양한 프로그램 등의 모습으로 공공 미술의 영역을 확장하였다. 이 시기에는 작가와 디자이너, 건축가들이 프로젝트 설계부터 긴밀한 합작을 통해 제작이 되었다. 그렇지만 아직 지역주민보다는 도시미관에 더 주목하는 경향을 보이고 있다. 이때 문화도시 개념들도 등장하기 시작했다. 제4단계는 '새

---

4   예술뉴딜정책은 1935년 5월 확정된 '일자리 창출 정책WPA, Works Progress Administration'의 정책 방향과 맞물린 특정 사업을 목표로 하고 있다. 예술가에게 일자리를 제공해주고 작품을 사회공동체가 자산으로 삼는다는 기조를 유지한다. 그렇게 제안된 정책이 바로 '연방 미술 프로그램FAP, Federal Art Program'이다.

로운 장르의 공공 미술New Genre Public Art'로 미술을 통한 지역민들과의 커뮤니케이션 확대와 문화 공동체를 형성하여 미술 뿐 아니라 다양한 프로그램을 실시하는 형태이다. 이 용어는 수잔 레이시Suzanne Lacy가 처음 사용한 것으로 이전의 공공 미술의 개념과는 추구하는 바와 의미가 확연히 다르며, 지역과 더불어 지역 환경을 개선하고 공동체를 만들어 가는데 예술을 활용한다는 점에서 공동체 예술로도 불린다.(손은하, 2010 : 136~138)

공공 미술의 성격이 2단계에서 이 3단계의 범주로 변화하게 된 데에는 리처드 세라Richard Serra의 〈기울어진 호Tilted Arc〉라는 작품이 결정적인 역할을 하였다. 세라는 1981년 미국 연방시설청GSA의 '건축 속의 미술기금'으로 뉴욕시 맨해튼 남쪽의 연방광장에 (높이 3.6m, 길이 36m) 긴 철제 벽을 세웠다. 세라의 작품 개념 핵심은 조각의 본질이 대상에 있는 것이 아니라 그것을 바라보고 체험하는 관객에게 있다는 것이었다. 통행인과 설치물 사이에 형성되는 공간 체험이 곧 작품이라는 주장이었다. 그러나 이 광장 인근의 연방 공무원 1,300명이 이 작품이 '광장의 통행에 지장을 주고 시야를 가린다'며 철거청원서를 연방 시설청에 제출했고, 수년 동안 이를 둘러싼 논쟁과 청문이 지속됐다. 이에 1989년 봄 이 작품은 철거됐고, '장소 특정성'을 고집하는 세라 쪽의 거부로 다른 장소에 재설치 되지도 않았다. 세라 작품에서 문제점은 순수 미학을 중심에 두고 공간을 작품을 받아들이는 빈 용기로 보았다는 점이며, 그 때문에 작품과 공간, 관객의 갈등은 필연적일 수밖에 없었다.

이 사건은 공공 미술에 대한 일반인들의 관심을 주목시켰을 뿐만 아니라, 사람들로 하여금 공공 미술의 개념에 대해 다시 한 번 재고하도록 만든 계기가 되었다. 이것은 공공 미술과 공공 장소를 어떻게 볼 것인가에 관한 많은 논쟁을 불러일으켰고, 그 이후로 이제 공공 미술은 단지 오브제를 성형하는 것에 그치는 게 아니라 성형을 넘어 공간 만들기에도 주력하게 되었다. 따라서 제3단계의 '도시계획 속의 미술'에서 예술가는 도시 재개발을 위해 건축가나 디자이너와 팀을 이루어 협력하며 작업하였고, 작가로서의 주관적인 표현에 대한 욕구는 최대한 자제하게 되었다. 그리고 이러한 도시의 디자인을 위한 시설물들은 도시의 중심이 되는 장소의 역할을 강화시키거나, 랜드 마크로 기능하기도 하면서, 공공 디자인적 면모를 강하게 띤다. 그러나 이런 실용주의적 협업과정 역시 공공 미술이 상업적인 목적에 이용된다는 부정적인 측면을 동반하게 되었다.

그러한 과정 속에서 또 다시 공공 미술의 공공성이 문제로 부각되어, '공익 속의 예술'을 표방하는 사회운동이 일어났고, 이것이 제4단계의 공공 미술이자 '공동체 미술'을 탄생시켰다. '공익 속의 예술', '공동체에 기반을 둔 예술'등의 의미를 포함하는 '새로운 장르의 공공 미술New Genre Public Art'인 것이다. 이러한 운동적 성격의 경향은 사회적 공공 미술의 뿌리에 해당한다. 1990년대 이후에 나타난 현상으로 물리적 공간이 아닌 사회적 공공 영역에서, 공간의 정치학 속에서 공공성이 비롯된다고 보고 있다. 따라서 이러한 정치적 공간에서의 공공 영역은 서로 다른 권리들이 충돌하고 갈등하는 장이다. 그렇지만 이렇게 갈등만이 고스란히 남겨져 있는 것만은 아니고 이질적인 것들의 충돌로 인해 새로운 관계가 형성이 되고, 의미 있게 만들어져가는 공간으로 발전해 나간다. 이러한 공간에서 새로운 경향의 예술은 '미의 추구'라는 기본적인 문제를 넘어서 복잡한 문제까지 선동하고 나선다. 또한 일상 깊숙이 파고들어 더러움과 추함을 논하기도 하고 아름다움을 키워나가기도 한다. '공익 속의 미술'에서의 공간은 작품이 있는 장소가 곧 작품의 의미와 형식의 주요 속성이 된다는 점에서 중요한 역할을 한다. 이것은 그동안 우선되었던 작품보다 공간과 더불어 그것과 연관되어 있는 사회적, 정치적 관계의 맥락을 더 중요시 여기고 있음을 의미한다. 이러한 의미에서 새로운 미술의 중요 논점은 문제를 드러내는데 있다. 또한 여기서 그치지 않고 문제제기와 더불어 적극적인 처방과 논의를 이끌어내는데 주목한다.

'뉴 장르 공공 미술'의 가장 큰 특징은 그 작업 방식에 있어서, 과정을 중요시 하는 공동체 구성원들의 참여와 수용을 통해 특정 공간을 단순히 물리적인 장소로 보는 것을 넘어서 그곳에 사는 사람들의 삶의 맥락으로 이해하고, 그렇게 함으로써 미술의 상품화에 저항하고 이데올로기에 사로잡힌 세계를 비판한다는 것이다. 사실 그동안의 모더니즘 예술들은 거대담론을 논하면서 일반 대중의 실제 생활과는 점차 유리되어갔던 것이 사실이며, 그동안 이 문제에 자각적으로 대응해 왔던 설치미술이나 환경미술 등 일반 대중과 소통하고자 했던 일부 미술작가들의 많은 노력에도 불구하고, 그 간극은 좀처럼 좁혀지지 않았다. 바로 그런 점에서 공동체 미술은 예술가와 사용자가 서로 역할을 분담하고 협력하면서 현장적인 담론과 화법을 조탁해 낼 때, 순수미학의 거대담론이 만드는 허술한 유토피아나 냉소와 허무의 디스토피아 모두를 걷어낼 수 있다고 보며, 이런 맥락에서 본다면, "지역공동체의 고유한 문제와 화법으로 독자적인 이야기를 만들어 세계에 들려주는 (…

중략…) 공동체 미술은, 순수미술이 글로벌인데 반하여, 글로컬이라고 볼 수 있는 것이다."(박삼철, 2006 : 236) 공공 미술은 장소에서 시작하여 공공적 문제까지를 다루며 권력과 예술이 원하는 것에서 공동체가 원하는 것으로 시선을 돌리고 있다. 따라서 이러한 경향을 새로운 예술 사조로 보지 않는다. 미학의 개념보다는 일상적 존재로 취급되고 있기 때문이다.[5]

실례로 시카고에서는 비영리 기관인 '스컵처 시카고Scluptuer Chicago' 의 지원을 받아 '행동하는 문화Culture in Action'라는 프로젝트를 일반인에게 선보인 경우가 있다. 제이콥Mary Jane Jacob은 이 프로젝트에 참여해 참여 작가들에게 "우리 존재의 상황을 탐구하고 주어진 장소와 구성원들에게로 시선을 돌려 이들을 적극적으로 대화에 끌어들이고 변화의 촉매로서의 예술이라는 20세기 초기의 이상을 되살리도록 노력할 것"을 요구했다. 또한 단발성이 아닌 작가 주도의 교육 프로그램이나, 공적 개입의 표현으로서의 작가의 행위 등을 프로젝트에 넣어 실험하고자 했다. 이들은 예술과 삶을 연결하고, 공동체와의 공동 작업을 통해 예술과 삶의 관계회복에 중점을 두었다. 각 프로젝트가 목표로 삼았던 공동체의 유형은 '기존의 공동체', '프로젝트를 위해 형성된 공동체', '일반적인 사회적 범주의 공동체'로 나누어 볼 수 있다.

이 가운데 주로 저소득층의 주택문제를 다루어 왔던 케이트 에릭슨 Kate Ericson과 멜지글러Mel Ziegler는 '특정 공동주택 거주자'라는 기존의

---

5   2장의 공공 미술의 변화과정과 4장의 인천의 '반지하' 활동의 일부는 손은하 · 신나경, 「공공 미술의 전개와 로컬공간의 재생」, 『기초조형학연구』 11권 4호, 2010의 논문을 참조하여 재구성하였다.

공동체를 자신들의 대상으로 선택했다. 이들은 주민대표들과 함께 집과 가정의 의미에 대해 탐구하였고, 공동주택 거주자들의 삶을 반영한 페인트 색상표를 제작하는 프로젝트를 진행했다. 또 노동자의 권리에 관심을 가지고 있었던 시몬 그리낸Simon Grennan과 크리스토퍼 스페란디오Cristopher Sperandio는 '국제제과 제빵 담배 노동조합 미국 552지부'라는 기존의 공동체와의 작업을 하였다. 이들은 노동자 12명과 함께 노동에 경의를 표하는 의미에서 막대사탕을 만들어 식료품점에 판매하였다. 막대사탕의 생산과 더불어 포장지를 디자인하고 시내의 광고판에서 자신들의 상품을 광고하는 일에 이르는 모든 과정을 함께 진행하였다. 마지막으로 '프로젝트를 위해 공동체를 형성한 경우'는 열대지방의 생태계와 도시 환경에 관한 생태 보존학에 관심을 가지고 실험적인 생태학 현장본부를 운영한 것이다. 환자들을 위한 대체 식량으로 채소를 공급하는 실내수경정원을 운영하거나, 지역의 청소년들과 함께 지역공동체 구성원들을 인터뷰하고 이를 비디오로 제작하여 자신들이 살고 있던 거리에 설치작업을 하였다. 마지막으로 수잔 레이시는 여성을 사회적 공동체로 선택하고 시카고 여성연합과 함께 여성이 쌓아 온 과거의 업적과 현재의 참여, 미래를 구상하는 그들의 능력을 기리는 삼부작 프로젝트를 제안하여 진행하였다. 이러한 '행동하는 문화'는 이전의 공공 미술과의 차별을 공동체와의 협업과 교육을 동반하는 방법을 통해 실천하려고 했다. 그렇지만 이에 대해서 단발적인 이벤트로만 끝나버릴 수 있음에 대해 경계하는 시각들도 나타났다(김윤경, 2004 : 234~239).

'뉴 장르 공공 미술'이 사람들의 공동체에 기반을 두면서, 기존의 공공 미술과는 달리 프로젝트 위주로 진행되며, 사회적 쟁점과 정치적 행동주의를 전면화하는데 목적이 있다는 점, 또한 작업 구상 단계부터 지역공동체의 참여를 필수적으로 한다는 점에서, 실제 그것이 발생한 공간이나 사회에 따라 매우 다양한 양상을 띠고 있다. 이러한 공공 미술의 새로운 바람은 우리나라의 공공 미술계에 지대한 영향을 미쳤다. 미적인 가치실현에 주목을 하기 보다는 공간과 공동체에 관심을 가지는 시각으로 바뀐 점이다. 비록 '뉴 장르 공공 미술'이 공공 미술의 변화로 이어진 새로운 경향이기는 하나, 본고에서는 공동체 미술과 비슷한 경향성을 보이지만 본질적으로 차이를 가지고 있는 커뮤니티 아트의 활동에 주목하고자 한다.

3. 커뮤니티 아트와 커뮤니티 공간

'커뮤니티 아트'라는 용어는 시장의 상품으로 존재하는 예술과 달리 사회와 생존에 복무하는 현실주의 예술이다. 커뮤니티 아트는 공동체의 감성과 사상 그리고 역사와 미래를 예술로 표현하고 공동체 구성원들에게 위안과 희망을 주는 것을 목표로 한다. 따라서 커뮤니티 아트라고 칭하는 일련의 활동은 굳이 미술활동에만 국한되는 것이 아니다. 이는 함께 커뮤니티를 형성하고 연대와 교감을 나눌 수 있는 하나의 도구로 사용하는 것이다. 따라서 커뮤니티 공간에서, 그 공간에 속해 있는 공동체와 교류와 연대를 나누는 일련의 행위들이 모두 '커뮤니티 아트'가 되는 것이다. 유럽미술의 경우 어느 틈엔가 퍼블릭 아트Public Art란 말을 쓰지 않는다고 한다. 아방가르드avant-garde한 예술의 발전으로 인해 성격이 거의 다 '사회 참여적 예술Socially Engage Art'로 넘어가버렸다. 그런데 한국 경우는 미술 장식품이란 제도가 먼저 엘리트들에 의해 수입되고 기반 없이 진행된 것처럼, 공공 미술도 개념이 먼저 수입되면서 전유하고자 하는 곳마다의 특성이 가미돼 왜곡되고 있는 점들이 많다. 긍정적으로 사회활동을 하는 작가들의 실제 작업에 대해 부정적으로 작품을 비판하기 보다는 제도 쪽에서 공공 미술을 전유하려는 것에 대한 비판이 필요한 시점이다(전용석, 미술인회의 공공 미술분과 위원장 발언). 이에 다양한 개념으로 파생되어 나간 가운데서도 사회 실천적 성격과 지역과의 연대에 초점을 맞추고 활동하는 커뮤니티 아트가 더욱 주목되는 것이다.

그렇다면 '커뮤니티 공간'이란 무엇을 말하는가? 이것이 커뮤니티 아트를 실행하기 위한 공간으로 해석이 가능하다면, 이는 공적인 공공 공간에서의 논의를 피할 수 없을 것 같다. 공공 공간은 영문으로 'Public Space'를 사용한다. 사전적인 의미로는 '일반인의', '대중을 위해'라는 뜻으로 여기에는 '관官, Government Service'의 개입이 필수이다. 소유면에서는 공公적이고, 사용면에서는 공共적인 성격을 지닌다. 공공 공간Public Space은 일종의 사회적 공간으로 일반적 대중들이 자유롭게 접근이 가능한 도심 공간이 주를 이룬다고 할 수 있다(손은하, 2012 : 63). 특별히 친밀한 공동체성을 이루고 있는 집단에서의 공공 공간과 그러한 정서적 유대관계가 전혀 없는 공공 공간에서의 공공 예술의 접근 방법은 차이가 나타난다. 후자의 공간은 주로 관람이나 랜덤한 이용시설로서의 설계가 주류를 이룬다면, 커뮤니티 공간에서의 공간 설계는 그곳의 '커뮤니티'에 주목해야한다. 그곳의 주민들, 혹은 공유하는 공간으로서의 역할, 함께 향유하는 공간을 지향해야 한다.

또한 공적 공간과 사적 공간이 서로의 경계를 넘나들며, 관계를 맺으며 다양하게 이루어지는 소통에 주목해야 한다. 이는 바로 공공 미술에서도 공공연히 오류를 범하고 있는 영역 구분의 무의미함을 말해준다. 공공 영역은 사적인 영역과 분리되어 있지만 서로의 영향을 주고받으며 결합과 분리를 오고 가는 긴밀한 관계인 것이다. "공공 영역은 사회체제가 만드는 억압적이고 치명적인 호령을 문제 삼는 '정치적 장'이자 사람과 사람이 어우러지는 '사회적 장'이며 그런 행위를 통해 아름다움의 참의미를 회복하는 '문화의 장'이라고 한다(박삼철, 2006 : 91~92)." '소통'과 '교감'을 중심으로 어떻게 사람들의 삶에 참여하고 개입하여 가치를 발견하고 유익을 줄 수 있느냐에 집중함으로써 커뮤니티 공간의 역할과 커뮤니티 아트로서의 기능이 나타나는 것이다.

그렇다면 공공 미술의 형태로 나타난 현장들을 살펴보고 커뮤니티 아트로의 방향성을 나타내는 사례를 구체적으로 살펴보자. 우리나라에서는 뉴장르 공공 미술에서 나타난 퍼포먼스 형태나, 사회 운동으로서의 경향은 비교적 적게 나타나는 편이다. 또한 공공 미술 단체의 경우 자생적으로 발생한 경우도 있고, 관의 공모전에 의해서 일시적으로 만들어진 경우도 있다. 특히 초기에는 공모전에 당선을 위해 급하게 만들어진 단체가 많아 전문가들의 작업으로 인해 질 높은 작품들이 많이 선보였지만, 지속적인 관리의 어려움으로 인해 훼손되고 복구가 어려운 경우가 빈번하게 발생했다. 그리고 주민들과의 협업과 연대에 집중하기 보다는 마을의 환경정비와 정화에 신경을 더 많이 쓴 것도 사실이다. 이 후 몇 차례의 시행을 겪으면서 마을의 주민들과 전문가와 관의 협업관계가 중요하다는 점이 부각되면서 점진적으로 변화와 발전을 거듭해왔다. 사회적 관심과 더불어 붐이 일어난 시기는 지난 2006년 공공 미술추진위원회의 활동부터이다. 이를 계기로 본격적으로 관차원에서 공공 미술 프로젝트들이 생겨나기 시작했다. 서울시를 비롯한 각 지자체와 각종 재단도 앞 다퉈 공공 미술 작업에 끼어들었다. 전국 규모차원의 프로젝트로는 문화관광체육부의 주최로 열린 2006년, 2007년의 '아트인 시티', 2009년부터 이어져 오는 '마을미술 프로젝트'가 대표적이다.[6] 초반에는 공공의 공간을 예술 작품으로 전시하고자 하는 의미를 가지고 벽화, 스트리트 퍼니쳐, 퍼포먼스, 환경 조형물 등 다양한 미술의 형태로 시도를 하였고, 이는 미술계의 활동을 넓히는데 지대한 영향을 끼쳤다. 그렇지만 이러한 활동은 공공의 공간을 향유하고 사용하는 지역민들과 지역에 대한 이해가 빠져있었고 이것은 지역 주민과의 갈등을 야기했다.

이 사업은 물론 중간에 주관이 바뀌기도 했지만 비교적 꾸준하게 이어져 오며 전국의 곳곳에 손길을 미친 프로젝트이다. 한 지역에 집중되지 않고 고루 배정이 되도록 배려를 했고, 2012년에는 수원과 횡성을 비롯한 11곳에 각 테마별로 사업을 진행하였다. 2006년에 처음으로 실시된 공공 미술 프로젝트인 '아트인 시티'는 현대도시가 경제적, 문화적인 양극화 현상으로 인해 소외계층과 소외 지역이 발생하고, 그것이 점점 심화되어 사회적 문제로 대두되자, 이에 대한 하나의 대안으로 문화체육관광부에서 실시했던 프로젝트의 일환이다. 말하자면 소외지역 생

---

6 http://www.maeulmisul.org/ 참조.

활환경 개선을 위한 공공 미술의 시범적 케이스였던 것이다. 문화체육관광부는 2006년에 문화적 소통과 나눔을 실천하는 하나의 문화 복지 사업의 하나로 공공 미술프로젝트 '아트인 시티 — 소외지역 생활환경 개선을 위한 공공 미술 —'를 시범적으로 실시하게 된다. 전문예술가들이 투입되어 만든 벽화를 통해 소외된 지역을 알리기에는 좋은 시각적 효과를 거두었다고 볼 수 있다. 그렇지만 사업이 끝난 이후에는 예산부족과 관리의 어려움으로 인해 방치되는 경우가 발생하기 시작했다. 부산에서도 산복도로를 비롯해 재개발지역의 벽화나 조형물의 설치를 통해 가시적인 행적들이 소개되었으나, 이와 비슷한 행태로 전락되고 말았다. 그러나 응모자들의 적극적 참여와 아이디어 그리고 주최 측의 고민의 흔적으로 해를 거듭 할수록 다양한 주제로 접근하여 지역 주민들과 응모자들의 협업에 도움을 주려는 노력들이 보이고 있다.

2009년에는 '마을미술프로젝트'라는 주제 하에 세 가지 테마(우리 동네 미술 공간 만들기, 길섶 미술로 꾸미기, 공공 미술의 꽃 피우기)로 작업을 하였고 2010년에도 동일한 주제 하에 두 가지 테마(해피人 미술 마을, 우리 동네 문화소동)로 다양한 시도를 하며 진화하는 과정 중에 있다. 이 사업은 장소를 먼저 공모한 이후에 각 지역별로 프로젝트를 공모하고, 이후에 사업을 실행한 후 마지막으로 주민 만족도 조사를 실시하는 단계를 거쳤다. 2006년 첫 시도 때에는 공공 미술을 시도할 장소를 먼저 공모한 후, 이곳을 물색하여 작업을 할 단체들을 서로 매칭 시켜 수행하는 방식을 취하였다. 이것은 많은 병폐를 발생 시켰는데 그 지역과 장소에 대한 이해나 경험 없이 외부에서 일방적으로 침입하여 현장을 작업 대상으로 보고, 자기들만의 예술작업이 끝난 이후 또 다른 지역을 찾아 떠도는 작업자들의 형성을 발생시키는 결과를 낳았다. 2007년에는 작년과 달리 장소를 공모한 주체가 프로젝트를 수행한 케이스로, 그 장소에 대한 정보를 수집하고 디렉터의 밑그림이 이미 그려진 곳에서 작업이 이뤄졌기 때문에 더욱 좋은 성과를 거둘 수 있었다고 볼 수 있겠다.

사업 내용은 주로 벽화와 그래픽 등의 평면 작업과 조각이나 상징조형물과 같은 입체작업, 놀이터와 벤치와 같은 시설 작업, 공간설치 작업 그리고 주민 참여 프로그램과 같은 커뮤니티 아트를 실시하는 것으로 구성되었다. 그러므로 관에서 주도하는 프로젝트 또한 시대에 흐름과 요구에 맞는 방안으로 공모 안이 수정되고 있음을 알 수 있다. 그러나 이것은 여러 가지 장점도 많았던 반면에 많은 문제점도 도출하여, 국내의 공공 미술 프로젝트에 대한 논의를 활발하게 하는 계기가 되고 있다.

지적되고 있는 점을 살펴보면, 먼저 가장 근본적인 문제로 지역성과 장소성이 고려되지 않은 일률적인 작품형태에 대한 비판이다. 컨셉만 조금씩 다를 뿐, 틀에서 찍어 나온다는 혹평을 들어야 했다. 그리고 1년이라는 시간에 관한 부분이다. 지역주민들 간의 소통과 더불어 지역의 역사와 장소를 알고 뭔가를 만들어가기에는 너무나 부족한 시간이다. 따라서 결과물들도 천편일률적인 것들이 양산될 수밖에 없는 것이다. 이것은 이미 커뮤니티 아트로서의 접근이 어려운 시스템이다. 그리고 프로젝트를 실시하고 있는 작가들의 정주성도 문제점으로 부각이 되고 있다. 지역주민과의 유대감이 없는 상황에서 프로젝트를 위한 투입이 되었을 경우, 많은 갈등관계를 야기 시킬 수 있다. 서로의 친밀감과 신뢰감이 형성될 때, 그곳에 필요한 부분과 나눌 수 있는 부분이 발생할 수 있는 것이다. 이러한 불편한 시선들이 주목하고 있는 가운데 최근까지도 커뮤니티에 몸담고 주민들과의 연대를 통해 활동을 이어가고 있는 좋은 사례로 인천의 '반지하'를 소개하고자 한다.

4. 인천 '퍼포먼스 반지하'의 활동

'퍼포먼스 반지하'라는 단체는 커뮤니티 아트를 몸소 실행하고 있는 단체다. 처음 이 단체가 생기게 된 기원은 한국사회가 가지고 있는 문제점에 대한 비판적 시선에서 기인한다. 여러 가지 사회적 발언을 할 수 있는 시도를 해보자는 뜻있는 사람들의 모임에서 시작하여 지금은 인천의 창영동에 자리를 잡고 다양한 프로그램과 주민 참여형 공동체 작업들을 수행하고 있다. 이 단체의 활동은 지역주민과 아동을 대상으로 하는 문화학교 교육 활동, 공동체 미술 실행을 위한 놀이방과 공부방의 운영, 지역 공동체 미술 작업 등 다양하다. 이 단체는 우리나라 공공 미술에 대한 개선에 대한 목소리를 내기 위한 방편으로 2002년경에 '공공 미술협의회'에 가입했다. 이 당시에는 건축물 미술 장식법으로 인해 발생되는 여러 가지 병폐들 즉 중개인의 과도한 수수료 착복, 건축물과 설치물의 부조화, 법률의 축소화, 하청작업자들에 대한 부당한 대우 등의 문제를 비판하며 이를 건축물에 대한 개념에서 거리와 도시의 영역으로 확대 인식해야 한다는 주장이 주요 화두였다(퍼포먼스 반지하, 2007 : 9).

전술했듯이 아트인시티의 초기 장소공모자와 작업 수행자가 다름으로 인해 소위 '치고 빠지는' 그들만의 예술적 행위만이 존재하게 되었다. 마을의 맥락과 지역민들의 삶과 일상이 빠져있는 공공 미술은

우각리의 옛모습을 담은 벽화   이곳의 역사를 들려주고 있는 모습의 벽화

이미 그 의미가 퇴색되어 있다. 이러한 문제를 직시하며 반지하는 정주하는 작업의 필요성을 절감하며 직접 수행하게 된다. 2001년부터는 인천 지역의 주택을 사진으로 기록하는 작업을 실시하고 있었고, 송림동에는 '송림동 그림수필'이라는 프로그램 운영과 다른 단체와의 연대를 통해 인천 지역에 대한 다양한 커뮤니티 활동을 수행하는 가운데 2007년 아트인시티 공모에 당선되면서 인천시 동구 창영동에 우각로 마을에 둥지를 틀게 된다. 이들의 활동은 기존의 벽화가 주로 생산되는 공공 미술 사업의 강박관념을 벗어난 점이 주목할 만하다.

먼저 우각로 마을에 대한 역사에 대한 연구를 실시하였고, 현재 이를 연계해서 마을 주민들과의 소통을 시도 하였다. 우각리 마을은 제물포항과 서울을 연결한 최초의 도로와 경인 철도가 만들어진 곳이다. 이곳 동구는 항구 하역작업과 도로-철도건설과 공장 등에서 일을 하는 도시 노동자들로 소득수준이 높지 않은 서민들이 모여든 공간이며 동구가 시작되는 곳이다. 그렇지만 현재는 개발의 논리에 의한 이주로 인구는 현저히 감소하였고, 마을 주민들의 대부분이 노인들로 구성되

꽃밭과 텃밭조성   실제로 텃밭을 가꾸는 모습

어 있다. 젊은 층으로는 맞벌이 부부와 청소년층이 있기는 하나 서로
에 대한 소통은 이뤄지지 않고 있는 상황이었다.

그렇지만 이 단체는 친환경적인 주거환경과 창의적이고 다원적인
예술문화 활동을 통해 도시마을의 회복이 가능한 곳으로 재생하고자
하였다. 이를 위해 장소를 다각적으로 접근하여 분석하고 다양한 방법
을 통해 커뮤니티 활동을 지향하고자 했다. 낙후되고 사라져가는 마을
이미지에서 역사 문화 마을 이미지로 탈바꿈하고자 하였고, 또한 이
과정을 통해 이곳의 로컬리티를 새롭게 발견하고 지역마을 공동체를
회복하고자 하였다.

이곳 단체가 다른 공공 미술프로젝트 단체와의 차이점이 바로 로컬
적 시선에서 바라보려고 한 점과 이 지역의 로컬리티를 찾고자 하는 점
이라고 할 수 있다. '기억과 새로움의 풍경'이라는 프로젝트는 이러한
컨셉을 가지고 이곳이 가지는 역사성과 장소성을 지역민에게 알림으로
써 이 장소에 대한 애착과 자부심을 심어주고자 하였다. 이 프로젝트는
'역사와 문화', '공간 조형', '시각정보디자인', '다큐멘터리'의 네 가지 테

마로 구성되었다. '역사와 문화'는 지역의 주요 역사적 사건(창영초교의 100주년기념, 길과 철도와 교육의 역사가 시작된 곳의 벽화작업)과 장소적인 의미를 담아 지역민의 생활사를 연결 하고자 했다. '공간 조형'은 주차장, 놀이터, 골목, 꽃밭구성 그리고 그곳 주민들의 일터(오래된 가게) 가운데 하나를 복원하는 작업 등으로 구성했다. '시각정보디자인'테마는 지역민과 방문객들이 이곳에 대한 지역 문화재와 공공 시설물에 대한 안내를 위한 것으로 구성했다. 꽃밭과 함께 텃밭을 집 앞에 조성을 해놔 어르신들의 여가와 더불어 만족감을 주고 있다(손은하, 2010 : 142).

마지막으로 '다큐멘터리'는 지역민들의 과거의 기억과 현재의 생활을 기록하여 앞으로의 이곳에 대한 기대까지 점쳐볼 수 있도록 제작되었다. 구체적으로는 우각리의 지난 사진을 발굴하고, 주택과 가족이 함께 기념사진 촬영을 하고, 지역의 수공예 장인이나 농업을 하고 있는 노인들의 생애와 앞으로의 생활 계획을 영상으로 기록하는 작업을 수행한 것이다. 이 작업은 반지하의 작가들과 거리의 미술팀, 인하대 시각정보디자인과 4학년, 개인 참여 작가 등 총 27명이 참여하였고, 주민 참여를 유도하기 위해 주민추진회의, 지역 자문회의, 자원 활동가 등으로 나누어 연대를 통한 공동체적 진행과정을 수립하였다. 또한 지역민들의 작업 참여를 통해 공동 작품을 생산하기 위해 창영초등학교 학생들과의 연대를 통한 벽화작업을 실시하였다. 여러 업체의 벽이나 상점의 보수와 같은 경우는 그 곳에 있는 업체들이 가지고 있는 재료를 제공 받아 협업하는 과정을 거쳤다. 공영 주차장은 자원 활동단의 참여로, 고 서점가의 안내판 구성은 서점 대표들과의 논의를 통해 의견을 수렴하고, 주택의 색채 계획과 작업은 지역주민추진의원을 참가

| 마을 찻집 | 대안교육이 실시되는 공간 |

시켜 함께 진행을 하였다. 이것은 커뮤니티 아트를 가치 있게 만드는 것이 작품의 예술적 측면이나 질 보다는 창조되어지는 과정에 더욱 중요한 의미를 가지는 것과 일맥상통하는 것이다. 이러한 의미에서 커뮤니티 아트는 예술적 관점에서는 예술로 받아들여지지 않는다. 아트에 대한 것 보다는 커뮤니티에 대한 중요성을 더 강조함에 의해서 나타나는 현상이라고 볼 수 있다. 이 때문에 참여자 중심의 커뮤니티 아트는 미술의 사회적 공유를 지향하고 닫힌 공간에서 벗어나 일상의 공간으로 열려 점점 더 그 폭을 넓혀가고 있다(박진희, 2002 : 8).

또한 이곳은 자체적인 수입원을 얻기 위해 마을 찻집을 운영하고 있었다. 자유롭게 드나들어 마을의 정보를 공유하기도 하고, 쉬어가기도 할 수 있는 공간이다. 각종 차와 커피가 준비되어 있고, 가격은 내고 싶은 만큼 낼 수 있도록 만들어 놨다. 마을 까페이긴 하지만 낯선 이들에게도 개방되어 있어, 많은 사람들이 들릴 수 있도록 오픈 공간으로 마련되었다. 그 옆으로는 대안교육 프로그램을 실행할 수 있는 공간과, 마을 주민들이 함께 뜨개질을 할 수 있도록 공방이 만들어져 있다. 이 공간들은 주민들 간의 관계를 더욱 밀착시키고 연대할 수 있는 기능을 하고 있었다. 또한 여기서 나오는 일정액들은 일련의 프로그램을 진행할 수 있는 최소한의 예산을 편성할 수 있었다.

　여기까지는 주로 2007년 공공 미술 프로젝트에 맞춰서 시각적으로 드러나는 일련의 미적 활동에 대해 기술을 하였지만, 이곳은 오래전부터 커뮤니티 활동을 다양하게 펼쳐오고 있는 곳이다. 그렇다면 구체적인 우각리 마을의 커뮤니티 활동을 살펴보도록 하자. 이곳에서는 이미 그 간의 활동을 정리한 출판물(『소나무 숲』 1·2, 2003·2004)들이 있고, 지역사회 대안교육 프로그램으로 변화되어 출판한 '언덕을 오르는 바닷길'이 있다. 프로그램은 '스토리텔링 글쓰기', '가족과 정서', '우리들이 살아가는 사회', '시각문화교육―지역사회 속에서의 이미지텔링', '영상―학교를 벗어나 내가 담은 세상이야기', '음악―바람이 사는 곳', '연극―책방이 있는 풍경', '여름 캠프―꿈꾸는 마을'로 구성되어 있고, 이 모든 활동이 막바지에 이르면 사람들과 함께 나누기 위한 축제를 여는 형식으로 진행된다. 이러한 일련의 활동들은 이곳에서 터를 잡은 후, 마을주민과 공동체적 연대가 없었으면 불가능한 일이었다. 이들은 프로그램을 위하여 교사단을 꾸리고 일주일에 3일씩 모여서 프로그램에 대한 준비 작업을 진행하였다. 출판물을 보면 그들의 노고가 고스란히 담겨있음을 발견할 수 있다. 시작단계의 설렘에서부터 그간의 다양한 고민과 활동내용을 소상하게 기술하고 있다. 정규교육에서 볼 수 없는 다양한 사고를 요구하는 학습방식과 더불어 서로의 상호 존중과 공동체성을 지향하고 있음을 밝히고 있다.

　첫 번째로 소개할 수업은, 함께 사유하고 살아가는 이야기들을 쓰고 말하고 읽는 '스토리텔링'이란 프로그램이다. 참가자들은 처음에는 수업방식이 낯설어 적응하기가 쉽지는 않았다고 한다. 그러나 서로의 생각과 말하기에 집중을 하면서 평소에 사용하는 말에 대해 되새기는 시간, 듣는 연습을 시행함으로 발전을 더해나갔다. 함께 나눈 내용이나 각자가 쓰고 싶은 내용을 웹사이트에 올려 서로 나누는 사이버 공간도 마련하였다. 또한 학교 수업에도 큰 지장을 주기 않기 위해 시험이 있는 기간에는 단축수업이나 대체 수업을 진행하기도 했다고 한다. 이 스토리텔링의 교육은 이곳에서 살아가는 동안 생각하고 느낀 것들을 솔직하고 가감 없이 기록을 하고자 하는데 첫 번째 목적을 가지고, 시간 연상법, 기분 그림 그리기 등 다양한 방법을 통한 생각을 이끌어내는 연습을 시행하였다. 글의 형식에 맞춰서 생각하며 써왔던 기존의 방법을 버리는 연습부터 시작하여, 평가의 문제로부터 자유하여 대안적 언어 사용을 실천하는데 주력하고자 했다. 이는 지금까지 우리 사회에서 언어 소통의 문제를 새로운 시각으로 접근하여 서로에게 대화하고 소통하는 방법을 모색하는 첫걸음이기도 하다.

두 번째로 소개할 내용은 공동체의 연대를 위한 또 하나의 방편으로, 가족과 가족의 관계를 먼저 이해하고 타인과의 관계와 공동체적 삶을 이해하기 위한 수업인 '가족과 정서'라는 프로그램이다. 사회를 살아가고 있던 존재와 새롭게 사회는 만나가는 존재들의 관계를 살펴보기 위해서는 가족과 사회구조 공동체들을 모색해 볼 필요가 있다. 이러한 수업을 진행하기 위해서 먼저 실시한 것이 나의 역사를 말하는 것이다. 나의 지난 시간 속 생각나는 이야기나 사건, 사람들에 대해 그림을 그리거나 글을 쓰는 방식으로 빙고판을 만들어 수업이 진행된다.

다양한 시간 속에서 다양한 이야기 거리가 나온다. 비슷한 나이대에 비슷한 경험들을 나누며, 생각지도 못한 사건들과 기억 속 이야기들이 또렷하게 묘사되어 서로의 공감대를 형성하는 경험들을 바탕으로 내용을 꾸려간다. 자신의 이야기 소개가 끝날 무렵에는 각기 다른 존재들이 살아가고 구성되는 사회와 역사에 대한 인지와, 서로가 만나기까지에 대한 시간과 공간에 대한 이야기를 진행한다. 마지막에는 이해하고 싶은 사람, 소개하고 싶은 사람을 정한 후, 그에 대해서 이야기를 하는 시간을 가진다. 또한 서로의 가족사진을 가지고 가족에 대한 이미지텔링을 하는 순서도 진행한다. 다양한 이미지를 가지고 이야기를 만들어 보고, 가족의 구성도를 표현하는 시간을 가진다. 서로의 가족을 이해해 보기도 하고, 함께하는 가족과 더불어 함께하는 사회에 대한 모형도 상상해 보는 시간을 가짐으로써 공동체로서의 삶을 그려보는 시간인 것이다.

마지막으로 소개할 내용은 '지역사회 속에서의 이미지텔링'으로 커뮤니티 형성과 관계에 직간접적으로 도움이 될 수 있는 다양한 관점에서의 시도를 이행한 프로그램이다. 자신의 시선에서만 바라보지 않고 타인의 시선에서도 바라볼 수 있고, 자신의 경험에만 의지하지 않도록 타인과의 이야기의 장을 통해 관계 맺는 연습을 한다. 먼저 실제 현장에서의 소통보다는 너무나 다양한 매체환경에 노출되고 익숙해져 있어 지역사회에 현안에 대해 관심도도 저하되고 이웃과의 소통에도 어려움을 겪고 있음을 직시한다. 이는 이웃과 지역사회, 함께 살아가는 환경을 조성하고, 버려지고 퇴색된 마을의 역사, 의미를 되찾아가는 이야기를 담아보고자 하는데 의의를 두고 있다. 특히 이곳은 개발로 인해 철거된 건물과 어쩔 수 없이 떠나게 된 이웃들이 많은 아픔을 안고 있는 곳이다. 실제로 마을을 돌아다니며 현장을 촬영하고 그 사진을 두고 촬영하게 된 이유나 감상을 서로 나누는 시간을 갖는다. 또한 프린트된 사진위에 낙서처럼 하고 싶은 말을 써넣거나, 그림들을 그려 넣으면서 말하고자 하는 바를 또렷하게 개념화 시켜보는 과정도 있다. 또한 사진들을 조각내어 퍼즐을 만듦으로 인해서 그곳의 풍경들을 되새겨 보거나, 사진이 인쇄된 메모지를 선택해서 떠오르는 지역의 이야기를 나누는 시간, 자신이 살고 있거나 마을의 구성을 위해 필요한 건물을 만들어 보는 지역 밀착형 수업들이 진행된다.

결핍이 없는 요즘의 생활환경에서 주변에 버려진 것들을 되돌아보는 슬라이드를 만드는 작업은 환경문제에 대한 자각 뿐 아니라, 물적 가치에 대한 지나친 지향을 배제하고 낙후되고 버려진 환경에 대한 재탐구를 수행하게 된다. 이것을 통해 그곳의 역사성과 의미를 찾아보는 숨은 뜻을 새기며 작업을 진행해 나간다. 더 나아가서는 사진 뿐 아니라 직접 촬영한 영상물을 만들어 지역사회를 새롭게 인식하는 틀을 만들어보는 기회도 가지고, 전시회를 통한 마을 주민과의 공감대 형성도 도모하고 있다. 지금까지 소개한 반지하의 커뮤니티 활동은 수없이 지적되었던 단발성 이벤트와 같은 것과 많은 차이가 있음을 알 수 있다. 먼저 지역 공동체에 몸을 담고 유대관계를 형성하기 위해 많은 시간과 노력을 투자했다. 요즘 도시에서 이웃과의 관계는 예전의 분위기와는 사뭇 다르다. 동네 사람들끼리도 함께 어울리기가 쉽지 않은 마당에 외부에서 들어온 사람들의 일련의 활동에 쉽게 마음을 열기가 어려웠을 것이다. 이들 단체는 이곳에 살면서 먼저 일상을 공유하며 사는 것으로 시작했다. 뭔가 특별한 슬로건을 내걸지도, 목표를 가지지도 않았다. 자연스럽게 주민들과 함께 하면서 그곳에 필요한 부분을 해결해 나가려는 노력을 기울였다. 이들과의 연대는 오랜 시간 함께 함으로 얻은 신뢰가 가장 크게 작용했다고 볼 수 있다.

이러한 활동은 장기적으로, "흔적기관처럼 모호하게 남아있는 공동사회에 그 본래의 가치를 일깨워주는데 있다. 이를 통해 이 작은 마을에서는 도시의 익명성과 파편성을 통합과 소통으로 전환시키려 한다. 현재 지자체에서 이루어지는 관주도의 개발 사업들이 소수로 집중되는 사유화를 가속시키는데 있기 때문에, 자발적으로 생성된 풀뿌리 문화운동은 한 번도 제대로 있어본 적이 없는 공공성의 개념을 일깨우는데 집중된다. 공공성은 공동체와 참여라는 가치에 의해 실현된다. 그러나 이 모두는 실제로는 불확실한 것이며, 오직 실천에 의해서만 조금씩 쟁취되는 가치라고 할 수 있다. 이러한 실천은 예술가나 지식인의 머릿속에나 있는 이상주의가 아니라, 오랜 세월동안 누적되어 형성되어온 삶의 굴곡 면들을 섬세하게 따라감으로서 성취될 수 있다(이선영, 2008)."

커뮤니티 아트의 주된 역할은 커뮤니티 네트워크의 형성이다. 이에 따른 다양한 장점들은 지역민들의 사회적, 지역적 인식의 확대, 진정한 공공성에 대한 고민을 통해 인간의 권리 혹은 사회정의에 대한 시각이 생겨난다. 또 공동체 내에서 공공장소에서의 교류 확장으로 인해 다른 문화와 생활 방식에 대해 이해의 폭이 넓어지고, 공동체 구성원으로서 소속감의 강화로 소외감 극복에 도움이 된다. 마지막으로는 해당 지역의 이미지를 만들어가는 작업으로 지역의 정체성이 자연스럽게 형성된다는 점이다(김경욱, 2006 : 4). 그러나 지적하듯이 공동체성이 작은 규모의 집단으로 한정될수록 폐쇄성이 높아진다. 소외된 이웃 속에서의 소외감을 새롭게 만들 수도 있다는 점을 명심해야 한다. 어떠한 활동에 참여하지 않는 사람에게서도 커뮤니티의 소속감이 들 수 있는 공간과 배려가 필요한 것이다.

5. 로컬리티에 주목하며

지금까지 살펴본 공공 미술의 변화와 국내의 커뮤니티 아트 활성에서 살펴봤듯이 커뮤니티 아트가 활성화되고 커뮤니티에 정착을 하기 위해서는 단기적인 정책을 지양해야 할 필요가 있다. 또한 초기에 전문가와 지역 주민이 중심이 되기 위한 고심으로 시작을 했다면, 이들의 지속적인 유대관계도 필요하나, 자립성을 키워야 할 문제 앞에서 언제 전문가들이 빠져야 하는가에 대한 고민도 끊임없이 필요하다. 처음 사업을 위해 지역에 뛰어든 전문가들이 그곳에 정주할 수 없는 상황이 된다면, 그들이 없이도 커뮤니티 아트 활동을 할 수 있는 구상이 필요하다는 것이다. 최근 들어 언론과 매체의 발달로 인해 성공적으로 이끈 마을이 소개가 되고, 사람들의 관심이 커짐으로 인해 관광지로서의 기능을 하는 곳들이 많이 발생하고 있다.

부산의 감천동 마을을 예로 들자면, 주로 노약자들이 많이 거주하던 곳이었고, 빈집으로 인해 마을의 기능이 상실하고 있었다. 그러나 성냥갑같이 생긴 마을의 모습과 다채로운 색상의 집, 공공 미술의 흔적이 인터넷 블로그에 계속 올라오고, 언론의 보도와 오락 프로그램에서의 공간 노출로 인해 이제 그곳은 더 이상 예전 모습을 찾기가 어렵다. 먼저 눈에 띄게 변한 점은 평일 주말 할 것 없이 이곳을 찾아온 사람들의 행렬들이다. 이제는 관광버스들이 즐비하게 관광객들을 실어 나르는 진풍경이 연출되고 있다. 또한 실질적으로 집값이 3~4배 정도가 급격하게 올랐다고 한다. 이러한 현상을 두고 여러 가지 의견들이 많으나 긍정적인 효과에 너무 무게 중심을 두고 있지는 않는지 의문이 든다. '도시재생 최고의 모범사례'와 같은 수식어는 너무 성급하지 않을까? 그곳은 상권이 형성되어 있는 곳이 아닌 주택가라는 점을 주지해야 한다. 따라서 많은 관광객들의 방문이 실질적으로 마을 주민들에게 경제적인 혜택을 줄 수는 없다. 좀 더 크게 봐서 부산을 방문하는 숫자로까지 연결시키고 있는데, 과연 부산으로의 관광객 유입이 이들에게 어떤 의미가 있는가를 살펴볼 필요가 있는 것이다. 물론 까페와 같은 시설을 만들어 사회적 기업을 운영하기도 하지만, 이것의 이윤 창출이 어떻게 주민들에게 유익하게 선순환 될지는 두고 보아야 할 점이다. 도시 재생을 위해 시행하는 다양한 활동 가운데 반드시 잊지 말아야 할 점은 주민들이 살기 좋은 장소가 곧 지속가능한 살기 좋은 장소라는 점이다. 그들이 마을에서 행복하지 않으면 마을의 존속에도 영향을 미친다는 점을 명심해야 할 것이다.

따라서 단기간에 성공적인 사업으로 대대적인 홍보에 주력하기 보다는 매일매일 조금씩 더딘 발걸음이라도 옮겨나갈 수 있도록 도움을 주어야 할 것이다. 그리고 시행착오에 대한 거센 질타는 좋은 방향으로 가는 채찍질이 되기도 하지만, 단절을 만들기도 하기 때문에 신중을 기해야 한다. 또한 성공적인 사례의 소개도 좋지만 각 커뮤니티 마다 실정이

다르기 때문에 무조건적인 베끼기는 오히려 악영향을 끼치기가 쉽다는 점도 간과해서는 안 될 것이다. 이것이 각 지역만이 가지고 있는 로컬리티에 주목해야 할 이유이기도 하다. 이러한 점에서 관광객 수의 증가라든가, 경제적인 효과가 눈에 띄게 증가한 점이 없더라도, 인천의 반지하의 활동의 행보가 주목할 만한 점이다. 최근 이들은 이웃 마을로 이사를 하여 주민들과 함께 생활문화협동조합을 구성하였고, 마을의 환경작업과 엄마들의 마을동화 작업을 준비 중에 있다고 한다. 주민의 입장에서, 주민이 되어 바라보는 이들의 시각은 오늘날 다양한 이벤트와 사업이 난무하는 가운데 조용한 울림을 주는 대목이다.

참고문헌

김경욱, 「공공 미술의 다양한 혜택들」, 문화관광부, 『공공 미술을 통한 지역 문화환경
  개선방안』, 문화관광부, 2006.

김세훈 외, 『공공성』, 미메시스, 2008.

김정주, 「도시 외부공간의 공공 미술 실태분석연구」, 경희대 석사논문, 2010.

라도삼·박은실·오민근·우윤석, 「창조도시의 의의와 사례」, 『도시정보』 317호, 대
  한국토도시계획학회, 2008.

박진희, 「공동체 미술에 관한 연구」, 『미술교육연구논총』 13권 1호, 한국교육대학교미
  술교육학회, 2002.

손은하, 「공유 공간과 커뮤니티」, 『동북아시아문화연구』 32권, 동북아시아문화학회,
  2012.

손은하·신나경, 「공공 미술의 전개와 로컬공간의 재생」, 『기초조형학연구』, 11권 4
  호, 한국기초조형학회, 2010.

이선영, 「소통의 장으로 변모한 담벼락과 골목길」, 『2008 인천문화재단 공공 미술 사
  업 보고서』, 2008.11.

이승훈, 「민주주의 패러다임의 성찰―공공 영역과 "시민 됨"의 문화적 조건」, 『사회와
  이론』 37권, 한국사회이론학회, 2010.

최병두, 「살기 좋은 도시를 위한 지역공동체 복원 방안」, 『지리학 연구』 제40권 4호, 국
  토지리학회, 2006.

퍼포먼스 반지하, 『언덕을 오르는 바닷길』, 2005.

_____, 『지역공동체 창작공방 다행하다 연구적 평가 보고서』, 2009.

도시재생과 창조공간

공윤경

1. 국민국가에서 도시로, 도시의 시대

20세기 후반 '국민국가에서 도시로'라는 패러다임의 전환으로 '도시'가 주목받는 '도시의 시대'가 되었다. 1980년대에는 뉴욕이나 런던, 도쿄와 같은 거대도시, 세계도시들이 주목을 받기 시작하였다. 세계도시는 본격화된 글로벌 경제의 정점에 선 다국적 거대기업과 거대금융기관의 본사나 의사결정기구가 있고 국제금융시장이 형성되어 금융과 경제의 세계적 사령탑 역할을 하는 도시였다(사사키, 2009 : 18). 그러나 이제는 세계도시뿐만 아니라 예술과 문화를 육성하고 혁신적인 경제기반을 가진 창조도시에 사람들의 관심이 집중되고 있다. 창조도시에는 문화, 예술 활동이 펼쳐지고 창조산업이 이루어지며 또한 창조계급이 활동할 수 있는 창조공간의 조성이 중요한 기본조건으로 작용한다.

아울러 후기산업화와 전지구화의 흐름 속에서 쇠퇴하고 있던 중공업 기반의 도시들은 도시재생 전략에 문화, 예술을 활용한 창조도시 담론을 접목시키고 있다. 경제적 가치로서 문화의 중요성이 부각되면서 문화가 도시발전이나 재생의 중심에 자리하게 된 것이다. 이는 기존의 물리적 성장이 아닌 가치 성장을 도시개발의 새로운 패러다임으로 삼고자 하는 인식의 전환이며, 창조적인 문화와 예술 활동으로 도시재생을 유도하기 위함이다.

우리나라에서도 1990년대 지방자치제도가 시작되면서 문화가 결합된 문화도시 정책이 펼쳐지다가 2000년 전후부터는 창조도시에 관한 논의와 정책으로 이어지고 있다. 서울, 부산, 대구, 인천, 전주, 광주 등 많은 도시들이 창조도시 정책을 수립하거나 표방하고 있다. 하지만 단기적인 성과에 급급하여 도시의 고유한 여건이나 인프라를 고려하기 보다는 외국의 사례들을 단편적으로 벤치마킹하고 있을 뿐 지속적, 자족적이지 못하며 도시 간 경쟁에 능동적으로 대처하지 못하고 있는 실정이다.

따라서 본 연구는 도시구조의 변화에 따른 도시재생의 도입배경과 변화과정을 검토하고 도시재생의 새로운 패러다임인 창조도시 담론에 대해 고찰한다. 또한 공간적 관점에서, 구체적인 창조공간[1] 사례에 주목하여 역사, 문화, 예술 등의 자원들이 도시재생에 어떻게 적용되는지 또한 그 과정에서 장소성, 지역성 등이 어떤 변화를 보이는지 살

---

1 본 연구에서 창조공간은 창조적인 도시재생이 이루어지는 공간으로서, 건축물을 포함한 도시나 지역을 아우르는 개념으로 사용한다.

펴본다. 아울러 각 사례가 그 지역과 도시 그리고 주민들의 삶에 미치는 영향을 조사하고자 한다. 이를 통하여 우리나라 각 도시의 창조도시 관련 정책을 비판적으로 점검하고 새로운 대안을 찾는데 시사점을 제공할 수 있을 것으로 기대한다.

2. 도시재생의 변화와 창조도시 담론의 형성

1) 도시재생의 도입배경과 변화

산업화와 세계대전을 거치면서 철강과 조선업 등 제조업이 발달했던 유럽의 산업도시들은 1960년대 이후 기반산업이 쇠퇴하면서 도시경제가 침체국면으로 접어들게 되었다. 물리적 환경은 열악해지고 실업률이 증가하였으며 타 지역으로 이주하는 주민들은 늘어났다. 이에 도심 공동화, 도시 쇠퇴, 경기침체 등 쇠락한 산업도시의 전반적인 문제를 해결하기 위해 경제적, 물리적인 도시재생의 필요성이 제기되기 시작하였다.

서구에서 추진되었던 초기의 도시재생은 황폐지역, 공장 이전적지 등을 대상으로 한 물리적 환경개선사업으로 출발하였다. 특히 부정적인 도시이미지를 쇄신하고 관광객을 유치하기 위해 공공, 정부 주도의 자산주도형Property-led 개발전략을 구사하였다. 이것이 흔히 말하는 도시재개발Urban Reconstruction이다. 재개발은 물리적인 개선이 강조된 것으로 노화된 곳의 일부 혹은 전부를 철거하고 토지의 효율성을 극대화할 수 있는 새로운 시설물로 대체시키는 방법을 의미한다.

1960년대 이후 우리나라에서 수행되었던 도시환경정비사업 대부분이 물리적 재개발에 해당된다. 하지만 서구의 재개발이 낙후된 지역의 경제발전을 위해 새로운 첨단산업 또는 신산업시설이 들어서는 것에 반해 우리나라의 재개발은 소비성이 강한 상업시설이나 대규모 아파트단지로 대체되었다(박은실, 2009 : 29). 또한 토지이용의 경제성에만 치중하여 경제적 능력 및 권력을 가진 계층의 이익만 대변하는 경우가 많아 비난의 대상이 되기도 하였다.

서구권의 재개발은 1950~1980년대까지 시기별로 목적, 주체, 중점 분야 등에서 조금씩의 변화를 보이긴 했지만 대체적으로 물리적인 재개발(Reconstruction → Revitalization → Renewal → Redevelopment) 중심으로 진행되었다고 볼 수 있다. 그러나 인간 소외, 공동체 파괴, 지속성 결여 등 재개발의 한계가 드러나면서 1990년대부터는 인간, 환경, 공동체를 위해 종합적이며 지속가능한 도시재생Urban Regeneration에 대한 관심이 증대되기 시작하였다. 도시재생은 기존 도시의 물리적 개선뿐만 아니라 사회적, 경제적, 환경적 측면 등 통합적인 접근을 통해 인구, 산업의 회귀를 촉진하고 지속적으로 도시의 다양한 문제를 개선하려는 모든 행위와 시도를 의미한다. 도시재생을 위한 전략으로 압축도시Compact City, 뉴어버니즘New Urbanism, 도시성장관리Urban Growth Management, 지속가능한 개발Sustainable Development 등이 새롭게 등장하였다.

특히 2000년대에는 영국을 중심으로 도시 르네상스Urban Renaissance 정책이 펼쳐지고 있다. 이전의 보수당 정부가 정부주도의 대규모 부동산 개발 위주의 도시재생에 중점을 둔 반면에, 노동당 블레어 정부가 내세운 도시 르네상스는 지방정부의 적극적인 참여와 사회경제적 도

〈표 1〉 도시재생에 대한 시기별 분류와 특징

구 분	1950년대 Reconstruction	1960년대 Revitalization	1970년대 Renewal	1980년대 Redevelopment	1990년대 Regeneration
주요전략 및 목표	• 마스터플랜에 근거한 구시가지 확장과 재건축 • 도시외곽의 성장	• 1950년대 경향 유지 • 도시외곽과 주변부의 성장 • rehabilitation에 대한 초기 시도	• 초기 장소의 재생과 근린단위계획에 중점 • 주변부에 대한 개발 지속	• 대규모 개발과 재개발계획 수립 • 도시계획 중 최고의 프로젝트	• 종합적인 정책과 집행 • 통합된 처방에 대한 강조
주요활동가 및 이해 관계자	• 중앙과 지방정부 • 민간개발업자와 도급업자	• 공공과 민간부문 간의 균형과 조화를 이루는 방향으로 전환	• 민간부문의 역할 강화 • 지방정부의 탈중앙화 및 분산화	• 민간부문과 특별기관에 대한 강조 • 파트너십 성장	• 파트너십의 지배적인 접근
공간적 차원	• 지방local과 부지 site에 대한 강조	• 지역regional차원의 활동 등장	• 초기 지역, 지방 차원의 강조 • 이후 지방 차원의 강조	• 초기 해당부지차원의 강조 • 이후 지방 차원의 강조	• 전략적 관점에 대한 재도입 • 지역차원의 활동 성장
경제적 측면	• 일부 민간부문이 참여한 공공부문의 투자	• 1950년대 이후 지속된 민간투자의 영향력 증대	• 공공부문의 재정 압박으로 인해 민간투자 성장	• 선별적 공공펀드를 받은 민간부문의 주도적 역할	• 공공과 민간, 자발적 펀드간의 균형
사회적 측면	• 주택 및 생활수준 향상	• 사회복지 증진	• 커뮤니티 위주의 시책과 보다 많은 권한 부여	• 선별적인 국가지원 하에서의 자조적 커뮤니티	• 커뮤니티 역할 강조
물리적 강조	• 도심지역의 복원 replacement과 주변지역의 개발	• 기존지역의 재건과 병행하여 1950년대 시책 유지	• 구도심의 재개발 확대	• 대규모 재개발 및 신개발 • 대규모 개발프로젝트	• 1980년대보다 신중한 개발계획 • 문화유산과 자원 유지, 보존
환경적 접근	• 경관 및 조경사업	• 선별적 개선	• 일부 혁신사업을 포함한 환경개선	• 환경적 접근에 대한 관심 증대	• 환경의 지속가능성 개념 도입

자료 : Roberts and Sykes, *Urban Regeneration*, Sage, 2000, p.14.

시재생, 즉 도시의 경제력 향상과 사회적 포섭Social Inclusion을 위한 도
시재생 프로젝트라고 할 수 있다. 지역균형발전을 위해 중앙정부는 예
산지원과 함께 지방정부와 전략파트너십을 체결하여 2~3년 단위로
평가함으로써 재생과정과 성과를 관리하고 지방정부는 쇠퇴된 근린
주구 단위로 커뮤니티를 활성화시키고 주거환경을 개선하여 주민들

의 삶의 질을 높이는 데 힘쓰고 있다.

2) 창조도시 담론의 형성

후기산업화, 신자유주의, 세계화의 흐름 속에서 도시들 간의 경쟁이 더욱 치열해지자, 자본의 논리에서 '상품'이 된 도시를 상징적으로 차별화하고 쇠퇴한 도시의 환경과 이미지를 제고하기 위해 도시들은 새로운 발전 전략이 필요하게 되었다. 특히 물리적 환경개선 중심으로 추진되었던 재개발에서 한 걸음 더 나아가, 낙후된 도시를 어떻게 재생할 것인가라는 문제는 1980년대 이후 도시정책에서 핵심 의제 가운데 하나였다.

이에 도시들은 도시의 정체성을 드러내면서 도시의 이미지를 쇄신하고 아울러 침체된 도시를 재활성화하기 위한 도시성장의 수단으로 도시의 문화, 예술 자원에 주목하게 되었다. 1980년대 이전까지만 해도 도시정책과 문화 자원은 관계성이 부족하고 문화와 경제의 연결은 극히 제한된 범위 내에서 사용되었다(박은실, 2005 : 14~15). 때문에 문화정책은 경제적 측면보다는 사회, 정치적인 측면에 집중하였다. 하지만 문화 자원이 상품이 될 수 있다는 경제논리와 각 도시의 정체성을 정치적 의미로 바꾸고자 하는 욕망이 접합되면서 문화, 예술이 도시의 새로운 경쟁력이자 성장 동력으로 등장하게 된 것이다. 영국의 문화부장관 스미스C. Smith는 "문화적이고 창조적인 활동은 개인과 주변 환경에 영향을 미칠 뿐만 아니라 지역이나 도시의 재생을 이끌어내는 최선의 길"이라고 하면서 '문화적 재생'을 강조하였다. 여기에는 1980년 중반부터 추진된 유럽문화수도European Capital of Culture 전략이 큰 영향을 미쳤다.

또한 Evans는 도시재생과 문화와의 관계, 즉 도시재생에 대한 문화의 기여 정도에 따라 문화주도형 재생Culture-led Regeneration, 문화참여형 재생Culture and Regeneration, 문화통합형 재생Cultural Regeneration의 3가지 유형으로 도시재생을 분류하였다(Evans, 2005 : 968~970). 문화주도형 재생은 도시이미지의 쇄신이나 낙후된 도심의 재생을 위해 정부나 지방자치단체가 중심이 되는 전략으로써, 대규모 문화시설을 유치하거나 대형 이벤트를 개최하여 문화를 도시마케팅의 수단으로 활용하는 경우이다. 빌바오 구겐하임미술관, 파리 퐁피두센터 등 복합용도 건축물의 신축 또는 런던 테이트모던미술관, 파리 오르세미술관 등과 같은 폐산업시설의 복합용도 건축물로의 리모델링, 뮌헨 오페라페스티발, 에든버러 페스티발, 글래스고 정원페스티발 등 각종 축제 그리고 올림픽, 엑스포, 월드컵, 유럽문화수도 등 대형 이벤트 개최 등의 사례가 있다.

성공적인 사례도 많이 있지만 그렇지 않은 곳도 있다. 선도적 개발 방식의 도시재생으로 관광이나 지역경제 활성화를 위한 기반은 마련하였으나 장소의 상품화, 공간적 불평등, 문화소비의 심화, 저임금·비정규직 증가 등 예기치 못한 부작용을 야기하기도 하였으며 대규모 문화시설에 대한 과잉투자는 재정 악화로 이어지기도 하였다(Booth and Boyle, 1993 : 38~42; 박은실, 2005 : 12; 최준, 2010 : 15). 우리나라 지자체들이 내세웠던 대부분의 문화도시 전략 역시 이런 문제점을 가지고 있었다. 또한 주민들의 참여를 통해 문화, 예술 자원을 활용하기보다 다른 도시의 것들을 수입하거나 단편적으로 벤치마킹하였기 때문에 성공을 거둔 사례는 드물다고 할 수 있다.

　서구에서는 1990년대 이후부터 생산성을 갖추지 못한 소비공간으로의 재개발이 아니라 지역의 문화, 예술 가치와 잠재력을 활용하여 자생적·지속적이며 지역에 뿌리내릴 수 있는 재생전략이 필요하다는 인식이 생겨났다. 이에 따라 도시재생을 추진하는 주체로 시민들이 직접 참여하는 문화참여형 재생과 도시정책에 문화전략이 적극적으로 접목되는 문화통합형 재생이 발전하게 되었다(박은실, 2005 : 17~18). 문화참여형 재생은 기본계획 단계에 문화전략이 완전히 통합되지 못한 소극적인 경우이거나 지역주민과 문화단체가 자발적으로 활동하는 경우이다. 때문에 작은 범위에서 이루어지는데 공공 미술 프로그램, 역사해설가 제도 등이 포함된다. 반면에 문화통합형 재생은 문화 활동이 환경, 사회, 경제 분야의 활동과 통합된 적극적인 도시재생 전략이다. 대중예술에 대한 다양한 형태의 문화소비 현상이 진전되면서 문화를 산업으로 인식하게 되었기 때문이다. 따라서 문화지구, 문화산업 클러스터 등 물리적인 기반을 조성하는 것뿐만 아니라 문화의 창의성으로 새로운 문화산업을 구축하고 있다.

　이와 같이 도시재생에서 문화의 역할은 유형과 시기 등에 따라 달라지며 문화정책의 역할과 개입 정도 역시 변하고 있다. 또한 문화를 접목한 도시재생 전략은 문화시설이나 예술단체에 대한 지원에서 문화, 예술을 향유하는 시민에 대한 지원으로 그 방향이 전환되었고 이전의 고급문화 위주에서 대중문화를 포함하는 정책으로 확대되었다. 문화를 도시마케팅의 수단으로 인식하는 소비지향형 전략에서 주민참여를 통하여 새로운 산업체계를 갖추는 방향으로 재생 방식이 변환된 것이다.

한편, 세계 경제는 대량생산으로 특징지어지던 포드주의 질서를 탈피하여 지식집약적인 신경제 질서로 급속히 이행되고 있다. 신경제에서는 지식과 혁신의 가치가 경쟁력의 원천으로 작동한다. 그래서 지식집약 기업들은 물류비, 지대 등과 같은 전통적인 입지 유인보다 지역의 지식 자원이나 혁신 역량과 같은 새로운 유인에 따라 움직이고 있다(조성철·임업, 2009 : 369~370). 이에 따라 1990년대 후반 영국, 미국 등을 중심으로 기업과 인재를 끌어들이기 위한 도시들의 다양한 시도가 이어졌고 문화, 예술을 활용한 창조산업, 창조계급이 나타나게 되었다. 창조환경과 창조공간뿐만 아니라 창조계급과 창조산업을 통하여 도시경제의 활성화를 추구하고자 하는 창조도시 담론이 새로운 도시재생 패러다임으로 등장하게 된 것이다.

관점에 따라 차이는 있을 수 있으나 창조도시는 그 도시만이 가지는 장소성과 정체성을 기반으로 도시의 문화, 예술을 성장시키면서 도시민들에게 창조적 행위나 활동의 무대를 제공하고 창조적, 지속적으로 산업과 문화를 육성할 수 있는 잠재력과 복합적인 발전 가능성을 지닌 도시라고 할 수 있다. 도시의 문화와 예술 자원을 활용한 창조성은 도시성장의 핵심적인 동력이면서 끊임없이 변화하는 현대의 경제구조 속에서 도시의 경쟁력을 지속적으로 확보하기 위한 새로운 방안으로 떠오르게 된 것이다. 창조도시가 기존의 문화도시와 차별을 가지는 점은 다양성, 유연성, 개방성 등을 포괄하는 보다 큰 개념의 문화를 적용한다는 것이며 또한 문화와 예술을 통한 창조성을 매개로 도시의 지속적인 성장을 이루려는 데 있다.

문화와 예술, 창조성 등에 주목하여 도시발전과 재생을 이루고자 하는 창조도시 담론은 도시문제의 진단, 처방 그리고 지향점의 측면에서 '로컬리티의 인문학'과 깊은 관련이 있다. '로컬리티의 인문학'은 로컬의 현장성과 구체성에 주목하여, 로컬에 새겨진 역사적, 문화적 맥락을 따라 로컬의 다양한 문화적 지층을 읽어내고 또한 로컬이 당면한 현실과 문제를 진단하여 이를 해결하기 위한 인문학적 실천방안을 모색하고자 하기 때문이다. 이는 궁극적으로 도시(로컬)의 의미와 가치를 새롭게 발견하고 도시(로컬)를 인간이 살기 좋은 장소로 만들기 위함이다.

쇠퇴를 경험한 많은 도시들은 대형 이벤트를 개최하거나 버려진 산업시설을 문화·예술공간으로 변모시키거나 또는 새로운 문화시설을 유치하는 등 도시 재활성화를 위해 다양한 도시재생 전략을 추진하고 있다. 이어지는 다음 장에서는 공간적 관점에서 창조적인 도시재생에 대한 구체적인 사례를 살펴보고자 한다.

사례대상은 재생의 스케일, 방법 등에서 조금씩 차이가 있다. 첫 번째 사례인 글래스고는 영국 주변부의 쇠퇴한 산업도시였다. 하지만 유럽문화수도뿐만 아니라 건축 및 디자인도시, 유럽스포츠수도, 유네스코 창조도시 등 다양한 이벤트를 개최하고 창조산업을 육성하면서 도시재생을 시행한 도시 단위의 사례이다. 두 번째, 세 번째는 건물 단위의 사례지만 재생 전략과 의의는 많이 다르다. 전자는 쓸모없이 방치된 화력발전소를 재활용하여 미술관으로 변신시킴으로서 산업유산을 지키고 그 지역의 역사와 장소성을 이어간 영국 테이트모던 미술관이다. 후자는 지역과 관계없는 전혀 새로운 문화시설을 유치하여 도시에 활력을 주면서 재생을 시도한 스페인 빌바오 구겐하임미술관이다.

3. 대형 이벤트 개최 – 유럽문화수도 글래스고[2]

유럽의 문화수도 정책은 1980년대 도시 간 경쟁이 치열해지고 사람들의 문화에 대한 욕구가 커짐에 따라, 사람들이 쉽게 이용할 수 있는 도시문화를 만들고 유럽문화의 특성을 회복하며 문화를 통하여 유럽의 화합과 지역커뮤니티 활성화를 이루기 위해 시작되었다(서순복, 2006 : 135; Evans, 2003 : 425~426). 해마다 문화수도를 미리 선정하고 지원함으로써 유럽연합의 도시들이 1년에 걸쳐 집중적으로 각종 문화행사를 전개하면서 문화적 역량을 키워나갈 수 있게 한 것이다. 문화수도 정책은 이전의 구조적 경제조정 정책과 자금지원을 문화, 예술 중심의 도시재생 정책으로 전환시키는 계기가 되었다.

영국 북서부에 위치한 글래스고는 클라이드 강을 끼고 있는 스코틀랜드 중심도시로서, 2010년 기준 176㎢의 면적에 59만여 명이 거주하고 있다. 빅토리아 시대 건축물과 새롭게 건설된 쇼핑시설, 문화시설 그리고 다양한 축제와 이벤트 등으로 관광객이 급증하여 문화·관광도시로 이름을 알리고 있다. 그래서 글래스고는 영국에서 가장 멋진 도시이자 창조적이고 문화적인 도시이며 과거의 산업도시에서 유래된 거칠고 소박한 자연 그대로의 생명력에서 글래스고의 창조력과 활력이 나왔다는 평가를 받고 있다(National Geographic Traveler, 2003 : 85~94). 1990년 유럽문화수도로 선정되었으며 1995년과 2005년 세계 공상과학 컨벤션을 개최하였다. 그리고 1999년 영국 건축 및 디자인의 도시UK City of Architecture

---

2   이 장은 조관연·공윤경, 「영국 글래스고에서의 도시재생과 창조산업」, 『인문콘텐츠』 28호(2013.3)에 게재된 내용 중 일부를 수정·보완한 것이다.

〈영국 글래스고〉

and Design, 2003년 유럽 스포츠수도 European Capital of Sport,[3] 2008년 음악 분야 유네스코 창조도시UNESCO the Creative Cities[4]로 선정되었다.

조그만 어촌이었던 글래스고는 20세기 초 철강과 조선업이 발달한 공업도시였다. 하지만 1960년대 이후 신국제노동분업 등의 영향으로 제조업이 쇠퇴하면서 도시경제가 침체국면으로 접어들게 되고 도시는 경쟁력을 상실하게 되었다. 1939년 113만 명이던 인구는 1971년 90만 명으로 20.3%가 줄어들었다. 이에 글래스고는 '산업쓰레기 도시'라는 부정적인 도시이미지를 타파하고 도심의 쾌적성을 향상시키기 위해 도시환경을 개선하기 시작하였다. 기존의 낡은 도시이미지와 산업구조로는 도시기능을 더 이상 유지할 수 없다고 판단한 것이다. 1970년대에는 오래된 건축물의 얼룩 제거, 보행 자전용거리 조성 등 도시환경을 정비하였으며(김상욱, 2003 : 74) 1980년 대에는 빅토리아 시대 건축물은 보존하고 고층건물의 건축은 규제하면서 도심의 낙후된 공장건물과 부실한 아파트를 철거하여 주거지로 개

---

3   글래스고는 스코틀랜드 프리미어리그 축구팀인 셀틱 FC와 레인저스 FC의 연고지이며, 셀틱 파크와 아이브록스 축구경기장이 있다. 그리고 2014년 영연방대회Commonwealth Game 를 위해 현재 대규모 스포츠복합단지를 건축 중이다.

4   음악분야에서 글래스고는 교육에서부터 산업에 이르기까지 스코틀랜드를 대표하는 '음악의 중심'이다. 매주 평균 100건 이상의 음악 관련행사가 열리며 현대음악, 클래식뿐 아니라 켈틱음악과 컨트리 장르까지 펼쳐진다. 그중 켈틱 커넥션즈Celtic Connections Homecoming Celebrations는 10만 명 정도가 방문하는 대규모 행사이다(『한국교직원신문』, 2012.6.25).

발하는 등 물리적 재개발
사업을 진행하였다.[5] 이
처럼 문화유산이 되는 건
축물을 보존하고 도심지
역을 중심으로 물리적 환
경개선이 진행되는 것은
글래스고만의 특징이 아
니라 1980년대 당시 유럽
도시들의 보편적인 현상
이었다.

〈뷰캐넌Buchanan 보행자전용거리〉

글래스고는 세계도시인 런던과 같은 인적, 물적 기반을 갖추지 못한
상태였기 때문에 대규모 재생프로젝트를 수행할 수는 없었다. 그래서
고유의 문화와 예술 자원을 적극적으로 활용하여 런던과는 차별화된
글래스고만의 도시재생 전략을 추진하게 되었다. 글래스고는 3개의
종합대학과 10개의 단과대학, 글래스고 예술학교, 스코틀랜드 왕립예
술원, 캘빈글로브 미술관·박물관 등이 있는 전통적인 학문도시이자
예술도시이며 스코틀랜드의 중심지로서 스코틀랜드 고유의 문화, 예
술 자원을 가지고 있었기 때문이다.

1983년 버렐 가문에서 기증한 버렐박물관Burrell Collection 개장을 계기
로 글래스고는 "훨씬 좋아진 글래스고Glasgow's Miles Better"라는 슬로건

---

5 도심 공동화 현상을 초래하는 '상인의 도시Merchant City'를 1981년 특별계획지구로 지정하고
스코틀랜드 개발청Scottish Development Agency과 글래스고 지역구 의회Glasgow District Council가
자금을 지원하여 주거지역으로 재개발되었다(서준교, 2006 : 206~209).

과 함께 도시재생에 예술을 접목하기 시작하였다. 아울러 런던 다음으로 풍부한 문화, 예술 자원들이 새로운 도시이미지 구축에 중추적인 역할을 하였다. 1985년 민관합작기관인 '글래스고 추진본부Glasgow Action'을 설립하여 예술축제, 오월축제, 합창제, 재즈음악축제, 무용제 등을 개최하였으며 1987년에는 축제 전담부서Festival Unit를 조직하여 1988년 국제정원축제를 열었다. 또한 전시·컨벤션센터(1985), 스포츠센터(1988)를 개관하고 글래스고 미술관 인근으로 교통박물관(1989)을 이전하며 쇼핑센터(Prince Square Shopping Centre, 1987; St. Enoch Centre, 1989)를 건립하는 등 관광, 쇼핑시설을 집중시키면서 도시의 관광산업을 활성화시키고 도시를 홍보하는 데 노력하였다.

  문화, 예술 자원을 활용한 도시재생 전략에 박차를 가한 것이 바로 글래스고의 유럽문화수도 선정이었다. 초창기 문화수도 타이틀을 획득한 도시들은 그리스 아테네(1985), 이탈리아 피렌체(1986), 네덜란드 암스테르담(1987), 독일 서베를린(1988), 프랑스 파리(1989) 등 유럽문화의 중심도시들이었다. 1990년 유럽문화수도는 영국의 도시로 예정되었는데 1986년 영국은 처음으로 도시 간 경쟁을 붙여 문화수도를 선정하기로 하였다. 바스, 브리스톨, 캠브리지, 에든버러, 리버풀, 글래스고 등을 포함한 9개 도시들이 경합에 참가하여 최종적으로 글래스고가 유럽문화수도로 지정되었다(Garcia, 2004 : 319; 서순복, 2006 : 141~142). 문화, 예술을 활용한 다양한 도시재생 시도가 결실을 맺어 글래스고가 다른 경쟁 도시들을 물리치고 문화수도가 된 것이다. 문화수도로 선정된 글래스고는 쇠퇴한 산업도시를 부흥시키기 위해 도시재생 전략과 도시마케팅 개념을 적용한 최초 사례가 되었다.

글래스고는 문화도시의 이미지를 확대하고 효과를 극대화하고자 1991년 글래스고 개발청Glasgow Development Agency을 설립하여 "활기찬 글래스고Glasgow's Alive" 캠페인으로 도시를 홍보하였다.[6] 또한 지역경제의 새로운 활로를 찾기 위해 문화, 예술 자원을 적극적으로 활용하였다. 여기에는 대학교, 예술학교뿐 아니라 디자인센터, 스튜디오, 갤러리, 대안 공간 등[7]과 예술가들이 중요한 역할을 수행하였다. 이런 공간과 여건들이 제공되었기에 예술학교 학생들은 졸업 후에도 도시에 남아 글래스고의 미술과 디자인 공동체의 일원으로서 생활할 수 있었다. 예술가들의 적극적이고 자발적인 노력으로 시민들뿐 아니라 관광객에게까지 매월 새로운 방식으로 예술을 접할 기회를 주고 창의적인 프로그램을 통하여 다양한 볼거리를 제공하였다. 그래서 글래스고에서는 아트, 필름, 연극, 코미디, 뮤직 등 다양한 축제와 이벤트가 연중 계속적으로 이어질 수 있었다.

하지만 문화, 예술 자원을 활용한 글래스고의 문화수도 전략은 문화적 관점보다는 경제적 관점에서 접근하였다는 비판을 받기도 했다(McLay, 1990 : 87; Garcia, 2004 : 320; 서순복, 2006 : 148). 문화, 예술정책이 공동체의 발전과 도시 정체성의 발현보다 잠재적 사업 수익, 미디어에서 다뤄지는 빈도, 관광객의 요구 등을 기반으로 이루어졌으며 도시정책에 의해 체

---

6 글래스고에는 기존의 스코틀랜드 개발청을 확대 개편한 스코틀랜드 개발공사Scottish Enterprise 가 1990년 설립되었고 1991년에는 그 산하조직인 글래스고 개발청이 만들어졌다. 그리고 1993년 글래스고 재생연합Glasgow Regeneration Alliance이 창설되었으며 1996년 지방정부의 재편에 따라 글래스고는 단일형태의 지방조직으로 바뀌었다(김상욱, 2003 : 75).
7 국제적인 작가나 실험적인 작업을 하는 예술가들이 작품을 제작, 전시하며 작품 활동을 할 수 있도록 만들어진 공간들이 있다. 라이트하우스, 트롱게이트103, 트램웨이 그리고 아티스트-런 스페이스인 트랜스미션 갤러리, 마켓갤러리 등이다.

계적으로 계획되거나 지원받지 못하고 경제적 재생을 위한 도구로 사용되었다는 것이다. 또한 문화·예술 활용과 주민들의 삶을 위한 것이라기보다 투자처인 장소로 판촉하는 일에 더 큰 비중을 두었다는 지적이다. 이런 비판과 지적이 있긴 했었지만 실질적으로 문화, 예술로 인한 경제적 효과는 그리 크지 않았다.

도시의 안팎에서 글래스고의 도시이미지는 빠르게 재창조되고 관광객의 수가 늘어나며 도심지역이 물리적으로 재생되었다는 측면에서는 확실히 성공하였다. 1981~1991년 동안 글래스고는 몰락한 제조업 대신 서비스업을 적극 장려하는 정책을 썼기 때문에 서비스업 종사자가 늘어났다. 그러나 글래스고 대도시권에서 67,534개의 제조업 일자리가 사라진 반면에 서비스 분야에서는 21,968개의 일자리만 생겼을 뿐이며 급격하게 줄어드는 제조업 고용인구 비율에 비해 증가하는 서비스업 고용인구 비율은 훨씬 낮은 경향을 보였다. 1981년 19.2%였던 실업률은 1991년에는 21.5%로 증가하였다.[8] 그리고 글래스고 개발청(1996)에 의하면, 1989~1994년 금융과 비즈니스 영역에서 저숙련, 저임금 노동자의 증가가 있긴 했지만, 글래스고의 서비스 영역에서의 고용은 영국과 스코틀랜드 전체를 통틀어서 가장 심각하게 감소한 것으로 나타났다. 문화와 예술 그리고 소비와 관광을 기반으로 한 글래

---

[8] 1980년대 영국의 서비스 분야는 약 17% 성장하였으며 그 중에서 비즈니스 서비스, 은행·보험, 그리고 금융과 관련된 직종이 가장 많이 성장하였다. 하지만 글래스고에서는 비즈니스와 금융 부문의 증가가 개인 서비스 부문의 감소로 상쇄되면서 전체적으로 서비스 분야의 증가는 거의 없었다. 또한 글래스고의 도시이미지가 바뀌었음에도 소매업, 호텔, 식당, 술집, 그리고 레저 분야의 고용은 실질적으로 약 13% 감소하였는데 이는 전국적으로 14% 증가한 것과는 대조를 이룬다(MacInnes, 1995 : 87~89).

스고의 정책은 도시이미지를 개선하는 데는 기여했지만 시민들이 혜택을 받을 수 있는 경제발전으로 이끌지는 못했다는 것을 알 수 있다. 따라서 글래스고는 도시경제의 재활성화를 위해 좀 더 새로운 방식의 도시재생 전략을 도입해야만 했다.

지역개발청Regional Development Agency을 설립하여 종합적이고 복합적으로 도시재생 전략을 추진하고자 한 블레어 정부의 도시재생 접근방식을 글래스고는 적극 수용하여 사회, 경제적 측면을 모두 포괄하는 정책을 시행하였다. 쇠퇴지역의 재생과 함께 지역 간 균형적인 발전을 도모하기 위해 각 지역구 의회가 입안 중이던 40여 개의 프로젝트를 통합하여 하나의 장기적인 도시계획The City Plan을 수립하였다.

먼저, 도심을 중심으로 전개되었던 재생사업을 도시 전체로 확산시켜 2000년부터 낙후지역인 클라이드 강 주변 재개발계획을 추진하였다. 그리고 2001년 글래스고 과학센터, 글래스고 타워, 축구박물관의 개장에 이어, 2002년부터 '조명전략팀'을 운영하여 대도시 런던이나 전통도시 에든버러와 차별되는 전략을 펼치고 있다. 2004년 "품격 있는 글래스고Glasgow—Scotland with style"를 슬로건으로 정하여 도시를 홍보하고 있으며 2006년 항구지역이 본격적으로 개발되어 주거시설이 들어섰다. 그리고 클라이드 강을 가로지르는 여러 개의 다리가 새로 건설되었거나 계획 중에 있으

〈클라이드 아크Clyde Arc〉

며 2011년 글래스고 박물관Glasgow Riverside Museum이 개장되었다.

또한 글래스고는 공공경영, 교육건강, 금융, 비즈니스 서비스, 유통, 호텔·레스토랑 등 서비스분야를 활성화하여, 전체 경제에서 1981년 72%를 차지했던 서비스산업은 2010년 84%로 증가하였다.[9] 최근에는 컨벤션, 은행·보험분야 뿐만 아니라 미디어, 통신, 바이오산업과 같은 첨단산업 분야의 성장도 커지고 있다. 새로운 성장산업이 필요했던 글래스고는 스코틀랜드가 전화, 증기기관, 페니실린, TV, MRI 등에 대한 원천기술을 세계 최초로 발명한 과학기술강국이었던 것에 주목하였기 때문이다. 이에 스코틀랜드 개발공사 글래스고 지부Scottish Enterprise Glasgow, SEGL는 미래 발전도 정보기술과 생명공학기술을 통해 이루겠다는 의지로 공동화 된 도심에 대학과 연구개발센터를 집중시켰다.[10] 생의학분야와 정보통신분야의 명문인 글래스고대학, 스트라스클라이드대학과 연구소를 이용한 산학 합작투자와 공동연구는 글래스고 산업단지의 또 다른 경쟁력이 되고 있다.

하지만 글래스고의 도시재생 전략은 뚜렷한 명암을 낳고 있다. 우선 적극적인 중앙과 지방정부의 투자 노력에도 불구하고, 생산자서비스산업이나 창조산업에서 양질의 일자리가 기대했던 것만큼 생기지 않고 있다. 또한 도심 위주의 고급주택화gentrification 정책으로 물가와 임

---

9 글래스고시, www.glasgow.gov.uk
10 특히 조선소와 부두가 있었던 퍼시픽 부두Pacific Quay에 조성된 디지털미디어캠퍼스는 당초 주택지로 개발예정이었던 개인 소유의 토지를 SEGL이 사들여 산업단지로 개발한 것이다. 과학센터를 시작으로 아이맥스 영화관, 글래스고 타워가 세워졌고 공원이 조성되었으며 식당, 레저시설 등이 입주하였다. 그리고 디지털미디어본부 건물에는 BBC의 스코틀랜드본부, 인디 방송채널 S-TV와 채널 4 등이 입주하였다(『동아일보』, 2009.10.8).

〈BBC 스코틀랜드 본사가 있는 디지털미디어본부〉

대료가 치솟으면서 경제적, 사회적 취약계층이 점차 외곽지역으로 밀려나는 것도 공동체의 사회적 통합을 위해 바람직한 현상은 아니다.

또한 도시재생의 혜택을 받은 지역과 그렇지 못한 지역 간에 심각한 불평등이 만들어졌다. 런던을 중심으로 한 도심재생 정책이 런던과 다른 도시들과의 경제적, 문화적 차이를 심화시켜 런던과 다른 지방도시 간의 불평등을 야기했듯이, 글래스고에서도 특정지역을 중심으로 재생이 이루어지면서 지역 간 불평등 현상이 나타나고 있는 것이다. 칼튼이 그 대표적인 예이다. 이곳의 평균수명은 53세 밖에 되지 않는데, 이는 스코틀랜드의 철강산업이 붕괴하면서 생겨난 대규모 실업사태, 사회적 빈곤 그리고 확산된 알코올 문제에 기인한다.[11] 청소년 범죄도

---

11 알코올과 담배의 과다 섭취, 과체중, 그릇된 식생활과 이로 인한 심장병, 암, 당뇨병과 같은 질병을 의학계에서 '글래스고 효과'라고 부른다. 이는 열악한 사회경제적 여건과 주민

널리 확산되어 사람들은 글래스고를 '칼과 살인의 도시'라고 비하하기도 하였다. 이런 경향은 도시재생의 혜택을 별달리 받지 못한 도심 외곽지역인 드럼차펠, 캐슬밀크, 이스터하우스에서도 생겨나고 있다.

다른 도시들과 마찬가지로 글래스고 역시 도시이미지를 재창조하고 경제 성장을 촉진하기 위해 문화, 예술 자원을 도시재생에 접목한 창조도시 전략을 시도하였다. 하지만 도시들 간의 경쟁에서 글래스고가 비교적 성공적인 도시재생 사례로 평가받는 이유는 다른 지역의 문화를 수입하기 보다는 문화를 광의의 개념으로 해석하여 지역기반의 고유한 문화와 예술을 꾸준히 발굴하고 재창조하여 문화의 생산이 지속가능하도록 했기 때문이다. 이런 노력은 글래스고가 유럽문화수도로 선정되고 새로운 도시 정체성을 만들어 가는데 중요한 계기를 마련해 주었다. 괄목할 만할 경제적 성과를 이루거나 경제회복이 실현된 것은 아니지만 도시의 경제가 쇠퇴하지 않고 꾸준히 변화를 보이고 있는 점은 분명하다.[12] 지방정부의 의욕적인 노력으로 쇠락한 제조업 도시에서 단시간에 괄목할만한 창조도시로 거듭난 글래스고는 영국을 대표하는 상징이 되었으며 수많은 도시들이 글래스고의 전략을 벤치마킹하고 있다.

들의 상대적 박탈감만으로 설명이 안 되는 글래스고만의 과도하게 높은 사망률과 낮은 건강상태에서 유래된 용어이다.

[12] 1990년대 중반을 지나면서 도시경제는 점차적으로 살아나고 있다. 1991년 21.5%까지 올라갔던 실업률은 1996년 이후 다시 낮아지는 추세이기 때문이다. 또한 2000~2008년 스코틀랜드 전체 고용률이 8.3% 증가한 반면, 글래스고에서는 14% 증가하였다(글래스고시, www.glasgow.gov.uk).

4. 산업시설의 재활용—런던 테이트모던미술관

1990년대 이후 공장, 창고 등 낡거나 버려진 산업시설을 창조적으로 활용하여 문화·예술창작공간, 복합문화시설 등으로 변신시킴으로써 도시의 환경 자체를 재창조하려는 움직임이 세계 곳곳에서 진행되고 있다. 특히 미국을 비롯한 영국, 독일 등의 도시들은 산업유산[13]에 대한 보존차원의 배려를 넘어, 도시재생을 위한 하나의 전략으로 이를 적용하고 있다. 산업유산이 단순히 황폐된 도시공간이나 도시발전의 저해요소가 아니라 도시의 정체성과 역사성을 지닌 새로운 유형의 도시자원으로 그리고 도시재생의 새로운 장치공간으로 평가받고 있는 것이다(강동진, 2008 : 32). 산업시설의 재활용을 통한 도시재생 정책은 역사의 흔적을 간직한 구도심 활용방안의 중요한 모델이며 또한 산업유산에 담겨진 가치를 문화적으로 활용하여 새로운 가치를 부여함으로써 황폐했던 산업지역을 문화 활동의 중심지로 환원하려는 전략이다(최준, 2010 : 16). 기존의 물리적 재생이 아닌 가치적 재생을 지향하는 패러다임이 새로운 도시재생 전략으로 선정된 것이다. 이는 과거의 역사를 보존하고 현재의 관점에서 재해석하는 일이기도 하며 또한 과거의 기억과 현재의 만남을 통해 삶의 가치를 회복하는 일이기도 하다.

예술가, 작가 등을 위한 예술창작공간을 아트팩토리Art Factory, 파브릭Fabrique, Fabrik, 독립문화센터, 프리쉬Friche 등으로 부른다. 공장밀집지대에서 예술가들의 창작 작업실로 변한 미국 뉴욕 맨하튼의 소호,

---

13 산업유산은 근대화 과정에서 형성, 조성되었으나 지금은 사용하지 않고 버려진 시설이다. 항만시설, 공장시설, 창고시설, 운수시설, 철도시설, 군사시설, 농업시설, 교통시설 등이 있다.

전차차고를 복합문화예술공간으로 바꾼 영국 글래스고의 트램웨이, 낡은 방직공장을 창작공간으로 조성한 독일 라이프치히의 슈피너라이, 군수공장을 예술특구로 변신시킨 중국 베이징의 따산스 798예술특구, 맥주공장을 재활용한 일본 삿포로 팩토리 등이 대표적이다.[14] 또한 복합문화시설로 재생한 경우도 있다. 화력발전소를 개조한 영국 런던의 테이트모던미술관, 철도역을 재활용한 프랑스 파리의 오르세미술관, 과자공장을 리모델링하여 현대미술관으로 만든 미국 뉴욕의 디아 비콘, 수력발전소를 레스토랑 겸 전시장으로 바꾼 영국 런던의 와핑프로젝트, 제분소 곡물창고에서 미술관이 된 영국 게이츠헤드의 볼틱현대미술관, 제철소가 환경놀이터로 변신한 독일 뒤스부르크파크 등이다.

테이트모던미술관은 원래 1981년 폐쇄되어 템스 강변에 20년간 방치돼 있던 거대한 화력발전소였다. 하지만 과거와 현재 그리고 새로운 미래의 조화로운 공존을 위해 런던이 추진한 밀레니엄 프로젝트[15]의 핵심사업 중 하나로 2000년 리노베이션되어 문화, 예술을 즐길 수 있는 공간으로 재탄생되었다. 런던에서 가장 가난한 자치구 중 하나였던 사우스워크Southwark 재개발지구를 런던의 문화중심으로 끌어올렸으

---

14 그러나 이처럼 쇠락한 지역이나 산업시설이 예술가들의 근거지가 되어 활기를 찾으면 장소의 매력이 더해지면서 지가가 상승한다. 상승한 지가를 감당하기 어려운 예술가들은 다시 새로운 공간을 찾아 떠나게 되고 상품화된 장소는 고급 소비공간으로 변한다. 예술가는 없고 유명 화랑만 남은 베이징 따산스 798, 다운타운 쇼핑몰로 변한 맨하튼 소호 등도 이와 같은 맥락이고 서울 문래동 예술촌 역시 재개발의 위협에 놓여 있다.
15 프로젝트의 핵심은 그리니치 지역에 세워진 밀레니엄 돔, 런던을 조망할 수 있는 런던 아이, 템즈 강의 북쪽과 남쪽을 걸어서 이동할 수 있는 밀레니엄 브리지 그리고 테이트모던 미술관이었다.

〈테이트모던미술관〉

며 '테이트 효과'라는 말까지 생겼다.

벽돌로 된 벽, 세로로 난 긴 창문 그리고 99m 높이의 굴뚝이 있는 뱅크사이드 화력발전소Bankside Power Station는 1940년대 말 스콧경G. Scott이 설계한 전형적인 아르데코Art Deco 양식으로 건축물이다. 산업화 시대에는 중추적인 전력 공급처였지만 1980년대 유가 급등, 공해 등으로 발전소 기능이 정지되면서 폐쇄되었다. 영국의 테이트 예술재단은 1897년 테이트브리튼미술관을 밀뱅크에 건립한 이후 수많은 미술품을 소개하며 공식적으로 국립미술관의 역할을 수행해왔다. 하지만 방대한 양의 테이트 컬렉션을 보여주기에 테이트브리튼미술관의 전시 공간은 턱없이 부족하고 근현대 작품이 혼합되어 미술관의 성격도 분명히 드러나지 않았다. 그래서 새로운 미술관 건립을 계획했다가 버려진 이 발전소를 미술관으로 개조하기로 한 것이다. 발전소는 입지, 공간 규모, 접근성 등의 측면에서 새로운 미술관이 되기에 적절한 조건을 갖추고 있었다. 세인트 폴 대성당 맞은편에 위치한 런던의 중심부였고 발전소의 넓은 공간과 높은 층고는 미술관의 전시공간으로 적당했다. 또한 강 건너편과 밀레니엄 브리지로 연결되어 사람들의 접근이 용이하였기 때문이다.

발전소의 리모델링을 담당한 건축가 헤르초크J. Herzog와 드 뫼롱P. de Meuron은 옛것을 그대로 인정하고 받아들이면서 새롭게 활용하는 계획을 세웠다. 발전소의 옥상 위로 유리 구조물을 두 층 올렸을 뿐 대부분의 건축물 외형과 구조는 그대로 유지한 채 내부공간만을 전면적으로 혁신함으로써 옛것과 새것의 공존을 절묘하게 이루어냈다. 35m 높이에 바닥 면적이 3,565㎡인 터빈 홀Turbine Hall은 미술관의 서쪽 출입구이면서 때로는 대형 설치미술 전시실로 사용할 수 있도록 개조되었다. 주전시공간은 3~5층에 만들어졌으며 전시실들은 서로 다른 크기와 비율

〈미술관의 터빈 홀〉

로 리모델링되었다. 미술관 내부에는 당시 쓰던 발전소 기중기가 여전히 천장에 매달려 있는데 작품을 옮길 때 사용되고 있다. 그리고 반투명 패널을 사용하여 밤이 되면 등대처럼 빛이 나도록 개조한 굴뚝은 오늘날 미술관의 상징이 되었으며 스위스 정부의 지원을 받았기 때문에 '스위스 라이트Swiss Light'라고 부른다.

2012년에는 미술관 옆 발전소 부지에 11층 규모의 건물을 증축하였다. 지하에 있던 오일탱크 공간을 그대로 사용하고 터빈 홀에서 진입할 수 있는 입구를 만들었으며 현 미술관의 마감재와 같은 벽돌로 동질감을 주면서 두 개의 미술관이 아니라 기존 시설과 가장 잘 연결될수 있는 미술관을 만드는 데 목적을 두었다. 이곳은 특별히 교육에 초점을 맞추고 어린이 갤러리와 연구공간을 확보하였다. 이제 미술관은 보고 연구하고 즐길 수 있는 '에듀테인먼트 플레이스Edu-tainment Place'로 바뀌고 있다.

발전소는 산업시대의 문화유산을 상징하는 본래의 형태적 독특함과 공간적 특수성을 간직하면서 현대 문화의 상징인 미술관으로 전용되어 새로운 기능을 부여받게 되었다. 즉, 미술관은 발전소라는 역사 문화자산을 지속적으로 보존하고 활용하여 시대적 연속성 속에서 현대적 의미로 재탄생시켜 차별성을 갖게 한 것이다. 또한 미술관은 오랜 기간 낙후된 상태에 놓여있었던 이스트엔드 지역에 새로운 발전을 일으킬 수 있는 계기가 되었다.[16] 버려진 산업시설을 재활용한 테이트

---

16 런던은 템즈 강 북쪽을 중심으로 발전되어 강북에 세인트 폴 성당, 국회의사당, 금융산업, 고급주택 등이 집중되었고 반면 남쪽 이스트엔드 지역에는 공장, 저소득층 주거지가 형성되어 상대적으로 낙후되었다. 이런 지역 간 불균형을 해결하기 위해 밀레니엄 브리

모던미술관의 사례를 통해 성공적인 도시재생 전략을 위한 몇 가지 시사점을 얻을 수 있다.

첫째, 장소성과 지역주민의 장소애착이다. 폐쇄된 발전소를 철거하고 새로운 건물을 짓기보다 보존하여 리모델링함으로써 본래의 역사성과 장소성을 간직하였기 때문에 지역주민이 사랑하고 자랑하는 문화공간이 될 수 있었다. 공장과 창고로 대표되던 런던의 낡은 도시이미지를 세계 문화, 예술의 본고장으로 전환시키는 상징이 된 것이다. 여기서 역사와 전통을 존중하고 보존하려는 영국인들의 성향과 의지를 엿볼 수 있다.

둘째, 미술관과 문화, 예술에 대한 접근성이다. 특히 발전소가 위치한 이스트엔드의 사우스워크는 오래 전부터 폐허로 방치된 부두지역으로써 차가 다니지 않는 지역이었다. 때문에 상대적으로 교통이 불편하여 접근이 어려웠다. 하지만 발전소가 미술관으로 변신한 이후 사우스워크는 새롭게 건설된 밀레니엄 브리지로 걸어서 그리고 버스, 보트 등 새로 생겨난 교통시설을 이용하여 쉽게 접근할 수 있는 곳으로 바뀌었다.[17]

〈미술관에서 본 밀레니엄 브리지〉

지를 건설하고 강남에 문화지역, 녹지지역, 상업지역 등을 조성하였다. 그리고 미술관뿐만 아니라 다양한 문화시설을 유치하여 시민들이 휴식, 여가 등을 즐길 수 있는 공간으로 재개발하였다.

역사, 문화, 예술에 대한 접근성도 향상되었다. 미술관에서는 일부 기획전을 제외한 모든 전시를 무료로 관람할 수 있다.[18] 문화는 소수를 위한 것이 아니라 모두를 위한 것이라는 정책 때문이다. 또한 주민들이 일상생활에서 쉽게 문화를 접할 수 있고, 보는 것에서 그치는 것이 아니라 느끼고 즐길 수 있도록 하며 아울러 문화가 무엇인지, 어떻게 활용할 것인지를 깨닫게 하고 그 과정에서 창조의식이 싹트게 하려는 것이다.

셋째, 지역주민들과의 소통이다. 미술관이 지역에서 자리를 잡을 수 있었던 것은 10년 이상 지역주민들과의 협의과정을 통해 건립사업을 계획하였고 2001년 매직 미Magic Me, 2004년 보스트BOST, Bankside Open Space Trust 등 지역의 문화단체와 컨소시엄을 구성하여 다양하고 세분화된 주민참여 프로그램을 계속적으로 이어갔기 때문이다. 또한 주민들을 위한 미팅 룸, 영화감상 클럽, 정원, 텃밭 등을 만들어 지역주민들과의 소통, 지역의 환경개선에 적극적인 자세를 취했다.

넷째, 콘텐츠 제공 능력이다. 발전소를 미술관으로 재생시키는 것보다 더 중요한 점은 꾸준하게 보여줄 수 있는 다양한 문화콘텐츠가 구비되어야 한다는 것이다. 콘텐츠 제공 능력이 수반되지 않는다면 문화시설은 비어 있는 건축물에 불과하다. 미술관은 문화재적 가치가 높은

---

17 런던 대영박물관, 테이트브리튼미술관을 순회하는 무료 셔틀버스나 테이트브리튼미술관, 런던 아이를 오가는 보트를 이용하여 다른 미술관과의 연계성과 테이트모던미술관으로의 접근성을 높이면서 관람객의 편의도 도모하고 있다.

18 2000~2001년 7백만 명이던 방문객 수는 박물관 입장료 무료정책으로 2010~2011년 1800만 명으로 2배 이상 증가하였다. 현재 무료입장 박물관은 테이트모던박물관을 포함하여 국립해양박물관, 빅토리아알버트박물관, 자연사박물관, 대영박물관, 내셔널갤러리, 테이트브리튼미술관, 임페리얼전쟁박물관 등이다.

건축물을 보존함으로써 도시의 역사성과 장소성을 살려냈을 뿐만 아니라 그들이 보유한 다양한 컬렉션과 문화콘텐츠를 지속적으로 제공함으로써 세계적인 미술관으로 자리매김할 수 있었던 것이다.

마지막으로, 문화·예술정책과 공간계획의 결합이다. 문화시설의 입지는 개별 단위로 정하기보다 지역 또는 도시의 전체적인 발전방향을 염두에 두고 문화정책이 도시계획과 연계될 수 있도록 광역적 측면에서 접근하는 것이 필요하다. 전체적인 장기발전계획 속에서 런던 밀레니엄 프로젝트의 일환으로 리모델링된 미술관은 밀레니엄 브리지와 함께 이스트엔드지역 재개발의 매개 역할과 지역 간 격차 완화 임무를 수행하여 도시재생이나 창조적 도시계획에서 주요한 성과로 인정받고 있다.

5. 새로운 공간의 창조 - 빌바오 구겐하임미술관

기존의 부정적인 도시이미지를 새로운 문화도시 이미지로 변환시키고 도시 재활성화를 도모하기 위해 도시의 정체성과 관계없는, 전혀 새로운 문화시설을 유치하기도 한다. 영향력 있는 문화시설을 도시의 슬럼지역에 건립하여 장소의 매력도를 높이고 이를 매개로 관광산업을 비롯한 예술, 금융, 보험 등의 산업들을 문화시설 주변지역에 유치하려는 전략이다. 이는 문화주도형 도시재생에서 많이 나타나는 유형으로서, 지역발전을 직접적으로 도모하는 개발방식으로 작동한다. 1990년대 말부터 각종 박물관과 미술관, 문화·예술센터, 극장, 공공예술집회장소, 축제광장 등의 문화시설이 집중적으로 건설되었다.

상징적인 건축물에 대한 투자는 그 자체의 발전보다 도시재생의 매개체, 앞으로의 투자에 대한 자극요인이자 도시공간을 문화 상품화하기 위한 마케팅 수단이다. 하지만 다른 한편으로 대형 건축물의 유치는 도시의 정체성이나 문화적 맥락을 배제한 채 최신 유행의 세계적인 건축물을 이식하여 물리적, 상징적으로 재생에 기여하였다는 인식을 시민들에게 각인시키려는 정치인들의 전략이기도 하다(Hubbard, 1996 : 1445; Gonzalez, 2004 : 181; 최준, 2010 : 15).

스페인 북부 바스크자치주의 중심에 위치한 빌바오는 2010년 기준으로 면적 41.26㎢, 인구 35만 명 정도가 거주하는 스페인 제1의 항구도시이다. 광장을 중심으로 뻗은 방사형 주간선도로와 중정형의 블록을 가진 전형적인 중세도시의 모습을 하고 있으며

〈스페인 빌바오〉

네르비온 강을 끼고 있다. 빌바오는 제철소, 조선소가 있는 전통적인 공업도시로서 무역의 발달과 함께 성장하여 산업혁명을 맞아 전성기를 누렸으며 1970년대까지 45만 명의 인구가 거주하는 활기찬 도시였다. 그러나 1970년대 말 유럽의 산업위기로 도시의 기반산업이 몰락하기 시작하면서 1980년대 위기에 직면하게 되었다. 산업구조 붕괴, 일자리 감소, 실업률 증가 등 도시의 경제여건은 급속히 악화되고 또한 오염된 도시환경 때문에 시민들은 도시를 빠져나갔다. 이와 함께 바스크 분리운동의 중심지[19]라는 부정적인 이미지로 새로운 투자나 관광 역시 감소하였

다. 따라서 오염된 강과 쇠퇴한 도시이미지로 인해 '악취나는 시궁창'으로 불리게 된 빌바오에서는 도시경제의 활성화와 도시재생의 필요성이 대두되었다.

빌바오의 상황은 산업위기로 도시 침체를 경험한 글래스고의 상황과 유사하였기 때문에 1980년대 후반 빌바오는 경제발전, 도시성장, 도시이미지의 쇄신 등을 위해 글래스고의 재생정책을 벤치마킹하였다. 빌바오는 글래스고 개발청이 내걸었던 "글래스고는 할 수 있다Glasgow can do it"을 가져와 "Bilbao puede hacerlo(Bilbao can do it)"라는 슬로건을 내세웠다.

재생사업의 첫 단계는 산업화로 오염된 도시를 깨끗하게 재생하고 멋진 경관을 창출하여 기존의 부정적인 산업도시 이미지를 변화시키는 것이었다. 이를 위하여 공간의 변화, 즉 공간의 재생은 필수조건이었다. 재생계획을 수립하고 전략을 수행하기 위해 1991년 '빌바오 메트로폴리-30Bilbao Metropoli-30'와 1992년 '빌바오 리아 2000Bilbao Ria 2000'을 설립하였다.[20] 이어 1995년 '메트로폴리탄 빌바오 계획'을 수립하여 각종 공장 폐수와 생활 오수로 오염된 강을 정화하는 작업이 시작되었다. 그리고 수변공간의 재생과 항만지역의 확장을 위해 강을 도시재생의 축으로 활용하는 도시재생 프로젝트를 추진하였다. 도시 중심부에 있던 항구를 외곽지역으로 옮겼으며 산업시설 이전적지나 유휴지를 철거 재

---

19 바스크의 분리 독립을 주장하는 무장단체인 ETA(Euskadi Ta Azkatasuna, 영어로는 Basque Fatherland and Liberty)의 본거지이다.

20 '빌바오 메트로폴리-30'은 시정부, 은행, 대학, 정유회사, 철강회사, 철도공사, 건설회사, 미술관, 항공사 등 130여 개 공기업과 민간기업으로 구성되어 빌바오 재생을 위한 중장기 비전과 개발계획을 수립한다. '빌바오 리아 2000'는 스페인 중앙정부와 바스크정부가 절반씩 투자하여 설립된 공기업으로서, 정치적 개입 없이 독립적으로 운영되며 빌바오의 도시재생 프로젝트를 실제적으로 책임지고 있다.

〈빌바오 구겐하임미술관〉

개발의 수법을 통해 새로운 생활문화의 중심지로 재생하였다. 아반도
이바라Abandoibarra 지구[21]가 대표적이다.

  두 번째 단계에서는 문화와 예술을 통한 경제 활성화를 목표로 내세
웠다. 빌바오가 벤치마킹했던 글래스고는 스코틀랜드의 중심도시로
서 오랜 전통과 역사를 지녔고 그것이 문화와 예술로 꾸준히 이어져
오고 있었기 때문에 이를 도시재생에 적극적으로 활용할 수 있었다.
그러나 빌바오는 상대적으로 고유의 전통과 문화, 예술이 빈약하였고
바스크 문화에 대한 발굴과 이해도 부족하였다. 그래서 빌바오의 개발

---

21 11만 평 규모의 아반도이바라 지역은 '빌바오 리아 2000'에 의해 추진된 가장 상징적인
프로젝트라고 할 수 있다. 폐허가 된 항만, 창고용지에 건축가 펠리C. Pelli의 마스터플랜
에 의해 주거, 상업, 업무, 문화시설이 어우러진 복합공간과 공원, 오픈스페이스 등의 공
간이 조성되었다.

전략은 도시의 정체성과 전혀 관계가 없는 새로운 문화를 도입하여 기존의 부정적인 이미지를 개선하고 새로운 문화도시 이미지를 창출하는 데 초점이 맞춰졌다. 이를 위해 빌바오는 국제적으로 명성이 있는 구겐하임미술관[22] 유치를 선택하였다. 이는 단기간에 결정된 것이 아니라 쇠퇴하는 15개 도시들을 각각의 전통과 문화에 맞게 발전시키고자 한 바스크정부의 발전전략에 맞춰 1990년부터 추진된 계획이었다. 주민들 90% 이상이 유치를 반대하였지만 바스크정부와 빌바오시의 강력한 의지로 아반도이바라 지구에 구겐하임미술관이 개관되었다.[23]

몰락한 공업도시에서 세계적인 문화도시로 탈바꿈하게 된 빌바오는 문화시설 유치를 통한 도시재생의 성공적인 사례로 평가받고 있다.[24] 미술관은 빌바오의 랜드마크이자 도시재생의 구심점이 되었으며 빌바오는 미술관을 통해 경제적 가치를 만들어냈을 뿐만 아니라 유럽에서 빼놓을 수 없는 중요한 관광도시가 되었으며 국제사회에서 예술적 지위를 획득하게 되었다.

미술관의 성공에 힘입어 빌바오는 주거지 재개발, 공원 조성, 공업용

---

22 1991년 미국 건축가 게리F. Gehry가 설계한 빌바오 구겐하임미술관은 1997년 개관되었다. 24,000㎡의 대지에 들어선 미술관은 33,000여 개의 티타늄 판으로 이뤄져 '강철 꽃Metal Flower'이라고 불릴 정도로 독특한 외관을 가지고 있으며 네르비온 강에 정박한 선박 형상을 하고 있다.

23 스페인정부와 유럽연합EU의 지원이 있긴 했지만 인구 200만이 겨우 넘는 바스크 자치정부가 2,000억이라는 예산을 확보해 미술관을 설립한 것은 획기적인 사건이었다. 바스크정부 및 비스케이야 주 정부는 정치적 후원과 함께 박물관 건설에 소요되는 재원을 각각 50%씩 분담하였다. 빌바오는 부지를 제공하고 솔로몬 구겐하임재단은 근현대 미술 컬렉션, 특별전시의 프로그램 등 박물관 운영과 경험을 제공하였다.

24 엄청난 건설비용 때문에 예산낭비라는 비판을 받기도 했지만 개관 3년 만에 건설비를 회수하였고 5년 만에 모든 투자금을 되찾았다. 개관 이후 매년 100만 명의 관광객이 미술관을 방문하고 10년 간 2조 천억 원의 관광수입을 올려 '빌바오 효과', '구겐하임 효과'라는 명성을 얻었다.

지의 문화용지로의 전환, 대중교통 확충 및 교통시설 개선, 공공디자인 도입 등을 통해 도시 전체를 아우르는 재생사업을 추진하였다. 그리고 정화된 강을 중심으로 문화, 경제 활동이 전개될 수 있도록 쇠퇴한 산업용지에 해양박물관, 미술관, 콘서트홀 등 문화시설을 설치

〈주비주리Zubizuri 다리〉

하였다. 불편한 대중교통 시스템을 개선하기 위해 구도심과 강변의 신개발지역을 연결하는 트램Tram과 보행자 전용다리인 주비주리Zubizuri을 만들었다. 또한 문화회관, 미술관, 구도심 주변의 성당과 유적지를 잇는 보행자길과 함께 공원, 어린이놀이터 등을 조성하여 시민들의 삶의 질을 높이기 위해 노력하였다. 또한 공공디자인 개념을 도입하여 지하철(유럽 건축대상 수상), 공항터미널, 위생국 건물Health Department building 등을 건축하였다.

  그렇지만 경제적 창출 효과, 랜드마크와 같은 상징적 가치 등 미술관 유치에 대한 가시적인 성과 이면에는 부정적인 비판의 시각들도 있다. 먼저, 미술관은 바스크나 빌바오 문화와 너무나도 생소한 수입된 이미지라는 것이다(Aldama, 2008 : 127; 이은해, 2009 : 129). 산업시설이 있던 곳에 들어선 거대한 건축물은 과거와는 단절된 이질적인 느낌을 주며 도리어 바스크민족이 정체성을 잃어버리고 세계화의 흐름 속에서 문화의 혼돈과 위기를 드러내고 있는 것으로 여겨진다. 도시의 전통과 역사, 정체성과 장소성을 잘 반영하지 못하고 있기 때문이다.

둘째, 문화 인프라 투자와 장소마케팅에 의존한 도시재생 전략이다 (Gómez and Gonzalez, 2001 : 898; Plaza, 2006 : 452~453). 새로운 문화시설 구축을 위한 투자, 세계적으로 유명한 건축가의 작품을 강조한 장소마케팅 등과 같은 관 주도적인 물리적 도시재생은 주민 중심적이지 않으며 공동체의 활성화를 유도하기 어렵다. 이런 전략을 뒷받침해 줄 수 있는 다양한 지역콘텐츠 발굴, 지역 또는 주민들과의 소통, 다양한 주변시설과의 연계 등이 없다면 미술관의 매력은 점차 사라질 것이다.

셋째, 미술관의 사회적 기능이다(이은해, 2009 : 134~136). 도시의 특성과 정체성을 보존하고 전파하는 지역미술관의 사회적 역할보다 구겐하임미술관은 소비성향이 높은 외부 관광객을 우선적으로 고려한 기획전시 위주의 상업적 운영이 주가 되고 있다. 그래서 지역주민들에게 소극적이며 특히 지역 예술인의 활동 지원과 작품 전시에 대해서도 뚜렷한 역할을 하지 않고 있다. 미술관 유치가 바스크정부와 구겐하임재단 측의 협력으로 정치적, 경제적 요구에 의해 만들어진 결과물이기에 상대적으로 지역의 문화, 예술에 대한 고려가 미약하고 주민들이 직접적인 혜택을 받지 못하고 있는 것이다. 미술관은 도시의 랜드마크는 되었지만 지역사회를 대표하는 상징과 구심점이 되지는 못하였다.

철강, 조선 등 기반산업의 쇠퇴로 빌바오는 완전히 무너지고 황폐했기 때문에 절박한 심정으로 생사를 걸고 도시재생을 수행할 수밖에 없었다. 또한 고유의 문화, 예술 자원이 부족했던 빌바오의 창조도시 전략은 산업시설 이전적지나 유휴지에 구겐하임미술관과 같은 새로운 문화시설을 유치하는 장소마케팅으로 시작되었으며 이를 매개로 도시의 재생정책을 본격적으로 추진하였다. 성공적인 사례로 평가되고 있는 오늘날의 빌바오가 있기까지는 구겐하임미술관이 중요한 역할을 수행하였다. 그러나 그 뿐만 아니라 네르비온 강의 정화, 강 주변의 문화시설 벨트화, 교통환경 개선 등을 추진한 지방정부의 결단과 추진력, 전문가 참여, 민관협력, 종합적이고 장기적인 마스터플랜 등이 있었기에 가능했다.

하지만 개관된 지 15년이 지난 최근, 문화시설의 유치에 대한 비판은 현실로 나타나고 있다. 미술관을 찾는 외부 관광객과 지역주민들이 감소하고 있기 때문이다. 주된 원인은 2008년 미국발 금융위기와 그 이후의 유럽재정 위기 탓일 것이다. 하지만 지속적인 콘텐츠 발굴, 지역 예술가의 참여나 주민들과의 소통, 주변시설과의 연계, 타 도시에서의 접근성, 관련 산업의 동반성장 등의 문제들이 여전히 해결되고 있지 않기 때문이기도 하다. 도시성장의 강력한 유인요인으로 작동했던 구겐하임미술관의 매력도가 이처럼 약해진다면 결국 '빌바오 효과'는 '빌바오 한계'에 부딪히고 말 것이다. 빌바오 구겐하임미술관은 관 주도의 인프라 투자, 장소마케팅에만 의존하여 도시재생을 추진하기에는 한계가 있으며, 성공적인 도시재생을 위해서는 주민 중심, 주민의 참여와 협력 등을 포함한 다양한 요인들이 뒷받침되어야 한다는 것을 알려주는 사례라고 할 수 있다.

본 연구에서는 도시재생의 배경과 변화, 창조도시 담론에 대해 고찰하고 이어서 공간적 관점에서 스케일이나 재생방법 등에서 차이가 있는 3곳의 창조공간 사례를 살펴보았다. 결과를 간단하게 정리하면, 대형 이벤트 개최를 계기로 도시재생을 이루고자 노력한 글래스고의 전략은 만족할 만한 성과를 거두지는 못하고 있지만 로컬리티를 창조적인 도시재생에 적극적으로 활용한 사례라고 할 수 있다. 고유한 자원에 근거한 글래스고의 로컬리티는 지속성, 유연성을 가지면서 문화현상을 주도할만한 문화적 창조력을 보여주었으며 도시의 문화 정체성이 예술과 문화, 나아가 창조산업을 통해 드러날 수 있도록 하였다. 또한 쇠퇴하는 도시를 다시 일으킬 수 있는 기반이 되었다. 한편으로 '산업쓰레기 도시'라는 부정적인 도시이미지를 '문화도시'라는 긍정적인 도시이미지로 변환시켜 새로운 로컬리티를 창출하기도 하였다.

테이트모던미술관 사례는 장기적, 전체적인 관점에서 로컬의 현실과 문제를 제대로 진단하고 로컬의 독자적인 역동성의 근원인 로컬리티의 가치를 추구하는 것이 도시재생의 중요한 성공요인으로 작동한다는 것을 잘 보여주고 있다. 미술관은 폐쇄된 산업시설을 재활용함으로써 로컬의 장소성, 역사성을 유지하고 보존하였으며 또한 다양하고 지속적인 문화콘텐츠, 지역단체와의 유연한 네트워크 등을 통해 주민들의 삶의 질을 높였다. 아울러 지역 간 소통, 지역재생의 발판이 됨으로써 로컬의 의미와 가치를 새롭게 발견하였으며 삶의 터로서의 로컬을 회복시켜 준 계기가 되었다.

마지막 사례인 빌바오는 앞의 사례가 문화적 도시계획이나 문화콘텐츠 기반이었던 것에 반해 문화시설 위주의 도시재생 전략을 추진하였다. 즉, 빌바오 구겐하임미술관은 로컬의 장소성이나 지역성을 유지하기보다 새로운 문화시설을 유치하여 전혀 새로운 로컬리티를 창출하고자 시도한 사례라고 할 수 있다. 고유의 문화 자원이 부족하여 외부의 문화를 이식할 수밖에 없었던 빌바오는 구겐하임미술관 유치를 통하여 '악취나는 시궁창'에서 '문화도시'로 도시이미지를 쇄신하였으며 이를 매개로 도시 전체를 대상으로 다양한 재생전략을 추진하였다. 그러나 미술관 외에 다른 매력적인 요소들이 부족하고 내재된 문제들이 해결되지 않아 문화시설 유치에 대한 비판이 현실화될 수도 있다는 우려를 안고 있다.

도시마다 처한 상황과 여건이 다르고 고유한 문화, 예술 자원 또한 천차만별이다. 상이한 역사적 전통과 자산 그리고 인적, 물적 기반을 갖고 있는 상황에서 타 도시의 성공사례를 무비판적, 단편적으로 이식하고자 한다면 아무리 많은 자금과 인력을 투입하더라도 그 정책은 시행착오를 거치며 실패하게 될 것이다.

따라서 외국 사례도시의 상황과 여건은 물론, 정치, 사회, 경제적 맥락에서 정책의 추진배경, 전개과정, 결과를 종합적으로 분석하여 우리나라 각 도시의 실정에 맞는 전략과 방식을 개발해야 한다. 또한 창조도시 전략이 성공적으로 이루어지기 위해서는 관 주도의 인프라 투자, 장소마케팅 등 한 두 개의 요인만이 아니라 주민의 참여, 지역과의 소통, 주변시설 및 관련 산업과의 연계 등 다양한 요인들이 뒷받침되어야 할 것이다. 고유의 문화 자원을 활용하든 이식한 문화를 접목하든, 창조도시 전략에서 가장 중요한 것은 주민들이 그 혜택을 누리고 주민들의 삶의 질이 향상되며 주민들이 도시를 살기 좋은 곳으로 느낄 수 있도록 만들어야 한다는 점이다. 이를 잊지 말아야 할 것이다.

참고문헌

강동진, 「근대문화유산을 활용한 창조도시 육성」, 『국토』 322호, 국토연구원, 2008.

김상욱, 「서비스・건축・문화의 도시로 새롭게 도약하는 글래스고」, 『국토』 256호, 국토연구원, 2003.

박은실, 「도시 재생과 문화정책의 전개와 방향」, 『문화정책논총』 17집, 한국문화관광연구원, 2005.

_____, 「창조지구 조성과 도심문화공간 확충을 통한 창조적 도시재생」, 『문화예술경영학연구』 2권 1호, 한국문화예술경영학회, 2009.

서순복, 「문화수도 선정을 통한 도시 장소마케팅 전략 활동의 연구―영국 글래스고 문화수도 선정사례를 중심으로」, 『한국사회와행정연구』 17권 2호, 서울행정학회, 2006.

서준교, 「문화도시전략을 통한 도시재생의 순환체계 확립에 관한 연구―Glasgow의 문화도시전략을 중심으로」, 『한국거버넌스학회보』 13권 1호, 한국거버넌스학회, 2006.

이은해, 「유럽의 전통산업도시에서 문화예술도시로의 변모―빌바오Bilbao에서의 '구겐하임효과Guggenheim Effect'에 대한 비판적 고찰」, 『EU연구』 25호, 한국외국어대 EU연구소, 2009.

조관연・공윤경, 「영국 글래스고에서의 도시재생과 창조산업」, 『인문콘텐츠』 28호, 인문콘텐츠학회, 2013.

조성철・임업, 「창조도시의 지속가능성과 지속가능한 창조도시」, 『한국지역개발학회지』 21권 3호, 한국지역개발학회, 2009.

최 준, 「도시 근대 산업유산의 문화적 재생을 통한 커뮤니티 활성화 방안에 관한 연구―국내 아트팩토리 조성 운동을 중심으로」, 인하대 석사논문, 2010.

사사키 마사유키, 정원창 역, 『창조하는 도시―사람・문화・산업의 미래』, 소화, 2009.

Aldama, Juan Alonso, "La construcción mítica del discurso nacionalista vasco", *Tópicos del Seminario* 20, 2008.

Booth, P. and R. Boyle, "See Glasgow, see culture", in Bianchini, F. and M. Parkinson(eds.),

Cultural Policy and Urban Regeneration-the West European Experience, Manchester : Manchester University Press, 1993.

Evans, G., "Hard-branding the Cultural City from Prado to Prada", *International Journal of Urban and Regional Research* 27(2), 2003.

_____, "Measure for Measure-Evaluating the Evidence of Culture's Contribution to Regeneration", *Urban Studies* 42(5 / 6), 2005.

Garcia, B., "Cultural Policy and Urban Regeneration in Western European Cities — Lessons from Experience, Prospects for the future", *Local Economy* 19(4), 2004.

Gómez, M. and S. Gonzalez, "A reply to Beatriz Plaza's 'The Guggenheim-Bilbao Museum effect'", *International Journal of Urban and Regional Research* 25(4), 2001.

Gonzalez, S., "The Role of the Guggenheim in the Development of Urban Entrepreneurial Practices in Bilbao", *International Journal of Iberian Studies* 16(3), 2004.

Hubbard, P., "Urban Design and City Regeneration-Social Representations of Entrepreneurial Landscapes", *Urban Studies* 33(8), 1996.

MacInnes, J., "The Deindustrialisation of Glasgow", *Scottish Affairs* 11(Spring), 1995.

Plaza, Beatriz, "The Return on Investment of the Guggenheim Museum Bilbao", *International Journal of Urban and Regional Research* 30(2), 2006.

McLay, F., *Workers City-the Reckoning*, Glasgow : Clydeside Press, 1990.

Roberts, P. and H. Sykes, *Urban Regeneration*, Sage, 2000.

글래스고시, http://www.glasgow.gov.uk

『동아일보』, http://news.donga.com, 2009.10.8.

스코틀랜드 개발청, http://www.scottish-enterprise.com

『한국교직원신문』, http://www.ktcunews.com, 2012.6.25.

National Geographic Traveler, http://travel.nationalgeographic.com/travel/traveler-magazine, 2003, July/Aug.

그림 및 사진 출처

영국 글래스고 : http://maps.google.co.kr

뷰캐넌Buchanan 보행자전용거리 : https://en.wikipedia.org

클라이드 아크Clyde Arc : https://en.wikipedia.org

BBC 스코틀랜드 본사가 있는 디지털미디어본부 : https://en.wikipedia.org

테이트모던미술관 : http://commons.wikimedia.org

미술관의 터빈 홀: https://en.wikipedia.org

미술관에서 본 밀레니엄 브리지 : https://en.wikipedia.org

스페인 빌바오 : http://maps.google.co.kr

빌바오 구겐하임미술관 : http://commons.wikimedia.org

주비주리Zubizuri 다리 : https://en.wikipedia.org

창조적 재도시화를 위한 전략적 프로세스

김상원

1. 도시재생을 보는 관점

유럽도시비교연구소EURICUR, The European Institute for Comparative Urban Research의 레오 판 덴 베르크Leo van den Berg 소장은 인구 성장률에 따른 도시의 중심 지역과 주변지역 간의 관계 변화에 주목하고, 도시의 규모와 기능의 변화에 따라 도시의 발전은 도시화urbanization, 교외화suburbanization, 탈도시화desurbanization 또는 역도시화counterurbanization 및 재도시화reurbanization와 같은 단계로 진행된다고 보고 있다(Van den Berg, 1987). 도시화와 교외화 단계까지는 도시에 인구가 집중되는 과정이고, 탈도시화 내지는 역도시화와 재도시화 단계는 도시의 발전이 정체되어 인구가 분산되는 단계라고 할 수 있다.

베르크는 도시의 발전단계에서 탈 도시화의 원인은 환경오염, 주택,

교통, 범죄 등 도시의 질적 거주환경과 관계가 있는 것으로 간주하고 있다. 이와 같은 도시의 발전단계는 서울과 같은 대규모 도시에는 어느 정도 부합되는 측면을 찾을 수 있으나, 우리의 중소도시의 탈도시화 현상에 적용하는 데에는 무리라고 할 수 있다. 왜냐하면 탈도시화의 원인이 도시 내부의 환경적 변화뿐만이 아니라, 주변국의 급속한 산업화로 인해 발생하는 산업공동화 현상과 같은 도시 외적인 영향이 더욱 크기 때문이다. 주변국의 산업화로 인해 인건비가 저렴하고, 투자여건이 좋은 국가로 생산시설이 이동하게 되면서 국내 중소도시들의 산업공동화 현상이 생기고 인구가 감소하게 되었다. 원인이 어찌 되었든, 베르크에 의하면 인구가 분산되면서 생기는 인구 비 밀집지역은 그 매력을 상실하게 된다(Van den Berg, 1987).

고유한 매력을 잃어가는 우리의 도시들은 외국의 도시재생 사례를 본보기로 부가가치를 갖는 문화적 재생을 통한 재도시화에 관심을 갖기 시작했다. 지자체들은 도시 재생을 위한 목적으로 축제와 같은 다양한 문화콘텐츠를 활용하여 도시의 경제 활성화를 도모하고 있다. 축제가 없는 도시가 없을 정도로 우리의 지자체들은 새로운 문화콘텐츠를 자신의 도시에 접목시키려고 시도하고 있지만, 그 성공사례를 찾아보기는 쉽지 않다. 그 원인으로 콘텐츠 문제, 관주도형 혁신, 전문 인력의 부족 등 다양한 문제점을 찾을 수 있으나, 무엇보다도 근본적인 문제는 도시재생 철학과 전략의 부재를 들 수 있다. 도시를 재생하고자 할 때 지자체는 부족한 재원을 충족시키기 위해 민간 사업자를 끌어들이기 위해 노력하고 있다. 이때 투자자로서의 민간사업자는 공공성 보다는 투자에 대한 이익을 먼저 고려하기 때문에 도시재생이 도시 재개발과 같은 하드웨어 중심으로 변모되는 경우가 비일비재하다. 이 경우 투자자의 입장과 투자에 대한 경제적 활성화에 대한 기대가 우선시 되면서 해당 도시 주민의 관심과 욕구는 거의 고려되지 않는 경우가 많다.

재도시화에는 공공성과 투자에 대한 경제적 효과가 동시에 수반될 수 있는 원칙이 필요하다. 이하에서는 독일의 노르트라인 베스트팔렌(Nordrhein-Westfalen, 이하 NRW)주의 재도시화에서 드러난 성공적인 시도들을 살펴봄으로써 재도시화의 과정에서 간과할 수 없는 본질적인 원칙과 이를 지키고 실천하기 위한 전략적 관점을 살펴보고자 한다.

2. IBA 엠셔파크Internationale Bauausstellung Emscher Park 사업의 전략적 프로세스

엠셔파크Emscher Park의 모태인 루르Ruhr 공업지대는 20세기 중반까지 독일 성장의 중추적 에너지원이었다. 이곳은 산업화의 동력이었던 석탄과 철광석을 지원하는 전초기지 역할을 해왔다. 이곳의 수많은 제철소와 탄광들은 1980년대로 접어들면서 제 역할과 기능을 상실하게 되었다. 그러자 도시 노동자들은 실직하게 되고 기존의 산업공간은 폐허로 전락하게 되었다. 이와 같은 유사한 산업공동화 현상은 현재 우리 도시들에게도 예외가 아니다. 우리의 지자체들은 시급하게 재도시화에 성공적으로 평가 받는 유럽이나 일본의 사례들을 모범 삼아 우리 도시에 적용하려고 시도하고 있다. 이 과정에서 콘텐츠나 도시공간의 재구성 등 주로 도시 재구성의 요인들이 무엇인가에 주목하고 그것의 모방에 그치고 있는 경우가 허다하다. 여기서 주목할 만한 것은 우리가 해외 사례들을 참고할 때, 성공과 실패의 요인들 그리고 그 요인의 외부 환경과 내부 환경에 대한 관심에 집중한 나머지, 우리가 모방할 만한 사례들이 성립하게 된 프로세스 및 그 프로세스가 진행될 수 있었던 내적 또는 외적 환경에 대한 천착은 대체로 미미하다는 점이다.

독일의 '엠셔파크' 역시 재도시화의 성공적인 모델로 평가 받고 있다. 여기서 주목할 만한 것은 성공적인 평가의 기준이 보통 기존의 독일 재건의 역사성이 배어있는 공간 구성요소들을 파괴하지 않고 도시를 창조적으로 재생시켰다는데 있다. 공간의 역사성은 종종 이야기로 또는 하나의 신화로 회자되면서 그 공간이 갖고 있는 상징성을 발현하는데 기여하곤 한다. 이러한 역사성이 보존되고 더 나아가 확대 발전시키는 것이 중요하다는 것은 이미 상식수준이다. 여기서 주목해야 할 것은 그 역사성을 유지하면서 발전시켰던 프로세스의 내외부적 환경에 관한 것이다.

루르 지역은 2012년 기준 약 1,785만 명의 인구가 거주하고 있는, 독일 중서부에 위치한 노르트라인 베스트팔렌(Nordrhein-Westfalen, 이하 NRW) 주의 중심부를 차지하고 있고, 루르 지역은 중소도시들이 밀집한 전통적인 산업지역으로 거주민은 2009년 말 기준으로 약 5백만 명이 조금 넘는다. 이 지역은 원래 '루르'라는 행정단위가 있었던 것은 아니고, 라인 강의 지류인 루르 강을 기점으로 19세기 이후 석탄과 철강과 관련된 개발이 진행된 지역이 루르 지역이라고 불리워 졌던 곳으로서, 1871년 독일제국이 통합되면서 프로이센의 국내 식민지로 중공업 개발이 활발해진 지역이다. 1차 대전 당시 프랑스에 점령당하거나 2차 대전 중 개발이 잠시 멈춘 적도 있었으나 1950년대까지 줄곧 철강 산업 개발투자가 집중된 지역이었다. 전후 석탄에서 석유로 에너지 사용이 전환되고, 노동비용이 상승하게 되면서 철강 산업의 해외이전이 시작되었고, 이로 인해 1960년대 이후 루르 지방의 중공업은 점차 쇠퇴하게 되었다. 그 결과 탄광과 공장들이 문을 닫는 사례가 속출하게 되었고 그 결과로 실업자들이 넘쳐나게 되었다. 이제 NRW주는 1980년대를 지나며 심화된 실업률이 사회 문제화 되는 지경에 이르게 되었다. 1980년에 엠셔 강 지역의 실업률이 6%였던 것이 1987년에 16%로 상승하게 되자, 주 전체의 실업률이 5%에서 10%로 상승하는 추이를 보이게 된다. 특히 루르지역 중 엠셔 강을 중심으로 늘어서 있던 산업지대의 실업률이 급격히 상승하면서, 주 전체의 실업률을 끌어올리는 원인으로 주목받게 되자, 엠셔 강 유역의 탈도시화의 심각성이 두드러지게 되는 결과를 낳게 된 것이다. 1955년 기준 620만 명이었던 루르 지역 인구가 결국 뒤셀도르프Düsseldorf나 쾰른Köln이 속한 라인Rhein 강변 지역으로 이주하게 되면서, NRW주의 자체 집계에 따르면(Regionalverband Ruhr, 2009), 1962년에는 약 570만 명으로 감소하게 된다. 이와 같이 7년 사이에 약 50만 명 이상의 인구가 급격히 감소하게 된 것을 보면, 이러한 심각한 인구유출 현상은 주 정부 입장에서 정책적 해결이 시급히 요구되는 중요한 사안일 수밖에 없다.

실업의 증가로 인한 문제는 급격한 인구 유출만이 아니다. 실업사태는 광대한 산업유휴지를 양산하게 되었는데, 이 유휴지는 사회문제와 더불어 도시재생과 관련된 토지 이용문제를 부각시키는 단초가 되기에 충분했다고 볼 수 있다. 엠셔Emscher 강변에서 방치된 토지는 권역

면적의 8%에 달하는 66㎢에 달할 정도로 매우 넓은 지역을 차지하고 있다. 토양오염이 심각할 것으로 예상되는 방치된 토지와 폐허로 남게 된 황량한 공장지대 및 시가지 공간에 대한 우려는 주민들의 심리에 악영향을 미치기에 충분했다. 따라서 당시 주민들 사이에는 재도시화를 위한 중장기적 시각에서 보았을 때, 환경에 나쁜 영향을 끼칠 수 있는 방식으로 유휴지가 다시 사용된다면, 즉 소위 폐기물 처리장과 같은 또 다시 오염이 가중되는 방식으로 재도시화가 전개된다면, 이 지역은 돌이킬 수 없는 상황에 직면하게 될 수 있다는 깊은 우려가 팽배해 있었다.

루르 지역 중에서도 특히 엠셔 강 주변의 문제는 주 정부 입장에서도 시급히 해결해야 할 과제라고 할 수 있다. 왜냐하면 주 인구의 3분의 1 가량의 주민이 주거와 직업 활동을 하고 있는 지역이기 때문이다. 그러나 이를 해결하는데 있어 몇 가지 문제점을 들 수 있다. 하나는 루르 지역 안에서도 20세기 들어서부터 급격하게 중공업개발이 진행되어 엠셔 강변 지역에 대한 오염이 심각하다는 점과, 다른 하나는 원래 중공업 개발과 거주지 개발에 있어 지자체가 중심이 되어 개발을 주도적으로 조정한 것이 아니라 국가적 경제정책에 따라 상위 행정기관이나 재벌기업에 의해 이루어졌다는 점이다. 또한 엠셔 강 주변은 중공업용지와 주택지가 뒤섞여 있는데다가 행정구역상으로도 다수의 중소 도시들에 속해 있어, 이 지역을 재도시화 하기 위한 하나의 포괄적 계획을 세우기 어려운 상황이라는 점들이 문제가 되었다.

이러한 다양한 이유들로 인해서 이 지역 재생은 주 정부 주도하에 행해지게 된다. 주 정부 사업은 1980년부터 이런 산업유휴지에 대한 대책으로 지자체가 출자한 독립적인 개발공사를 통해 산업유휴지를 기업으로부터 취득하여, 환경회복을 위한 토지안전대책을 시행한 후 주택용지, 신 산업용지, 녹지 등으로 나누어 지자체에 다시금 양도하는 방식으로 진행되었다. NRW 주 정부는 루르지역에 있는 유휴지들을 적극적으로 매입한 결과 1989년에는 환경과 경제적 여건이 악화된 상황에 처해 있던 엠셔 강 주변의 유휴 공간을 활성화시키기 위한 IBA^{Internationale} Bauausstellung(국제 건축박람회, 이하 IBA) 엠셔파크 프로젝트를 시작하게 된다. 이 사업은 엠셔 강 주변의 생태환경을 개선하고 이를 통해 지역 경제를 활성화하는 데에 목적을 두고 있다.

여기서 IBA는 사회적, 문화적, 생태적 영역에서 도시계획^{Stadtplanung}과 도시건설^{Städtebaus}을 위한 접근방식의 일환이지만, 엠셔 강 유역의 공간계획과 공간 재구성을 위해서 새롭게 만들어진 사업모델은 아니다. IBA는 주어진 상황에 대한 새로운 해결안을 도출하기 위해 아이디어를 공모하고, 공모된 아이디어를 경연에 의해 선정하고, 이 과정을 공개하는 100여 년의 전통을 가진 독일 특유의 공사개발 방식이다. 최초의 IBA는 1901년 다름슈타트^{Darmstadt}에서 에른스트 루트비히^{Ernst Ludwig} 대공에 의해 시작되었다. 오늘날의 메세^{Messe} 방식으로 박람회를 개최한 IBA는 1913년 라이프찌히^{Leipzig}에서부터 시작되었고, 1957년에 베를린에서 개최된바 있다. 'IBA 엠셔파크 프로젝트'는 1989년부터 1999년까지의 10년간 진행된 노르트라인 베스트팔렌 주의 두이스부르크^{Duisburg} 시와 도르트문트^{Dortmund} 시 사이의 17개 공업도시 지역의 생태환경은 물론이고 거주환경, 여가환경 및 문화환경을 개선하는 하나의 독립적 프로그램이라고 할 수 있다. 'IBA 엠셔파크 프로젝트'는 엠셔 강가의 기존의 녹지와 산업 유휴지를 연결하여 300 제곱 킬로미터에 달하는 광역 녹지정비계획과 더불어 자전거 도로로 연결된 소규모 자연공원과 대규모 거점공원을 정비하는 일, 노천 배수로로 개조된 엠셔 강의 수계 시스템을 생태적으로 재건하는 일, 공원 내 일거리를 창출하는 일, 산업 기념비를 세우고 지역에 남아 있는 산업 시설물과 탄광 시설물들의 새로운 이용방법 개발과 개보수하는 일, 이와 관련해서 새로운 5,000명 규모의 직장공간과 고용을 창출해내는 일, 2차 세계대전 전에 노동자들이 거주하던 3,000호 규모의 전원도시형 주택의 재생과 산업 유휴지를 활용한 2,500호의 새로운 전원도시형 주택을 건설하고, 도시 발전, 사회적 기업의 확대, 새로운 일자리 창출, 교육기회 확대 등과 관련한 약 120개의 프로젝트들이 10년 동안 진행된 대규모 재도시화 사업이라고 할 수 있다.

이 IBA 프로젝트는 총 자본 25억 유로가 투자된 대규모 사업이다. 이중 15억 유로는 공적 자본으로서 지역의 공동 기반시설 마련에 투자되었고, 나머지 10억 유로는 주택 취득 및 건축정비를 위한 민간투자에 의해 진행되었다. 공적 자본 중 40%는 유럽연합EU 내 취약지역을 위한 EU 자금이 사용되었고, 50%는 NRW 주가 자체적으로 조달한 자금이 사용되었으며, 나머지 10%는 17개 지자체의 출자로 이루어진 자금이 사용되었다. 다양한 출자자에도 불구하고 여기서 주목할 만 한 것은 공공사업의 주체가 대부분 각각의 지자체였다는 것이다.

산업화로 인한 환경오염, 산업공동화로 인한 실업사태, 버려진 산업 유휴지의 증가와 인구감소 등 이미 기존의 산업사회가 겪었던 시련은 이제 우리에게도 예외가 아니다. 탈도시화된 도시를 재도시화 하기 위한 시도들이 많이 있지만, 독일에서 성공적인 재도시화로 인정받는 'IBA 엠셔파크 프로젝트'에 주목할 필요가 있다. 왜냐하면 'IBA 엠셔파크 프로젝트' 방식은 재도시화의 성공을 위한 다양한 요인들을 우리에게 시사하는 동시에 10년이라는 기간 동안 한 사업을 진행시키기 위한 전략적 프로세스를 파악할 수 있기 때문이다.

이 프로젝트를 시행하기 위해 NRW 주는 100% 자기 자본을 출자하여 'IBA 엠셔파크'라는 회사를 설립한다. 이 회사는 10년 기한의 유한회사로 사장 1인, 운영위원 18인 그리고 종업원 약 30명 정도의 인력을 갖춘 회사로서, 토지의 재활용, 즉 산업 유휴지의 재이용을 추진함에 있어 근대의 개발 중심의 도시적 성격이 강한 산업화와 이와 관련한 신규 산업개발의 확대를 제지하고, 건물이나 생산시설의 내용연수를 상향시키기 위한 시도에서는 생태적 건축방식을 추구하며, 보수와 개선을 통한 용도전환을 시도할 때는 생태적인 것과 관련된 제품을 생산하고, 생산방식 역시 생태적인 점을 고려하는 제조법을 사용할 수 있는, 지역에 적합한 생산구조로 전환하기 위한 철학적 이데올로기를 기본 전략으로 삼고 있다.

'IBA 엠셔파크 프로젝트'는 국제 건축박람회인 IBA를 활용한 프로젝트이다. IBA의 기본 전략은 세 가지로 요약할 수 있다. 하나는 광대한 지역을 물과 녹지를 하나의 골격으로 간주하고 오염되고 파괴된 토지를 생태적으로 재구축하는 것이다. 다른 하나는 독일의 전통적인 IBA 방식에 의한 콘셉트, 디자인, 기술의 영역에서 새로운 아이디어를 이끌어 내는 것이고, 그리고 마지막으로 보수 내지는 복원에 있어 현재의 시설을 부분적으로 남기면서 새로운 시설을 끼워 넣어 신구가 조합되는 방식을 이용한다는 점이다. 여기서 도시개발에 있어 생태적 요인에 주목하는 IBA방식에서 우리는 장기적인 안목에서 살기 좋은 공간으로 만들겠다는 도시개발 철학을 엿볼 수 있다. 또한 지역이 갖고 있는 역사성과 상징성을 유지함과 동시에 시대에 부응하는 새로운 아이디어를 접목시키려는 나머지 두 전략에서 우리는 거주민의 삶을 통해서 이루어진 과거의 가치를 인정하고 새로운 가치를 접목하려는 창조적 전략으로 이해할 수 있다. 이러한 기본 전략은 재도시화의 요구에 직면하고 있는 우리 지자체들이 간과해서는 안 될 기초들 중에 기초라고 할 수 있다.

우리는 전후 완전히 폐허가 된 공간에서 살아남기 위해 생성된 무분별한 개발에 익숙해져서 인지 모르지만, 우리의 경험은 불편했던 과거의 생활공간을 쉽게 헐어버리고 마치 신도시를 건설하듯이 새롭게 짓는 것에 익숙해져 있다. 재도시화에 직면한 우리의 지자체들이 살기 좋은 공간을 창조하기 위한 기본적인 철학을 실천하고 싶다고 하더라도 그것의 실행은 그리 간단하지 않다. 왜냐하면 그 실천이 몇몇 비전문가에 의해 주도되거나, 아니면 관에 의해 행정 편의적으로 집행되거나, 철학과 비전을 갖춘 전문가에 의해 주도되더라도 주민들과 소통하는 커뮤니케이션 과정에서 많은 어려움이 생기는 경우가 비일비재하다. 이와 관련한 IBA 방식에서 주목할 만한 것은 'IBA 엠셔파크' 공사의 전체 종업원 수의 절반 정도가 홍보와 관련된 업무를 담당했다는 것이다. 특히 홍보 관계자들 전체가 엠셔파크 프로젝트에 관련된 일방적인 홍보만 한 것이 아니라 상호 커뮤니케이션을 위한 노력을 통해 프로젝트의 공적인 요소는 지자체가 주도하지만, 지역적 요소의 주체는 민간이라는 점을 강조하여 주민들의 참여를 적극적으로 유도했다는 점이 매우 중요하다고 볼 수 있다. 예를 들어 엠셔 강의 하수로 정화시스템 도입을 결정하기 위해 두 개의 컨설팅 회사에 연구를 의뢰하였는데 그 하나는 오염된 물을 정화하기 위해 대규모 정수장 설비를 만들어야 한다는 기존의 사고방식과, 그리고 다른 하나는 하수되는 지천마다 중소 규모의 하수처리 시설을 분산 설치하여 정화된 물을 이용하는 시스템 도입에 관한 것이었다. 이 중에 어느 방식이 타당한가, 그리고 정화 후에 오염 물질의 집적은 어느 규모로 해야하는가 등 예전의 강의 모습을 복원하기 위해 어떤 디자인이 좋은가 등의 문제에 대해 연구를 의뢰하였다. 이 연구 결과 보고서는 모두 공개되었고, TV나 공청회를 통해서 두 가지 방식 중에 어느 방식이 좋은 지에 대해 논의하는 과정이 수행되었다. 이것은 IBA 방식을 상징적으로 보여주는 사례라고 볼 수 있다. 또한 'IBA 엠셔파크' 공사는 주민들의 참여로 신청 받은 다수의 프로젝트들이 엠셔파크에 적절한 지를 판단하여, 인정받은 프로젝트에 대해서는 적극적인 컨설팅을 하는데 주력했다.

'IBA 엠셔파크' 공사는 각각의 프로젝트에 5개의 테마를 설계하여 관리했다. 그 테마는 첫째, 엠셔 강 유역의 경치를 개선하기 위한 자연공원Emscher Landschaftspark 설립하기, 둘째, 350킬로미터에 달하는 노천을 자연친화적으로 개선하기Umbau des Emschersystems, 셋째, 150년 산업화 과정을 하나의 기념비적 유산Industriedenkmäler으로 남겨 놓기, 넷째, 도시의 동력이 사라진 유휴지의 공원화와 더불어 공원 안에 연구소, 대학, 환경 친화적인 일자리 창출하기Arbeiten im Park, 그리고 마지막으로 거주민들의 재정 수준에 따른 8개 권역 거주지 만들기Neues Wohnen이다.

이와 같이 프로젝트의 실행을 위한 IBA 방식의 장점 중에 하나는 프로젝트를 실시할 때 다른 프로젝트보다도 우선권을 갖게 했다는 점이다. 지자체에서는 다양한 프로젝트 지원을 위한 결정에서 투자대비 효과 및 다양한 관점에서 의회의 평가가 이루어지는데, 여기서 유사한 투자금액과 유사한 기대효과를 나타내는 다수의 프로젝트가 상정된다면 10년이라는 제한된 기간 내에서 실시되고 있는 IBA 프로젝트를 우선 채용하게 하는 우선순위를 미리 정함으로써 유한 기간 프로젝트의 실현 가능성을 확보했다는 것이다. 또한 IBA 공사의 컨설팅 서비스는 매우 큰 장점 중에 하나라고 할 수 있다. 이 컨설팅 서비스 중에서 주목할 만한 것은 보조금에 관련된 컨설팅이 이루어져 프로젝트에서 사용되는 보조금을 최적의 조건으로 설계할 수 있도록 지원하는 것이다. 우리의 경우 프로젝트의 보조금이 터무니없이 적어 사업 자체를 부실하게 만들거나, 불필요한 예산을 과다하게 책정해 불필요하게 낭비하는 경우가 있는데, 이를 막을 수 있는 장점이 있다. 그리고 또 하나의 장점은 선전효과이다. IBA에 지정되면 'IBA 엠셔파크' 공사 차원에서 국내는 물론이고 해외에도 여러 차례 광고를 하기 때문에 사업을 진행하는 기업의 입장에서도 매우 큰 장점이 있다고 할 수 있다.

IBA 엠셔파크 프로젝트가 종료된 후 광대한 삼림지역과 자연보호구역을 확보하게 되어 생태적 거주공간을 확보하게 되었고, 다양한 사업의 결과로 관리 운영의 문제를 점차적으로 주 정부에서 지역 연합으로 이관하고 있어 지역의 환경적, 문화적 및 경제적 효과를 동시에 누리게 되었다고 볼 수 있다.

3. 루르 지역연합Regionalverband Ruhr(이하 RVR)

'IBA 엠셔파크' 는 특정한 목적을 수행하기 위해 한시적으로 설립된 유한회사이다. 120개의 사업을 완료한 IBA 엠셔파크 프로젝트는 1999년 완료되었다. IBA 사업이 완료되기 일 년 전인 1998년에 IBA 엠셔파크 사업을 마무리하는 방법과 그 이후 지역의 공간구조를 지속적으로 재구성하기 위한 추진체제에 관하여 논의가 시작되었다. 여기서 IBA 공사를 그대로 존속시킬 것인가에 대한 논의가 있었다. 그러나 IBA 엠셔파크 사업이 예상외로 성과를 거두어 실무적 차원에서는 IBA 공사의 유지를 기대했음에도 불구하고, NRW 주 정부는 IBA 공사를 해산하고 그 대신 RVR 공사를 새롭게 설립하였다. 물론 이러한 결정의 원인에 정치적 차원의 영향이 없었다고 할 수는 없지만, 하나의 완성된 단계를 마무리하고 새로운 단계에서 새로운 차원의 사업으로 확장 보완한다는 의미에서 새로운 RVR 공사의 설립은 지역의 창조적 발전을 위해 매우 의미 있는 단계별 전략이라고 평가할 수 있다.

NRW 주 정부는 자신의 '주거 및 도시발전 교통건설부Ministerium für Bauen, Wohnen, Stadtentwicklung und Verkehr'에 의해 산업유휴지를 이용한 지역재편의 목적이 어느 정도 달성되었다고 전제하고, RVR 공사를 설립하였다. RVR 공사는 기존의 IBA 사업에 산업경제개발 사업영역을 추가하였다. 이것은 기존 사업을 확장 보완한다는 의미에서 장기적인 관점의 도시발전을 위한 단계별 프로세스 전략이라고 볼 수 있다. 이렇게 도시발전의 단계별 프로세스화는 기존의 사업단계들에 대한 경험을 축적하게 하고 더 나아가 기존의 프로세스의 결과를 단계별로 학습할 수 있게 해주는 장점이 있다.

　루르지역의 구조전환정책의 특징은 산업유휴지를 사용하여 지역의 공간 구조를 개선하고 동시에 산업입지거점을 만들어 냈다는 데에 있다. 이러한 구조전환정책은 IBA 프로젝트의 전반부에 그 기초를 다지고, IBA 후반부에 산업유휴지의 재개발을 공적 사업 중심으로 만들어 갔기 때문에, IBA 사업 종료 이후 새롭게 발족된 RVR이 세 번째 단계로서 새롭게 만들어진 신산업을 위한 토지를 확보하면서 그 위에 생태 환경적 산업콘텐츠를 채워나가는 과제를 수행한다는 의미에서 공간의 구조를 단계별로 전환해가는 프로세스 전략으로 파악할 수 있다.

　이런 배경에 의해 하드웨어 중심이었던 IBA 공사의 사업과 비교했을 때, RVR 공사의 사업은 소프트웨어적인 면에 더욱 치중했다는 것을 알 수 있다. 따라서 RVR 공사는 기업을 유치하고 관련 산업 네트워크 구축을 우선적으로 추진하였다. RVR은 4,434 제곱킬로미터의 면적에 11개의 도시와 4개의 도시권역을 형성하고 있는 42개의 소도시들을 합친 모두 53개의 지자체들의 지역연합으로서 다양한 사업을 해당 지역에서 진행한다.

　이 루르지역연합은 원래 1920년에 정부가 이 일대의 석탄 산업지역을 개발하기 위해 설립한 '루르석탄지역 연합(Siedlungsverband Ruhrkohlenbezirk, 이하 SVR)에서 시작되었다. SVR은 베르사이유 평화조약에 따라 전후 복구를 위해 만들어진 조직이다. SVR은 2차 대전 이후에도 도시건설 프로젝트 업무를 행하고 있었으나 지역의 개발 수요가 저조해지고 각각의 지자체의 거버넌스 욕구에 의해 업무 영역이 점점 축소되었다. 그럼에도 SVR은 계속해서 녹지를 보유하고 관리하는 등 지역의 환경과 관련된 사업을 펼치다가, RVR의 전신인 루르지자체연합Kommunalverband Ruhrgebiet, KVR으로 명칭을 변경하고 미래의 25년을 담당할 KVR에 대한 법을 1979 년에 제정하였다. 여기서 주목할 수 있는 것은 KVR은 전쟁 전 정부의 에 이전트가 아닌 지자체 인구비율에 의해 의결권을 나눠 가지는 공동체로 변했다는 점이다.

루르지자체연합KVR은 IBA엠셔파크 기간 동안인, 1988년부터 10년 간, '엠셔 풍경공원Emscher Landschaftpark'의 구상 관련 계획을 만들고, 새 로 만든 이 풍경공원Lanschaftpark의 관리를 대행하는 등 풍경공원과 관 련하여 IBA 공사의 강력한 실행파트너가 되었다. 또한 루르 지역의 관 광루트를 개발하는 사업으로 '산업문화 루트Route der Industriekultur'를 실행하였다. 이 프로젝트는 루르 지역 내에서 관광객을 끌어들일 만한 매력적인 산업기념비적인 소프트웨어나 하드웨어를 발굴하여 그 콘텐츠 들을 하나의 관광루트로 연결하는 '관광 테마거리Touristische Themenstraβe' 를 조성하고 그것을 네트워크화 하는 사업이다. 이것은 길 하나를 집중적 으로 조성하는 것이 아니라, 박물관, 전시장, 경치가 좋은 장소, 역사적으 로 의미가 있는 건축물 등을 하나의 네트워크로 연결하는 것이다. 이 사업의 의미 있는 특징 중에 하나는 지역의 명소와 산업유산을 하나의 기념비적 문화로 승격시켜 관광자원화 했다는 것에서 찾을 수 있다. 또한 지역의 매력적인 것들을 연결하는 약 400킬로미터 길이의 '휴가 의 거리Ferienstraβe'를 조성하였으며, 이 거리 네트워크를 연결하는 약 700 킬로미터의 자전거 도로를 조성했다는데서 의미 있는 특징을 찾 을 수 있다. 이 거리 네트워크는 루르 지역의 볼거리와 주민들의 거주 지와 서로 연결되어 있어 관광하기 좋은 인프라를 갖추고 있다. 예를 들어 호텔, 유스호스텔, 캠핑장 등 다양한 숙박시설을 쉽게 찾을 수 있으며, 더 나아가 어린이들을 위한 모험여행을 위한 거리와 장애자들을 위한 루트도 있어 매우 다양한 관광루트 콘텐츠를 갖추고 있다. 이렇게 지역의 산업적 유휴지와 쓸모없어진 산업 잔해들을 하나의 유산으로 승격시켜 문화자원으로 운용하고 있다.

2004년 루르 지자체연합KVR에 관한 주 법령 개정으로 조직명칭도 루르지역연합RVR으로 변경되었고, RVR은 이로 인해 루르지역에 관한 도시계획정책에까지 사업영역을 확대하게 되었다. 이와 같은 배경에는 IBA 사업에 이은 포스트 IBA 시기에도 NRW 주 정부가 IBA의 유산을 관리하기 위한 노력을 기울이고 있었으나, 이런 노력을 정리해서 정식으로 지자체의 업무로 전환할 필요가 있다는 생각을 하게 된 데에 따른 것이었다. 지자체의 업무가 된다는 것은, 곧 지역을 네트워크로 연계하는데 몰두하고 있는 RVR이 그 사업을 맡게 된다는 것을 의미한다고 볼 수 있다.

IBA프로젝트가 다수의 성공을 거두었지만, 대규모 프로젝트에서 문제로 지적되는 부분이 몇 가지 있다. 이것은 재생된 산업유휴지 안에 산업구조물을 다수 잔존시킨 5개 정도의 프로젝트에서, RVR이 관리하고 운영할 수 있는가에 대한 검토들이 그것이다. 그러나 IBA 종결 후에도 남아있던 주 정부의 개입을 서서히 철수하고 지역계획이나 관리 등은 관계 지자체의 자주적 협력 체제에 맡기는 방향으로 진행되고 있다는 점에서 루르 지역 개발의 단계별 전략은 우리에게 시사하는 바가 크다고 할 수 있다.

4. '레기오날레Regionale'

'레기오날레Regionale'는 독일어로 '지역의'라는 형용사로 번역될 수 있으나, NRW 주 정부가 지역의 공간구조를 개조하여 지역경기를 활성화시키기 위한 지역사업의 고유 명칭으로 사용되고 있다. 레기오날레 프로젝트는 1997년 처음으로 기획되었고, 그 첫 번째 실천은 2000년에 비로소 'Regionale 2000'으로 현실화되었다. NRW 주 정부의 '건설 주거 도시발전 교통부(Ministerium für Bauen, Wohnen, Stadtentwickeln und Verkehr des Landes Nordrhein-Westfalen)' 홈페이지(2013.3)에 따르면 'Regionale'는 NRW 주 정부 도시발전 부서의 구조정책을 위한 중요한 수단 중의 하나로서 강조되고 있다. 유럽이 함께 동반 성장하면서, 지역들 역시 NRW 주의 경제적 및 문화적인 미래가 매우 중요하다는 것을 인식하고 있다. 'Regionale'가 2000년에 시작되었지만, 이에 대한 아이디어나 개발전략은 훨씬 오래전 경험에 토대를 두고 있다. NRW 주는 'Regionale' 아이디어를 'IBA 엠셔파크'의 유산Die Idee ist Erbe der IBA Emscher Park이라고 밝히고 있다. 'Regionale'는 IBA 엠셔파크 프로젝트의 긍정적인 성과 경험을 기반으로 지역 간의 행정적인 경계선을 허물고 각 부문별 정책을 연결하여, 문제 지역에 대한 이해를 공유하고, 새로운 투자자를 유치하여 지역의 공간 구조를 보완하고 개선하여 새로운 이미지와 정체성이 나타날 수 있도록 지원하며, 높은 질적 수준을 확보하고 친환경적인 환경으로 개선하고 이를 위해 친환경적인 경제적 효과까지 확보할 수 있도록 유도하며, 생태학적 가치와 미적 가치 사이에 존재하는 장벽을 허물어 내는 원칙을 계승하고 있다.

따라서 이 프로젝트는 IBA 엠셔파크와 유사한 방식을 따른다. NRW 주 내에서 한 지역의 발전을 촉진하기 위해서 2년 주기로, 그리고 2010년부터 3년 주기로 특정 지역을 발전시키기 위한 프로젝트를 실천하고 있다. 'Regionale'의 도시발전 프로그램으로서 가장 중요한 요소는 지역의 문제를 해결하기 위해서 지역 간에 '공동 전략 발전Gemeinsam Strategien entwickeln'을 구축하여 '지역 간 공동작업Regionale Zusammenarbeit'을 진행하는 것이다.

'Regionale 2000'은 데트몰트Detmold라고 불리우기도 하는 '동베스트팔렌리페Ost Westfalen Lippe, OWL' 지역을 개선하는 프로젝트이다. 이 프로젝트의 핵심 테마는 '기술과 에너지Technik / Energie' 그리고 '건강과 문화Gesundheit / Kultur'로서 하노버Nannover의 엑스포 2000의 프로젝트 중에서 분화된 프로젝트들 중에 하나로서 주로 경제적 발전에 초점을 두고 있다. 'Regionale 2000'은 총 54개의 사업을 수행한 프로젝트이다. 그 중에 26개는 기술과 관련된 것으로 지속 가능한 고효율 에너지 사용과 수질 관리에 있어서 혁신적 기술에 관한 것과, 가구에 관한 것, 그리고 디자인적인 측면을 지원하여 일하는 공간이나 주거공간에서 새로운 형태의 건축을 구현하는 것과 관련된 프로젝트들이다. 그리고 10개의 프로젝트는 건강과 관련된 것들이다. 건강이란 주제는 여가 및 재활과 관련된 지역의 전통에 기반하고 있다. 온천공원, 특수병원, 물리치료센터 등은 지역의 미네랄 온천수를 이용한 지역의 경제적 기반이다. 나머지 18개의 프로젝트는 문화와 관련된 것들이다. 이 지역의 전통적인 기존 문화인프라를 강화하고, 새로운 건물을 짓거나, 관광지를 새롭게 만들어 새로운 관광명소로 만들려는 프로젝트로서, 물, 공원, 정원, 전통적인 수도원, 교회, 기념비적인 건축물 등 다양한 소재들을 프로젝트 주제로 선정하여 실천하였다. 정원이나 풍경에 무게중심을 두고 있는 'Regionale 2000'은 약 75억 유로가 투자된 대규모 프로젝트이다(OstWestfalenLippe, 2013).

'Regionale 2002'는 'Euroga 2002 plus(오이로가 2002 플러스)'라고 불리기도 한다. 독일의 33개 도시와 22개의 네덜란드 도시들이 공동으로 120개 이상의 프로젝트를 수행한 대규모 사업이다. 이 사업의 핵심 주제는 라인란트Rheinland의 자연식 공원의 재발견으로서 '북쪽 운하Nordkanal', '폭포Wasser-Fälle', '소규모 지방정원 발표회Dezentrale Landesgartenschau', '문화보물Kulturschätze', '자연보물Naturschätze' 그리고 '자전거도로Radwege'이고, 이 사업의 관심은 언급된 주제와 관련하여 20개 공원의 생태적 가치와 미학적 가치를 통합하여 지역적 정체성을 확보하는 것이다. 'Regionale 2002'는 7개 지역으로 분산시켜 정원 전시회를 개최하였고, 이와 관련하여 1,200개의 행사와 60개의 박람회를 개최하였다. 약 200만 명 이상의 관람객들이 정원 박람회를 방문하였다. 이 프로젝트의 주제인 '북쪽 운하'는 1808년 나폴레옹에 의해 만들어졌지만 100킬로미터에 달하는 수로를 따라 새로운 자전거 도로를 만드는 것이다. '문화적 보물'의 경우는 역사적인 지역들이 문화행사, 가이드 투어, 박람회의 형태로 사용되고 이를 잇는 18개의 산책로를 만드는 것이다. 또한 '자연의 보물'은 독일과 네덜란드의 가치 있는 18개 지역에 박물관 및 안내센터와 협력하여 특별 이벤트 기간 동안 자연환경을 보여주는 것이다(Euroga 2002plus, 2013).

'Regionale 2004'는 도시발전과 공간을 발전적으로 구성하기 위한 사업으로서, 여기에서의 주요 관건은 지역이 가지고 있는 문화적 자원들이 중심이었다. 또한 'Regionale 2006'은 지역의 발전전략으로 경제, 지식과 교육을 주제로 한 사업이었고, 'Regionale 2008'과 'Regionale 2010'은 다음 세대를 위한 지역의 새로운 조직체(Regionale 2010)를 구성하는 사업이다. 현재 남 베스트팔렌 지역을 중심으로 하는 'Regionale 2013'이 진행되고 있으며, 미래의 지역을 주제로 하는 'Regionale 2016'이 선정되어 있다.

유럽이 정치적으로 경제적으로 통합을 시도하면서 동반성장을 도모하고 있다. 유럽 내의 국가들은 물론이고 각국의 지자체들 역시 치열한 경쟁대열에 참여하고 있다. 이러한 차원에서 'Regionale'는 문제의 지역을 재구성하기 위해 접근해야 할 몇 가지 원칙을 제시하고 있다. 그 하나는 '지역을 특별하게 만드는 요소'가 무엇인지에 대한 관심이다. 이것은 지역의 정체성을 통해 국제 경쟁력을 확보하려는 전략적 차원이라고 할 수 있다. 또한 '사회적 및 경제적 개발을 유도하면서, 문화적인 그리고 자연환경의 질적 가치를 드러낼 수 있는 것'이 무엇인지에 대한 관심을 보이고 있다. 이것은 지속 가능한 개발을 위한 지역의 특별한 요소나 자원에 대한 관심이라고 볼 수 있다. 예를 들어 기존의 지역이나 구조물을 보수하고 유지시킴으로써 지속 가능한 경제개발을 이끌어낼 수 있는 요소에 대한 관심을 들 수 있다. 또한 이와는 달리 완전히 새로운 요소를 추가하여 지역의 예전 기능이나 상태를 강화시킬 수 있는 요소에 대한 관심을 들 수 있다. 이 경우 새로운 디자인을 활용한 창의적인 작업이 요구된다. 그밖에 축제와 같은 행사를 통해 지역과 방문객들을 위한 새로운 기능과 개선방안에 관심을 가지며, 이와 같은 지역의 문제들을 지속적으로 확대 발전시킬 수 있는 영구적인 프로세스에 대한 관심이라고 할 수 있다. 살펴본 바와 같이 우리가 주의를 기울여야 할 주요 사안은 'Regionale' 프로젝트의 개별적 사업 요인들이라기 보다는 오히려 '지속 가능한', '협업' 등과 같은 프로젝트 수행을 위한 단계별 프로세스 전략과 지역발전과 지역주민의 만족을 동시에 실현할 수 있는 도시발전 철학이라고 할 수 있다.

5. 한국의 도시재생에 주는 시사점

우리나라의 많은 도시들 역시 유럽의 많은 도시들의 경우와 마찬가지로 재도시화의 단계에 접어들어 어떻게 도시를 창조적으로 재생하느냐 하는 과제 앞에 직면해 있다. 주민소외, 관주도, 투자자 중심, 콘텐츠 중심, 하드웨어 중심 등 수많은 문제들이 우리의 재도시화 시도에서 드러나고 있다. 예를 들어 인천시 동구의 경우 전면적 철거 후 이루어지는 재건축 사업으로 노후화된 구도심을 정비하고 도시기능을 회복하기 위한 기반시설을 정비하여 이를 실현하고자 하였다. 대상 지역은 다수의 영세민 주거지 및 무허가 주택 밀집지역으로 침체된 지역경제의 대명사로 상징되는 곳이었다. 이 지역에 대규모 아파트 단지가 새롭게 건축되어 기존 영세 거주자 및 세입자들은 터전을 잃어버리게 되었다. 재 입주의 현실성이 없는 주거 대책은 이들에게 생활기반 붕괴와 경제적 부담을 가중시키는 등의 지역 주민을 소외시키는 결과를 초래할 수밖에 없었다. 특히, 송림 4동 8번지 일대의 아파트 단지 조성을 위해 예전의 허름한 집들이 늘어서 있던 산을 통째로 평탄화한 사업은 지역의 정체성은 물론이고, 지역주민의 삶의 공간을 소멸시켜, 문화적 재생과는 정 반대되는 물리적 개발 중심으로 진행되었다(김상원 2012). 인천 동구의 경우 기존의 공간이 갖고 있던 역사성 및 상징성은 완전히 소멸되고 매력이 없는 공간으로 전환되었다. 이러한 개발중심 재도시화 사업은 우리에게서 비일비재하게 볼 수 있다.

이와는 달리 지금까지 살펴본 독일 루르 지역의 창조적인 재도시화는 우리에게 많은 시사점을 제시하고 있다. IBA 엠셔파크 프로젝트의 경우 '독일 재건의 역사성이 배어있는 공간 구성요소를 파괴하지 않고 도시를 창조적으로 재생'시키기 위해 중장기적인 관점에서 도시환경의 본질적인 요소들을 고려하고 있다. 개발 중심의 신규 산업개발의 확대를 제한하고 기존의 시설물을 유지 보수하여 불필요한 신규 설치를 억제하며, 새로운 시설물을 설치하거나 기존의 시설을 용도전환 할 때는 시설, 제품, 생산방식 모두 지역에 적합하고, 거주민이 살기에 좋은 생태적인 환경을 고려한다는 철학적 이데올로기를 기본 전략으로 하고 있는 점은 특히 주목할 만하다.

IBA 엠셔파크 프로젝트는 도시의 계획과 건설에서 '주어진 상황에 대한 새로운 해결안을 도출하기 위해' '아이디어를 공모'하고, '경연에 의해 선정'하고, '이 모든 과정을 투명하게 공개'하는 전통을 고수하고 있다. 바로 이것이 우리의 재도시화에서 발생하는 많은 문제들, 즉 주민소외와 관주도식 재도시화 문제를 해결할 수 있는 기본적인 절차라고 할 수 있다.

하드웨어 중심이었던 IBA 엠셔파크 프로젝트의 종료와 함께 소프트웨어 중심의 루르지역 연합 공사의 설립으로 IBA 기본 이데올로기를 계승하는 단계별 전략 역시 우리에게는 매우 시사하는 바가 크다. 이 공사의 사업 중에 주목할 만한 것은 루르지역의 구 산업의 흔적을 지워버리기 보다는 오히려 하나의 창조적 자원으로 인식한다는 것이다. 또한 IBA 기본 이념을 계승하는 'Regionale' 역시 2년 내지는 3년 주기의 프로젝트 사업으로서 문화적인 가치와 그리고 자연환경의 질적 가치를 재고하는, 즉 거주민의 삶을 인정하고 지원하는 살기 좋은 재도시화의 시도인 것이다.

NRW 주의 재도시화를 위한 'IBA 엠셔파크', '루르 지역연합', 그리고 '레기오날레'와 같은 프로젝트들은 결과적으로 상호 연관된 단계별 프로세스라고 할 수 있다. 이러한 프로세스를 통해서 축적된 지혜와 경험은 우리에게 도움이 될 것이다. 재도시화의 기본 이념을 계승하고 문화적, 생태적 환경을 개선하여 삶의 질을 높이면서도 지역의 경제를 활성화시킬 수 있는 NRW 주의 컬처노믹스 전략은 우리에게 시사하는 바가 크다.

참고문헌

김상원 외, 「문화도시공간규모에 따른 창조적 재생 사례 연구」, 『독어교육』 55집, 한국독
　　어독문학교육학회, 2012.

김세훈, 「로컬거버넌스의 이론과 실제-지역문제해결을 위한 과제」, 『한국지방자치
　　연구』 Vol. 9 No. 2, 대한지방자치학회, 2007.

김진아·서순탁, 「도시환경정비사업에서의 거버넌스 구축에 관한 연구-세운 4구역
　　사업을 중심으로」, 『부동산학연구』 Vol. 16 No. 4, 한국부동산분석학회, 2010.

김형양, 「로컬 거버넌스Local Governance형성의 영향요인에 관한 연구」, 『지방정부연구』
　　Vol. 10 No. 1, 한국지방정부학회, 2006.

박규홍, 「지역 문화 거버넌스의 성공 요인」, 『한국거버넌스학회 학술대회자료집』 하
　　계, 2011.

박영주, 「문화관광정책, 지역경제, 거버넌스의 Match-전라남도 기초자치단체의 관
　　광개발전략을 중심으로」, 『한국거버넌스학회보』 Vol. 13 No. 1, 한국거버넌스학
　　회, 2006.

박용규 외, 『Issue Paper-위기의 지방자치, 민선 5기의 도전과제』, 삼성경제연구소,
　　2010.

박현수 외, 『연구보고서-위기 이후 세계 경제질서의 변화와 대응』, 삼성경제연구소,
　　2011.

박현옥, 「국내 마을 만들기 사업에서 나타난 주민 참여형 공공디자인 표현특성 연구-
　　대구 삼덕동, 광주 북구, 마산시를 중심으로」, 『한국디자인문화학회지』 Vol. 14
　　No. 4, 한국디자인문화학회, 2008.

박혜자, 「문화산업의 활성화와 지방정부의 역할」, 『한국거버넌스학회 학술대회자료
　　집』, 2000.

＿＿＿, 「광주문화수도론의 정책논리 개발 및 육성방향 모색을 위한 시론」, 『한국거버
　　넌스학회보』 Vol. 10, 한국거버넌스학회, 2003.

서순복, 「도시의 창의성과 창조도시 육성정책의 성공 전략요인에 관한 연구」, 『한국거
　　버넌스학회 학술대회자료집』, 2009.

서준교 외, 「아시아문화중심도시의 참여거버넌스 정착을 위한 방안 연구」, 『한국거버
　　넌스학회 학술대회자료집』, 2008.

서준교, 「도시의 경제·사회혁신에 있어 문화도시 건설의 중요성 연구-문화도시의 이론적 고찰과 Glasgow의 문화도시정책 사례를 중심으로」, 『한국거버넌스학회 학술대회자료집』, 한국거버넌스학회, 2005.

_____, 「문화도시전략을 통한 도시재생의 순환체계 확립에 관한 연구-Glasgow의 문화도시전략을 중심으로」, 『한국거버넌스학회보』 Vol.13 No.1, 2006.

신동호, 「독일 루르 지역의 지역혁신정책 거버넌스 연구-혁신주체 간 협력관계를 중심으로」, 『한국경제지리학회지』 제9권 2호, 한국경제지리학회, 2006.

안산시, 『좋은마을만들기지원센터 2008년 활동백서』.

윤광재 외, 「문화거버넌스 구축사례 연구-미국과 프랑스를 중심으로」, 『한국거버넌스학회 학술대회자료집』, 2011.

이순자, 『유럽 문화수도 추진전략의 성과와 시사점』, 국토연구원, 2008.

이주헌, 「지역 문화 거버넌스 구축 및 활성화 방안」, 『한국거버넌스학회 학술대회자료집』, 2011.

이희환, 「인천 지역의 도시문화운동」, 『로컬리티 인문학』 No.2, 부산대 한국민족문화연구소, 2009.

정금호, 「문화예술 창조 도시와 여수」, 『한국거버넌스학회 학술대회자료집』, 2009.

정원식, 「독일지방자치에 있어 주민참여와 로컬거버넌스」, 『한국정책과학학회보』 Vol.7 No.3, 한국정책과학학회, 2003.

최승호, 「재생가능 에너지 분야 일자리 창출 전략의 문제점」, 『한독사회과학논총』 Vol.20 No.1, 한독사회과학회, 2010.

Michael Thiesis, *Im Herzen des Ruhrgebiets, Der Emscher Park Wanderweg*, Peter Pomp Verlag 2001.

Regionalverband Ruhr, *Hintergrund, Demographischer Wandel*, 2009.

Regionale 2010 Agentur, *Dokumentation der Regionale 2010 in der Region Köln / Bonn*, Kittler, Bönen / Westfalen, 2012.

Joanne Sharp, Venda Pollock and Ronan Paddison, *Just Art for a Justice City : Public Art and Social Inolusion in Urban Regeneration*, Routledge, 2005.

United Nations, *Shanghai Manual —A Guide for Sustainable Urban Development in the 21st Century*, United Nations, 2011.

Van Den Berg, L. & Burns, L. S. & Klaassen, Gower. 2008(1987).

인터넷 홈페이지

http://de.wikipedia.org/wiki/Internationale_Bauausstellung

http://de.wikipedia.org/wiki/Internationale_Bauausstellung_Emscher_Park

http://de.wikipedia.org/wiki/Route_der_Industriekultur

http://www.fh-bochum.de/fb1/af-iba/index.html

http://www.kirche-im-ruhrgebiet.de/KIR/0907%20IBA%20Emscher%20Park.pdf

http://www.mbwsv.nrw.de/stadtentwicklung/regionale_zusammenarbeit/index.php

Euroga 2002plus, http://www.regionalen.nrw.de/cms/index.php?option=com_content&v
　　iew=article&id=10&Itemid=4

OstWestfalenLippe, http://www.regionalen.nrw.de/cms/index.php?option=com_content
　　&view=article&id=9&Itemid=4

3부

도시의 창조성과 창조도시 만들기
좌담회

이상봉 부산대 정치학, 진행

강형기 충북대 행정학

공윤경 부산대 도시공학

김상원 인하대 철학·독일문화

손은하 부산대 영상공학

이상율 대구가톨릭대 지리학

도시의 창조성과 창조도시 만들기*

좌담회

참석자 : 이상봉 (부산대 정치학, 진행)
　　　　 강형기 (충북대 행정학)
　　　　 공윤경 (부산대 도시공학)
　　　　 김상원 (인하대 철학·독일문학)
　　　　 손은하 (부산대 영상공학)
　　　　 이상율 (대구가톨릭대 지리학)

1. 창조도시 이론과 문제의식

이상봉 저희 '로컬리티의 인문학' 연구단에서는 '도시의 창조성과 로컬리티'라는 주제의 협동연구를 기획하여 수행하고 있습니다. 현재 창조도시라는 용어가 도시정책이나 도시이론 분야에서 중요한 키워드로 다뤄지고 있는데요, 연구단에서도 이러한 논의에 관여하여 적극적으로 발언할 필요성을 느꼈기 때문입니다. 여기에는 로컬리티에 관한 인문학적 연구가 담론 차원에만 그쳐서는 안 되며, 현실의 쟁점에도 실천적으로 개입하여 인문적 처방과 대안을 제시해야 한다는 생각도 반영되어 있습니다. 저희들이 보기에는, 창조도시 만들기야 말로 인문학적 상상력과 사회과학적 실천, 이것이 결합되어 이루어지는 중요한 학제적 영역 가운데 하나라고 생각합니다. 특히 어떤 도시를 만들 것인가? 라는 문제는 단순한 정책적 차원의 문제만이 아니라, 살고 있는 사람들의 가치와도 관계된 문제이기 때문에, 특히 인문학적 상상력이 필요한 영역이 아닌가 여겨집니다.

창조도시에 관한 기존 논의의 이론적 흐름을 살펴보니까, 두 가지 큰 흐름을 발견할 수 있었습니다. 하나는 글로벌 시대를 맞아 도시가 당면한 과제, 그러니까 도시경쟁력을 어떻게 확보할 것인가에 주목하는 흐름이고요, 또 하나는 기존의 도시이론에 대한 성찰과 반성을 통해 어떻게 하면 우리가 살고 있는 도시를 인간다운 도시로 만들 것인가? 라는 문제를 고민하는 흐름입니다. 그리고 이러한 이론적 검토의

---

*   본 좌담회는 협동 연구의 수행과정에서 이루어졌으며(2012.2), 그 내용은 『로컬리티의 인문학』 제7호(2012.4)에 게재된 바가 있다. 이를 수정·보완한 것이다.

당연한 귀결로, 이 두 가지 흐름이 한국사회에서는 어떻게 받아들여지고 있는지에 대해서도 의문을 갖게 되었습니다. 이에 이론과 실천의 영역을 넘나들면서, 창조도시와 관련된 다양한 쟁점들을 부각시켜 정리하고, 나아가 한국사회 창조도시 논의의 바람직한 자리매김을 모색하기 위해, 협동연구에 참여한 연구자들을 중심으로 좌담회를 마련하게 되었습니다.

창조도시라는 용어는 매우 다의적이고 포괄적입니다. 하지만 도시 이론의 맥락으로 좁혀 생각한다면 1990년대 이후 활발하게 전개된 창조도시 담론은 포스트포디즘이나 포스트모더니즘 그리고 세계도시에 대한 대항 등과 같은 고유한 시대적 배경과 문제의식을 담고 있다 하겠습니다. 다소 난맥상을 보이는 창조도시 담론을 현 시점에서 재검토하기 위해서는 우선 창조도시론이 대두될 당시 어떤 배경과 문제의식을 표출하고 있었는지에 대해 구체적으로 살펴볼 필요가 있다고 생각합니다. 이에 대해서는 공윤경 교수께 먼저 여쭙겠습니다. '로컬리티의 인문학' 연구단에 참여하고 계시니까 연구단의 창조도시에 대한 고민과 함께 선생님의 의견을 말씀해 주시지요.

공윤경 세계화와 신자유주의 등의 영향으로 자본, 정보, 인간 등이 이동하면서 후기산업화가 진행되고 있습니다. 이렇게 후기산업화된 지역은 산업화로 인해 파생되었던 사회적, 환경적, 문화적 부작용을 수습하고 비인간적인 건조환경built environment을 인간이 살기 좋은 환경으로 새롭게 변화시키기 위해 많은 노력을 기울이고 있습니다.

다른 한편에서는 급격한 산업화, 근대화, 도시화 그리고 물리적 재개발 등으로 인해 도시환경들이 비인간적으로 변하고, 그 가운데에서 특히 로컬은 중심, 중앙과 대비해서 더 소외, 배제되는 상황에 놓여 있습니다. '로컬리티의 인문학' 연구에서 중요한 쟁점은 중심, 중앙에 대비되는 주변, 지방에 관심을 가지고 현실적인 문제가 무엇인지, 어떻게 인문학적으로 대처하고 처방을 내릴 수 있는지, 이것이 또 실천과 어떻게 연결이 될 수 있는지, 즉 이론학과 실천학을 겸비하는 것입니다. 이에 따라 로컬리티 연구는 실제적으로 현실에서 쟁점이 되는 것, 문제가 되는 것에 주목하게 되었고 또한 현실에 맞게, 현실에 적용할 수 있는 인문학적 실천방안이 무엇인가를 고민하게 되었습니다.

이런 관점에서 로컬리티 연구는 요즘 지방자치단체들의 도시정책이나 전략으로 많이 등장하고 있는 창조도시 담론과 깊은 관련이 있다고 봅니다. 문화, 예술을 통한 창조성을 활용하여 도시문제를 진단하고 처방하고자 하는 창조도시 담론이 현실적으로 로컬리티 연구에 접목하기 좋은 것이 아닌가 하고 생각하게 된 것이지요. 특히 문화, 예술을 하나의 자원으로 인식하고 이러한 자원을 활용할 수 있는 방편으로서 인문학적 창조성에 주목하고 있는 점이 매력적이라고 생각합니다. 로컬리티 연구에 창조도시 담론을 접목함으로써, 역사, 문화, 예술 등을 통하여 로컬이 당면한 다양한 문제들을 인문학적 창조성으로 해결할 수 있는 방법을 모색해 보고자 하는 것입니다. 그래서 연구단 내에서 관심 있는 선생님들이 같이 창조성 기획팀을 만들어 연구를 수행하고 있습니다.

이상봉 이어서 이상율 교수께는 리차드 플로리다의 이론에 관해 여쭙겠습니다. 아마 창조도시와 관련하여 가장 많은 비판을 받으면서도 또 가장 많이 언급되는 사람이 플로리다가 아닐까 생각되는데요, 플로리다의 문제의식 가운데 되새겨 봐야 할 내용에는 어떤 것이 있는지 말씀 부탁드립니다.

이상율 플로리다의 처음 출발은 상당히 소박한데서 출발한 거 같아요. 그 당시 가르치던 학생들한테 '어디서 살고 싶은가?' 라는 단순한 질문에서 출발했다고 합니다. 그런 질문들은 제가 전공하고 있는 지리학에서는 1960~70년대부터 해왔었거든요. 질문을 해서 점수를 매겨가지고 전국 지역에서 점수가 높은 곳을 사람이 살기 좋아하는 곳으로 멘탈맵과 결합시켜 설명하였습니다. 그러면서 그 당시 기억으로(우리나라에서 지역적으로 조사 대상자들의 선호 지역에서 차이가 나는데), 서울을 지나면서 휴전선으로 가면 급격히 멘탈 맵 지수가 낮아지는 패턴을 보여주었습니다. 이 플로리다 역시 새로운 컴퓨터와 정보화 시대에 접어들면서 학생들에게 근래에 배운 전문 지식을 활용하기가 좋은 지역과 그들의 삶을 추구할 선호 지역에 관해서 학생들에게 '어디에서 살고 싶은가?' 라는 질문을 하게 되면서 그의 창조도시라는 담론이 점차 발전하기 시작하였습니다. 전반적으로 플로리다의 창조도시로 이어지는 담론은 지역과 관련한 분야의 연구 내용들을 새로이 정리하여 종합한 것으로도 볼 수 있습니다. 비교적 형식에 얽매이지 않은 스타일에서 시작하여 점차 경험적 연구 형태로 내용이 발전하였다는 느낌을 주고 있습니다. 즉, 사회 및 경제의 새로운 현상에 주목하지만 그 설명관계와 인과관계가 개입된, 잘 구조화된 그런 설명은 아닙니다. 일반적인 관계 속에서 설명을 시도하다가 점차 그 개량 기법을 통해가지고 어떤 지수와 어떤 지수는 상관관계가 높다 등의 형식을 빌려서 창조도시 개념을 발전시킨 것으로 보입니다. 그러다 보니까 일종의 초기에 주목받는 정도에 그쳤고, 오히려 지리학 쪽 입장에서는 당시의 신경제 지리학의 흐름에서 혁신 체제론이라든지, 또 클러스트론이라든지 등에 관심을 가져왔습니다. 그러다가 창조도시가 또 다른 하나의 지역 개발의 패러다임으로 논의 되어 가고 있다고 봅니다. 실제 창조라는 말 자체가 상당히 애매한 용어 인데, 어쨌든, 창조라는 말을 어떻게 해석해야 하는가에 관해서는 용어 가 나오고 난 다음부터 지역에 따라 다소 상이한 의미로 해석되기도 합 니다. 창조도시가 어쨌든 많은 사람들에게 반응을 불러일으킨 것은 사 실입니다. 특히 정책 집행과 밀접히 관련된 분야에서는 상당히 매력적 인 새로운 용어일 수 있었기 때문에 어필하지 않았나 생각됩니다.

이상봉 방금 말씀하신 플로리다의 논의, 그러니까 창조계급이나 창조 산업에 주목한 논의와 대비되어 자주 거론되는 학자가 찰스 랜드리라 고 할 수 있겠지요. 랜드리의 문제의식과 주장에 대해서는 김상원 교 수께서 정리를 좀 해주시기 바랍니다. 특히 개념적으로 문화도시와 창 조도시가 구분되는지, 구분된다면 어떤 차이가 있는지를 포함해서 말 씀 부탁드립니다.

김상원 랜드리는 사실 저도 전공자가 아닙니다. 저는 원래 문학전공자 이고 문학, 철학, 언어학 등을 공부했는데 공부를 하면서 제 관심은 인 문학을 어떻게 실용적으로 활용할 수 있느냐에 대한 대답을 찾는 것이 었습니다. 옛날에는 문학연구방법론을 가지고 문학 텍스트를 다루었는데 지금은 이제 대중문화 텍스트를 보고 대중문화를 연구하다 보니까 그 중에서 도시의 문제를 삶의 문제와 관련시켜, 혹은 산업사회에서 의미가 생성 변화되고 어떻게 우리가 그것을 해석하는가와 관련시켜 다루다보니 자연히 도시문제로 관심이 넘어가서 도시에 사는 사람들에게 관심을 갖게 되었습니다. 그래서 부산하면 무언가가 떠오릅니다. 랜드리 같은 경우 기본적으로 연구자라기보다는 실천가 입장입니다. 유네스코 같은 것들을 직접 지휘, 관장하면서 기본적으로 그 사람은 그 어떤 창조도시를 만들어낸다기보다는 거기에 살아가는 사람들의 니즈needs에 대해 생각을 많이 했던 것 같습니다. 그 사람들이 필요했던 것, 원하는 것에 대해 생각을 많이 했던 것 같고, 그것을 어떻게, 어떤 아이템을 가지고 어떤 컨텐츠를 가지고 도시를 창조하고, 거기에 경제적인 효과보다는 어떤 아이템이 어떻게 유기적인 조직 속에서, 거버넌스 시스템과 같은 조직 속에서 실천 가능한가를 자기가 직접 겪어가면서 어려움을 겪었던 것에 대해 설명합니다.

그런 점에 있어서 저는 공감했고 제가 연구를 하면서 계속 느꼈던 것은 우리나라도 창조도시, 문화도시라고 하면 의미가 조금 겹치는지 그렇지 않은지는 모르겠지만 제가 구분해서 사용한다고 하면 도시라는 것은 원래 고유한 원형 문화 콘텐츠가 있는 도시가 있고요, 아무리 조사를 해봐도 내세울 게 없는 도시가 있다고 생각합니다. 근데 스토리가 없는 도시의 경우, 아직 문화도시는 아닌 것 같은데, 창조도시가 될 수 있을까 하는 것입니다. 실제 외국사례는 아무 것도 없는 도시에서 창조도시로 새롭게 의미를 생산해서 새로운 의미를 가진 상징적인 도시로 변모하는 사례도 많이 있습니다. 그런 사례들을 연구하다 보니까 결국은 랜드리 같은 경우도 주민들의 니즈가 무엇이냐 하는 것이 굉장히 중요한 관심사였고 그것이 정책에 얼마나 반영되느냐가 제일 중요한 초점이었다고 봅니다.

이상봉 강형기 교수께서는 좀 폭을 넓혀서, 앞서 두 분 선생님이 말씀하신 창조도시를 둘러싼 미국과 유럽의 논의가 아시아 지역 등으로 넘어오는 확산 과정에 대해 여쭙고 싶습니다. 특히 현재 논의가 왕성하게 이루어지고 있는 일본 쪽에서 창조도시 논의의 흐름이 형성되는 배경이 궁금합니다. 그걸 포함해서 창조도시가 대두되는 시점으로 돌아가, 당시에 제기된 문제들 가운데 새겨들어야 될 내용들을 한번 돌이켜 봐 주시지요.

강형기 우선 창조도시는 그 개념이 나오고 나서 생긴 것이 아니고 실천적인 사례를 통해서 나중에 창조도시라는 이름을 우리가 명명한 것이죠. 창조도시가 나오기 직전에 도시학자들이 주로 공부를 했던 도시연구의 가장 강력한 흐름으로 세계도시가 있잖습니까. 세계도시는 주로 탐욕적인 금융 산업을 기반으로 한 글로벌 헤게모니를 가진 도시입니다. 런던, 뉴욕, 동경 등 주로 금전경제를 토대로 한 도시죠. 그런데 창조도시 이론은 사실 9·11 테러 이후에, 런던 가스 사건 이후에 더 각광을 받기 시작했습니다. 그 이유가 금융, 금전 거래, 금전 경제를 중심으로 한 탐욕적 헤게모니 도시는 더 이상 못 일어난다고 하는 생각 때문입니다. 그리고 세계도시의 분산 속에서 세계적으로 헤게모니를 장악할 수는 없지만, 비록 작지만 지역의 창조성과 독창성을 기반으로 해서 세계를 포괄하는 도시를 창조도시라고 하면 어떨까 하는 생각 속에서 확산되기 시작했지요. 그래서 창조도시는 인간의 창조성, 그러니까 생명 경제의 논리, 그러다 보니까 인간, 인재, 인재의 네트워크, 그래서 아무것이 없어도 좋다, 인간의 꿈이 있고 상상력이 있고 그들의 네트워크를 만들고, 리더가 있으면 어느 곳도 가능성이 있다, 이런 측면에서 만들어진 개념입니다.

창조도시가 만들어진 직접적 생성 배경은 위기죠. 인간의 창조라는 것은 절실히 필요해야 이루어지는데, 왜 창조도시란 말을 쓰냐하면, 그야말로 절망 속에서, 아니, 절망과 위기의 상황을 타개하기 위해서 바로 그 절망 속에서 꽃핀 희망의 메타포가 창조죠. 창조도시를 명명하기 시작한 것은 1990년대 초반이지만, 창조도시적인 그 접근법이 싹튼 것은 1980년대 초반이죠. 서구에서 복지 국가가 이제 한계에 도달하다 보니까, 개별 도시들에게 국가가 지원하는 재정 지원이 거의 끊기는 정도로 줄어들었죠. 그러니까, 국가의 재정 지원 없이도 자립하고 지속가능한 도시를 만들어야 하는 사명이 도시경영자들의 손에 떨어졌는데, 지금까지의 도시 경영이라는 것은 새로운 시설을 만듦으로써 도시에 대한 시설 위주의 경영 패턴을 만들고 정치를 했는데, 이제 돈이 안 들어옵니다. 창조도시를 처음 부르짖었던 도시들, 예를 들면 독일 함부르크는 조선 산업을 아시아에 뺏기고, 리버풀 같은 데는 거기 석탄 산업이 망하고 도시는 완전히 슬럼가로 되고, 청년 실업은 들끓고, 마약 범죄는 심해지는 상황에 대한 고민 속에서, 아 이제는 재원 중심으로, 시설 위주로 가는 것은 끝났고 인간의 창조성을 가지고 뭔가를 만들어야 되겠다고 생각하면서 창조에 매달렸던 것이죠.

리차드 플로리다가 주로 미국의 대도시들을 중심으로 연구하다 보니까, 과거에는 도시 경영의 핵심이 기업 친화적, 주로 토목건설, 하드웨어 중심으로 가지만, 이제 그런 것은 이미 어느 정도 다 되어 있단 말이지요. 그러나 이제는 일이 있는 곳에 인간이 가는 것이 아니라 인간이 있는 곳에 일이 오는데, 그 인간이 누구냐 하면, 새로운 산업을 만들고 부가가치를 만드는 창조계급이더라는 거죠. 즉, 창조계급이 있는 곳에 일이 오지요. 그러면 창조계급은 어떤 곳에 모이느냐. 창조계급은, 창조라는 것은 자유로운 경쟁의 산물이기 때문에, 자유롭게 경쟁할 수 있는 곳, 그리고 개성이 발현되는 곳에 모이지요. 다시 말하면 사람은 '살아가는' 사람이 있고 '살아지는' 사람이 있는데, 대부분의 인간은 살아지는 것이고, 살아가는 사람은 자신의 생각과 철학을 가지고 생각하기를 하지요. 그렇다면 살아가는 사람이 누구냐, 기존의 질서나 기존의 제도에 얽매이지 않는 창조계급들, 특히 디자이너라던가 예술가들이 중심이 되지요. 이런 사람들이 모이는 곳이 창조도시가 되더라는 것입니다.

　　그래서 소위 3T를 만들죠. 탤런트talent, 테크놀로지technology, 똘레랑스tolerance지요. 그런데 탤런트나 테크놀로지보다도 똘레랑스가 중요합니다. 그래서 플로리다가 그 유명한 게이지수를 만든 것입니다. 찰스 랜드리는 주로 유럽 도시들, 볼로냐, 피렌체와 같이 휴먼 스케일이 50만 정도 되는 곳을 굉장히 좋아합니다. 주로 문화유산과 산업유산을 어떻게 현대적으로 재활용하느냐, 거기에서 뭔가 새로운 투자가 아니라 버려진 산업유산, 버려진 문화유산, 그리고 과거에 버려진 상상력을 다시 끌어내어서 어떻게 이걸 시대에 맞는 산업과 그 새로운 미래도시로 연결할 것이냐 하는데 초점을 맞춰 시작했습니다. 창조도시를 한 마디로 말하자면, 도시 재생의 기법으로서 문화 전략을 활용한다는 것이지요.

랜드리의 궤적을 살펴보면, 그가 일본의 여러 도시를 연구하면서 일본에서 가장 창조도시 다운 도시는 가나자와도 아니고, 시스템으로 접근하는 요코하마도 아니고, 사사키 교수가 아주 공들이던 오사카도 아닌, 인구 1만 2천 명밖에 안 되는 오쿠스에와 인구 8만 명 남짓 되는 나가하마의 구로가베라고 극찬을 합니다. 랜드리의 이야기를 들으면 창조도시란 것은 규모와 관계없이 작은 마을도 창조하는 곳이면 창조도시다, 거기는 사람만 있으면 가능하다, 이렇게 되지요. 사사키 교수는 자기 고향 마을이 가나자와이다 보니까 그곳을 토대로 시작했고, 이제 오사카에 와서 오사카시립대학에 창조도시연구과를 만들었는데, 저는 가나자와 같은 경우에는 이미 도쿠가와 이에야스 때부터 문화정책으로 지역을 가꾸기 시작했기 때문에 과연 새로운 창조도시라고 할 수 있을까? 라는 생각을 갖고 있습니다. 물론 유네스코에서 창조도시로 지정했지만 오히려 저는 나가하마나 나오시마 그리고 이전에 허허벌판이었던 유후인과 같은 곳을 우리가 주목할 필요가 있지 않나 이렇게 생각해 봅니다.

2. 창조도시 비판과 최근의 동향

이상봉 말씀 들으면서 저는 이렇게 생각해 봤습니다. 기존의 세계도시라고 하는 세계적 금융경제능력을 갖춘 거대도시에 대한 대안의 도시를 생각하는 흐름들이 지금 '컴팩트 시티'나 '에코 시티' 등 다양한 형태로 제시되고 있지 않습니까. 그런 대안성이라는 맥락에서 창조도시를 바라보는 하나의 시각이 있을 수 있고, 아니면 방금 말씀해주신 내용 가운데 자본이나 경제가 아닌 인간, 특히 인간의 창조성에서 뭔가 새로운 돌파구를 찾으려는 시도들, 그러니까 인간이란 단어에 방점을 찍는 시각이 있을 수 있는 것 같습니다. 그리고 또 한 가지 떠오르는 것이, 유럽 각 도시가 가진 다양한 문화적 특성들, 이런 다양성을 앞으로의 도시이론들이 어떻게 품을 것인가? 라는 문제입니다. 이와 같이 '대안성', '인간', '다양성' 등을 창조도시가 주목해야 할 키워드로 꼽을 수 있을 것 같습니다.

이제 창조도시론을 둘러싼 최근의 이론적 동향을 살펴보기로 하겠습니다. 창조도시론은 제이콥스, 홀, 플로리다, 랜드리, 사사키 등의 초기 저작에 대해 펙, 스코트 등 많은 학자들의 비판과 개념 보완이 이루어지면서 그 지평이 점차 확대되었습니다. 이와 함께 각 지역의 역사적·문화적 특성을 반영하여 미국 중심의 미주계통, 유럽 그리고 아시아 지역으로 나뉘어 독특한 이론적 실천적 움직임 또한 드러내고 있는 것 같습니다. 최근의 연구동향에서 발견할 수 있는 시사점이나 문제점에는 어떤 것이 있을까요? 먼저 미주계통의 연구동향에 대해 이상률 교수께 말씀 부탁드립니다.

이상률 우선, 떠오르는 게 미국에서 과연 창조도시가 적극적인 도시 발전의 개념으로 활용되고 있는지는 사실 의문스럽습니다. 플로리다의 견해로는 시애틀, 오스틴, 이런 도시들이 창조적인 기업들이 많이 몰려오는 대표적인 성장 도시로서, 이렇게 주목받는 곳이 결국 아트라든지, 음악연주자들에게 연주하기 편안한 공간을 제공한다든지 하는 젊은 인재들의 라이프스타일의 변화에 주목하면서 도시에서의 창조적인 작업 환경으로 창조도시의 형성을 논의하고 있습니다. 과거에는 대학이 중심이 된 도시는 제조업 중심의 도시와는 다소 거리가 있었습니다. 대학도시라는 게 대개 중소도시 정도니까, 고용의 기능을 수행할 산업 기반이 별로 없었기 때문이지요. 대학을 졸업하게 되면 고용이 가능한 장소로 이동을 하였지만 이제 대학이 점차 정보화되고 대학과 산업의 관계가 중요시되면서 대학이 있는 곳 역시 산업이 발달하고 성장합니다. 1980년대 후반만 하더라도, 제가 인구성장도시들만 한 번 나열해 본 적이 있습니다. 다른 도시들에 비해 각 주의 주요 대학들이 소재한 도시들이 상대적으로 빨리 성장을 하였습니다. 그 당시 제가 주목했던 시애틀이나 오스틴 그리고 투산과 같은 도시들이 굉장히 빠르게 성장하였는데, 플로리다는 그런 도시들을 '인재들이 모이는 곳이다' 이렇게 설명을 하더라고요. 그런데 한편으로 플로리다는 피츠버그 대학과 카네기 멜런 대학이 있는 피츠버그와 존스 홉킨스 대학이 있는 볼티모어, 이런 곳들은 창조도시 순위로 보면 좀 낮다고 이야기합니다. 큰 도시와 작은 도시를 비교하였을 때 인구 규모의 차이로 인해 큰 도시에서는 통계상의 변화가 잘 파악이 되지 않기도 합니다. 중소도시는 증가하는 수치가 차지하는 퍼센티지가 높기 때문에 통계치가 갖고 있는 해석상의 문제점도 있을 수가 있거든요. 그래서 볼티모어나 피츠버그와 같은 큰 도시에서는 창조산업의 발전이 느린 것으로 나타날 수 있어도 사실이 그런 건 아니라고 봅니다. 플로리다의 견해를 비판하는 사람들이 지적

하는 것처럼 창조도시의 논의, 그 밑에 깔린 인과관계들을 플로리다는 충분히 제기하지 못하고 있는 것으로 볼 수 있습니다. 그래서 플로리다가 잘 구축된 이론의 틀을 갖고 그 어떤 지역현상을 설명하는 하는 것으로 보기에는 좀 부족하지 않는가, 이렇게 보고 있습니다.

이상봉 독일을 비롯한 유럽에서의 이론적 동향은 어떻습니까?

김상원 독일에서는 문화도시, 창조도시를 구별해서 쓰지 않고 통칭해서 문화창조도시라는 하나의 용어로 사용하고 있습니다. 강형기 교수께서 창조도시 이론이 있고 창조도시가 생겨난 게 아니라, 도시의 변화가 먼저 나타나고 나서 창조도시라는 말이 붙었다 하셨는데, 제가 볼 때 독일 같은 경우, 문화창조도시는 철저하게 실물 중심입니다. 유럽에서는 문화창조산업이라는 말을 더 즐겨 사용하는데, 문화창조도시라는 용어를 사용하여 전체적인 문화산업의 규범 혹은 법령이라는 것을 영국, 독일, 프랑스가 만들었지만 독일이 제일 늦게 만들었습니다. 2009년의 보고서가 제일 마지막이기 때문에 독일이 다른 나라의 선례를 다 조사한 경우라 봐야겠지요. 우리말로 직역을 하면 네 개의 기둥이론, 즉 피어 조일렌 테오리Vier Säulen Theorie라고 그러는데, 도시 관리회사인 슈타트아트Stadtart의 쿤츠만이라는 사람이 만들어낸 겁니다. 독일의 아헨이라는 시에 내는 보고서를 기초로 해서 만든 것입니다. 그가 『도시의 창조 공간』이라는 보고서를 제출하게 되고 그리고 그것을 참조하여 연방정부가 전체적으로 문화산업이라는 기치 아래 창조도시 최종 보고서를 만들어내게 되는 거죠.

그 안에 보면 네 개의 기둥이라는 모델이 있는데, 도시 규모에 따라서 네 가지로 나눕니다. 메트로폴 지역, 오버 첸트룸, 미텔 첸트룸, 그룬트 첸트룸, 즉 크기별로 메트로폴리탄, 대, 중, 소 이렇게 보시면 될 것 같아요. 그 이론 중에 핵심은 삼각형으로 배치된 원기둥입니다. 삼각형 끝에 커다란 원이 있다고 생각하시면 되고요, 또 가운데 그거보다는 조금 작은 원이 있습니다. 원기둥 하나는 국가, 공공 영역입니다. 공공 영역에서의 문화시설이 들어가야 되는 것이고, 또 하나는 시민사회의 영역이고, 그 다음 나머지 하나는 개인 비즈니스 영역입니다. 그리고 그 삼각형 가운데 있는 원에는 어떤 도시든지 문화 생산자, 1차 생산자가 들어가야 된다는 얘깁니다. 문화생산자는 규모가 작기 때문에 어느 도시든지 도시의 중심에 문화생산자가 차지하는 공간을 만들어줘야 되고 그 주변에 시민단체 영역, 그 다음 문화재단이나 전시관이라든지 이런 것들이 많이 만들어져야 되고, 또 국가에서 관리하는 기관이 만들어져야 되고 그 다음에 이제 그 문화산업에서 비즈니스를 하거나 아니면 그걸 가지고 먹고사는 사람들, 그런 식으로 이렇게 네 가지 영역의 공간을 구성해야지만 창조도시로서의 구조를 갖는다는 것입니다. 독일에서는 이런 식으로 창조도시를 만들어 간다라는 일종의 표준모델 비슷한 거죠.

일인창조기업이란 말을 우리나라에서 요즘 많이 쓰는데 제일 먼저 쓴 것이 독일입니다. 독일에는 일인창조기업을 하는 사람들의 비중이 독일 산업구조에서 기계산업 다음, 그러니까 자동차산업보다도 문화창조산업에 종사하는 사람들이 훨씬 많습니다. 최근에 독일도 문화산업에도 관심을 갖게 되고, 도시공간을 어떤 방식으로 문화창조도시로 만들 것이냐 하는 문제에도 많은 관심을 갖고 있습니다. 예를 들어, 어반 파일럿 프로젝트Urban Pilot Project라는 프로그램이 있습니다. 이것은 유럽 위원회의 프로그램입니다. 유럽피언 커뮤니티 산하에서 움직이는 조직인데, 유럽의 그 조그만 도시들이 도시재생을 원할 경우 거기에 지원서를 냅니다. 환경을 어떻게 조성하겠다는 자기네 아이템을 가지고 지원을 해서 선정되면 전체 프로젝트 비용 중 많으면 절반까지도 지원을 해주는 프로그램이지요. 그래서 독일뿐만 아니라 EU 회원국들은 조그만 도시들을 재생하기 위해서 이 프로젝트에 지원하려는 시도를 많이 하고 있습니다. 도시도 보면 수명이 있습니다. 처음에 농업, 산업, 이렇게 진행하다가 결국 문화도시로 회귀하게 되는데, 여기서 말하는 문화도시가 그냥 순수하게 사람이 거기서 향유하고 즐기는 것에만 국한된 것이 아니라, 뭔가 교환가치를 생성해낼 수 있는 문화창조도시로서 역할을 하는, 도시재생 프로젝트의 일환이라는 것이지요.

이상봉 제가 생각하기에는 앞서 말씀하신 미국이나 유럽의 연구동향과 일본에서 전개되고 있는 창조도시 논의는 다소 차이가 있는 것 같습니다. 여기서 일본에서의 논의의 특징과 최근의 동향에 대해서도 살펴봤으면 하는데요. 강형기 교수께 한국에서의 창조도시 논의 동향을 포함하여 아시아적 맥락에서의 창조도시 논의의 동향에 관해 말씀 부탁드립니다.

강형기 창조도시의 생성과정을 보면, 유럽에서 중앙정부의 지방정부 지원이 극적으로 줄어드는 1980년대부터 시작합니다. 그런데 일본으로 오면 정부의 지원은 2000년을 고비로 급격히 줄어듭니다. 그러니까 중앙의 재정지원 없이 자립해야 되고 또 시설투자를 통해 더 이상 확장할 수 없는 이런 상황 속에서 궁하니까 통한다는 식으로 새로운 창조라는 키워드를 만들어낸 것이라고 볼 수 있겠지요. 일본에서 가장 궁한 도시가 오사카와 요코하마였습니다. 요코하마와 오사카는 자치단체의 빚이 공히 5조 엔 이상이나 되면서 뭔가 돌파구를 만들지 않으면 안 되는 도시였죠. 오사카는 2000년대 들어오면서 도시발전의 키워드를 집객도시, 사람이 모이는 도시로 잡고, 그래서 유니버설 스튜디오도 만들었습니다. 그런데 돈은 없고. 공무원 수와 월급도 줄여야 되는 상황에서 집객도시가 되려면 어떻게 해야 하는가? 여기서 창조성을 찾게 되는 것이지요. 또한 기존의 도시계획방식, 즉 토목은 토목대로, 문화는 문화대로 분산된 방식으로는 안 되니까 요코하마는 예술문화를 비롯한 인문학적 상상력과 토목을 비롯한 도시계획이 합쳐져야 된다고 생각해서 '창조도시본부'를 만들게 됩니다. 부산시에도 '창조도시본부'가 있지만 차이가 있습니다. 부산은 토목조직 중심으로 창조도시본부가 운영되지만, 요코하마는 인문학과 토목공학과 도시공학이 합쳐지는 식으로 나가지요. 서구에서 1980년대 중반부터 창조도시가 시작했다면 일본에서 이 말을 쓰게 된 것은 2000년 정도가 되겠지요.

그래도 플로리다에게서 우리가 배울 점은 있습니다. 제가 대구에서 특강을 하면서, 대구가 '밀라노 프로젝트'를 실시하여 1조 원가량을 퍼부었는데 섬유패션도시로 발전 못하는 이유를 두 가지 제시한 적이 있습니다. 하나는 1조 원을 퍼부은 대상들이 주로 공장 증축하고 부지확보하고 기계를 들여오는데 썼어요. 그러니까 실질적으로 진흥을 한 것은 건축, 토목, 부동산 산업이지요. 두 번째로 대구가 과연 섬유패션도시가 될 수 있는 토양을 갖추었는가 인데, 그렇지 않다는 것이지요. 왜냐하면 새로운 실용적인 복장을 입고 거리에 나왔을 때 사람들이 '야 독특하네, 정말 개성 있네' 이렇게 표현하질 않고 비정상으로 본다는 것이죠. 이런 도시는 패션이나 문화도시가 될 수 없어요. 그런 의미에서 플로리다가 제시한 게이지수나 보헤미안지수는 창조성에 굉장히 중요한 요소지요. 충청북도 같은 곳도 변화에 대한 포용력이 부족해 창조도시가 되기 힘듭니다. 이런 측면에서 플로리다의 공헌은 크다고 생각합니다.

그리고 일본의 창조도시론에 영향을 미친 학자로는 찰스 랜드리가 있지요. 랜드리는 학자는 아니고 프로젝트 매니저를 졸업하였는데, 그가 『도시 창조의 예술*The Art of City Making*』이라는 두꺼운 책을 썼지요. 거기서 그는 과연 두바이는 창조도시인가 라는 질문을 던지고 그렇지 않다고 답합니다. 새겨서 들을 대목인데요, 많은 사람들이 그야말로 21세기 창조도시의 전형을 두바이로 생각하는데, 그렇지 않습니다. 저는 신문에 두바이는 망할 도시다, 가장 저주 받은 도시다, 라고 쓴 적이 있습니다. 그랬더니 사람들이 '확실히 너는 아직 모자란다, 어떻게 두바이를 욕 하느냐고 반응했습니다. 그런데 저를 응원해준 책이 바로 랜드리의 책이었습니다. 그는 두바이가 창조도시가 아닌 이유를 이렇게 말해요. 첫째로 두바이는 우선 외국인의 도시에요. 가장 아름답고 좋은 공간은 외국인에게 분양하기 위해 만든 도시이지 지역민이 행복하기 위해 만든 도시가 아니지요. 여기서 주민들이 행복해야 창조도시라는 메시지가 하나 있고요, 그 다음에 생태적 관점에서 보면 두바이는 절망적입니다. 지속가능성의 관점에서도 그렇고요. 그리고 두바이에 가면 두바이가 없습니다. 아랍의 문화라든가 그야말로 역사성이나 지역성이 제로죠. 저는 두바이는 창조도시가 아니고 아주 신에 거역할 뿐이라고 랜드리가 명쾌하게 설명해 주었다고 생각합니다.

이상봉 예, 플로리다와 랜드리의 논의가 가진 의미를 중심으로 말씀을 해 주셨는데요. 이제 시선을 국내로 돌려보겠습니다. 제 생각에는 창조도시 관한 국내의 논의 동향은, 기존 이론에 대한 비판과 보완이 계속 이루어지고 있는 국외의 논의를 따라잡지 못하고, 랜드리나 플로리다, 사사키 등 초창기 이론가들에 대한 판에 박힌 비판을 제시하는 정도에 머물고 있는 것은 아닌가라고 여겨지는 데요, 이에 대해서는 창조도시학회에 관여하고 계신 손은하 교수께 말씀 부탁드립니다. 어떻게 생각하십니까?

손은하 한국 학계에서 도시문제, 도시문화 등 도시에 관해 관심을 가지고 연구를 하는 학문 분과는 도시계획, 건축학, 문화예술경영 혹은 기획, 도시문화 등 다양하게 있습니다. 그리고 최근 일본에 마찌츠쿠리와 같은 마을 만들기 사업의 형태로 진행하는 지자체는 행정기관, 전문가, 마을주민들과의 협업을 진행함으로써 창조도시 만들기 논의와 맥을 같이하고 있습니다. 학술차원에서의 동향을 살펴보자면 방금 말씀 하셨듯이, 2010년에 한국창조도시학회가 발족되었고, 다양한 학문에 관심을 가지고 있는 사람들이 모여서 첫 번째 학술대회(주제 : '창조도시의 조건')가 열렸습니다. 그리고 2011년에 2회가 개최되었지만, 그 내용을 살펴보면 인적 구성이 다양하지 못했던 점이 발견됩니다. 첫 회에는 기존에 이와 비슷한 맥락으로 연구하는 학자 층의 발표도 있었지만, 창조도시 논의와 비슷한 경향성이 보이는 연구였지, 포인트가 정확하게 창조도시에 가있는 경우는 적었습니다. 두 번째 해는 주제 탓도 있었지만 (주제는 '창조도시와 마을 만들기'였습니다) 학자 층의 연구보다는 실제로 현장에 있는 나가있는 분들의 발표가 훨씬 많아서, 이를 듣기 위해 전국의 지자체 공무원들의 참석률이 높았습니다. 이것은 분명히 시의적절한 연구테마이고, 많은 분야에서 학제적 연구가 가능하기 때문에 심도 있는 연구를 기대할 수 있는 부분이라고 생각합니다. 그렇지만 이렇게 움직임은 있고 논의는 되고 있지만, 담론적인 차원에서의 접근은 많이 없었습니다. 학위논문이나 다양한 분과에서 논문이 나오고는 있습니다만 계속 거론되는 학자들 플로리다, 랜드리, 사사키 등의 담론을 정리해 사용하는 정도의 수준에서 크게 벗어나지 못하는 것 같습니다. 또한 각각 학자마다 생각하는 입장이 다르기 때문에 어디까지를 창조도시 연구로 봐야할지, 또 어디까지가 가능할 수 있을지에 대한 논의가 없습니다. 비슷한 경향을 보이는 도시재생 차원에서의 접근이나 문화도시에 관한 논의 가운데 슬쩍 비춰지는 경우도 있고, 도시계획 차원에서 창조도시 논의를 빌어다 사용하는 경우도 발견할 수 있었습니다. 그리고 창조도시학회의 학술대회도 2회를 끝으로 잠정 중단되어 학회에서의 동향은 더 이상은 들을 수가 없게 되었죠.

이러한 한국적인 상황에 비추어볼 때, 이 이론들이 적절하게 수용할 수 있는 부분도 있지만 그 거리가 꽤 먼 것도 있습니다. 예를 들자면, 플로리다의 3T 가운데 관용성Tolerance은 게이지수, 보헤미안지수, 인종지

수 등을 언급하고 있죠. 물론 게이지수가 미국이나 캐나다 정도에서만 이용한다고 치더라도, 아직은 우리나라가 이들에 관해서 어떻게 받아들여지고 있는가를 생각할 때, 지수를 측정하기도 어려울 뿐만 아니라 과연 이들이 창조도시 형성에 어떤 영향력을 미칠 수 있을까에 대한 생각을 다시 해보게 됩니다. 보헤미안 지수는 주로 문화, 예술에 관한 직업에 종사하는 사람들에 관한 것입니다. 우리나라에서 소위 예술깨나 한다는 사람들의 지위와 경제수준은 어떠한가요? 상위 몇 프로를 제외하고는 끼니를 걱정해야하는 정도의 심각한 수준 아닌가요? 여기에 추가하여 스포츠분야까지 넣어본다면, 국가 대표급의 선수들을 제외한 모든 스포츠인들이 어떻게 살고 있죠? 이들은 수명조차 짧기 때문에 한 때 잘나갔던 사람들도 제2의 직업, 혹은 투 잡two job을 생각하지 않을 수 없는 상황입니다. 따라서 열정을 가지고 시작했던 문화 예술계 종사들이 오래 버티지 못하고 생계를 위해 떠나고 있습니다. 이런 사람들을 보헤미안 지수에 포함시켜도 되는 것인지, 과연 어디까지가 보헤미안 이라고 할 수 있을까요? 생계의 수단으로 선택한 직업인 동네 미술, 피아노, 태권도 학원의 종사자들, 아니면 한 때 예술에 몸담았지만 지금은 다른 직업을 가졌더라도 사회에 환원하고자 하는 봉사자들은 포함이 가능할 것인가요? 그리고 인종지수도 마찬가지입니다. 근래 들어 이주노동자나 이주결혼으로 인한 외국인 지수가 높아지고 있습니다. 그렇지만 그들의 어떤 사회적 위치, 경제적 위치, 그리고 활동 상황 등을 볼 때, 사회적 참여지수가 그리 높은 편은 아닌 것 같습니다. 또한 뿌리 깊은 한국의 유교사상은 이들을 수용하는 시선이 아직 곱지 않다고 생각됩니다. 다양한 인종들이 자연스럽게 섞여 그들이 발현할 수 있는 기회를 충분히 주고 있지 못하고 있죠. 이러한 한국적 상황에서 인종지수가 창조도시를 가늠하는데 지표가 될 수 있을까도 의문스럽습니다.

강형기 플로리다의 3T에 대해 저는 이렇게 생각합니다. 플로리다는 미국적 관점이고 우리는 우리 나름의 방법이 필요하다는 겁니다. 창조라는 것은 다양성 속에서 이루어지기 때문에, 우리가 어떻게 다양성을 융합하고 새로움을 받아들일 것인가가 중요합니다. 사실 우리 사회에서도 대부분의 사람들이 살아지고 있지, 살아가고 있지는 않아요. 그리고 생각나기를 하고 있지, 생각하지를 못해요. 문제는 플로리다의 발상을 우리가 어떻게 재활용할 것인가 하는 것인데, 당장 떠오르는 가장 중요한 변수가 공무원 조직의 창조성과 문화적인 혁신성입니다. 이런 관점에서 보면 우리나라는 창조도시가 적용되기 어렵습니다. 지역에서 어떤 창조적인 형상이 나타나는 것은 관료조직의 어떤 특정 부분에 의해서가 아니라 복합적입니다. 하나의 대상을 두고 다양한 분야가 협업을 해야 하지만 우리사회는 분파의식이 강해서 많은 전문가가 있지만 그리 창조적이지 못합니다. 학문의 분파성이 창조적 융합을 방해하는 것처럼, 관료조직 또한 단절, 분절되어 있습니다. 우리가 아직도 도시계획하고, 토목공사하고, 집짓고 그리고 나서 시설경영자가 들어오는데 비해, 요코하마의 경우 이것을 처음부터 융합해서 지향합니다. 여기서 창조가 됩니다. 그래서 플로리다의 3T를 우리식으로 변형하여 좀 더 융합적이고 다양성을 연출할 수 있는 사회시스템을 만드는데 활용하자는 겁니다. 그 중에 하나가 관료조직의 도시계획분야, 문화부분, 예술지원, 토목건설 등을 융합해서 창조도시본부를 만든 요코하마 모델이죠. 오늘날 바르셀로나를 창조도시의 좋은 사례로 꼽는 이유는, 거기에는 작은 소공원이 많이 있고, 거기서 외국인들이 모여 발언하고, 이 발언을 시의회가 제도적으로 흡수하는 방식으로 다양성 개방성을 갖추고 있기 때문입니다. 행정조직의 개방성과 똘레랑스, 나아가 도시의 개방성과 똘레랑스를 어떻게 갖출 것인가가 플로리다의 3T가 제시하는 의미이자 고민거리인 것 같습니다.

김상원 저는 현실적으로 문화창조도시를 만들어야 된다는 강령에 대해서는 동조하는데요, 어떻게 만들면 되는가라는 구체적인 사례나 방법에 대해서는 사실 대안을 갖고 있지 못합니다. 저는 문화도시보다는 문화공간이라는 표현을 요즘 더 많이 쓰는데요, 어차피 공간을 창조하는 것이니까 그렇습니다. 좀 전에 두바이 사례도 말씀하셨지만, 그 의미는 이렇게 보면 되는 것 같습니다. 기존에 있던 의미가 강화되는 경우도 있지만, 없던 의미가 새로 생성되고 또 순환되고 또는 소멸되기도 하고, 계속 지속되기도 하고, 그리고 사람이 그것을 해석하는 방식에 따라 의미가 달라질 수도 있습니다. 결국 공간도 마찬가지인 것 같습니다. 그 공간의 의미를 제가 누구한테 전달하려고 하면 텍스트로 전달할 수밖에 없거든요. 그래서 우리가 아무리 어떤 위대한 생각을 해도 언어나 어떤 기호로 표현할 수밖에 없다는 의미에서 언어학적 전환linguistic turn이라는 표현을 인문학에서도 많이 씁니다. 그래서 요즘 인문학은 언어학적 전환이 필요하고, 그리고 문화적 전환cultural turn을 할 수밖에 없다고 생각합니다. 저도 제가 공부한 인문학으로 공간을 측정하고, 주민들이 어느 정도 만족을 느끼는가에 연구의 초점을 맞추고 있습니다.

이와 관련해서 대학원 수업 할 때 저도 대학원생들과 함께 부산을 한 번 답사한 적이 있어요. 그때 예술인 마을과 부산시립박물관을 한 번 가보았습니다. 부산 인구가 360만 명 정도 되잖아요? 그런데 1년에 거기 박물관에 방문객이 한 20만 명, 25만 명 정도 밖에 안 된대요. 대부분의 우리나라 박물관, 미술관, 전시시설, 이런 것들이 도시의 문화 공간들이죠. 그런 공간들이 주민들에 의해서 활용되지 않고 있어요. 어쩌다가 방문객들이 관심이 있어 잠시 들를 뿐이란 것이지요. 부산시립박물관 공간은 굉장히 넓고, 시설도 제가 보기에는 아주 괜찮은 편입니다. 물론 낡기는 했지만, 여기서 제가 말씀드리고 싶은 것은 결국 지방자치 정부는 재정지원을 위해 재정을 분배해야 되잖아요. 재정분배의 관점에서 문화에 접근을 하면 항상 오류에 빠지게 됩니다.

영국의 경우는 문화산업의 프로세스를 5단계 등급으로 나누고 있습니다. 첫 번째 생산자 단계, 그 다음 2단계와 3단계의 경우는 생산자 단계에서 만들어진 것들을 전시, 관리하는 업에 종사하는 사람들이 속합니다. 그리고 4단계는 하드웨어를 만드는 단계인데, 대체로 재정이 투여될 때 여기에 많이 소요됩니다. 그래서 미술관이나 박물관을 만든다든지, 아니면 우리 동네를 위해서 새로운 축제를 개발 한다든지 이런 것들입니다. 마지막은 서비스 단계입니다. 독일은 재정분배를 할 때, 그냥 생산자와 유통단계 둘로 나눠버립니다. 우리나라 경우, 문화재단도 몇 번 가보면, 항상 돈을 어떻게 분배할 것이냐가 가장 고민이에요. 작가들한테 조금씩 잘라주면 작품을 못 만들고, 굵직굵직하게 몇 사람 몰아주면 또 나눠먹는다고 뭐라고 그러지요.

예를 들자면 제가 사는 동네에 '능허대 축제'가 있습니다. 구청 단위의 축제입니다. 축제에는 항상 조직위원이 있어요. 공간을 만들든 행사를 하든 조직위원이 만들어지는데, 공무원과 관계자들 그리고 주민들 몇이 모여 구성되는데, 하는 일은 회의를 하기도 하지만, 먹고 요식적인 행위로 다 끝나요. 그래서 저는 게이지수, 보헤미안지수, 인종지수를 보통 말하지만, 이게 현실감이 없습니다. 그래서 저는 오히려 실질적으로 채널지수, 그러니까 커뮤니티에서 소통하는 지수를 한번 밝혀 보는 게 굉장히 중요하다고 생각합니다. 셰필드라는 도시는 조그만 도시지만 박물관이 그렇게 잘된 이유는 소비자를 대상으로 끊임없이 만족도를 조사합니다. 그걸 관청에서 연구를 해요. 제가 몇 군데 비교를 해봤는데 앙케이트 질문 목록을 보면 지금 한국하고 상당히 수준이 달라요. 소비자들의 만족과 불만족에 집중하여 1차적 욕구가 뭐고 2차적 욕구가 뭔지에 대해서 공무원들이 깊이 연구합니다. 결국 원칙은 동네 사람들이 가지 않는 공간은 외부 사람도 오지 않는다는 거죠. 그겁니다. 나도 가기 싫은 곳에 바쁘고 먹고 살기 힘든 사람들이 올 이유가 없지요. 아무리 바빠도 내가 거기 가면 문화적으로 향유를 할 수 있고 만족도가 먹고 사는 것 이상으로 높아 즐거우면 충분히 가서 보고 즐길 수 있는 거거든요. 아무리 바쁘더라도 시간 내서 영화 한 편 보러 가는 사람이 있고, 그렇지 않은 사람이 있잖아요. 근데 영화에 대한 만족도가 크면 아무리 바빠도 갑니다.

제가 예로 든 부산시립박물관 문제엔 지하철에서 한참 걸어가야 하는 접근성의 문제도 있지만, 대로변에 있음에도 불구하고 그 동네사람들조차 안 가는 공간은 무슨 문제가 있을까를 생각해봐야 합니다. 사실 함평 같은 경우 나비가 별로 없었다고 했잖아요. 두바이는 사막이었잖아요. 라스베가스도 사막이었죠. 그런 의미에서 저는 라스베가스, 두바이, 함평도 창조도시라고 말하고 싶습니다. 왜냐면 창조도시는 기존 자원을 활용해 만드는 것뿐만 아니라, 아무것도 없는 곳에서 새로운 것을 만드는 것도 포함한다고 봅니다. 물론 의미가 자본 집중적이고 신자유주의적 경향이 있지만, 좋은 의미만 의미 있는 것이 아니라 나쁜 의미도 의미가 있고, 그게 경제적 부가가치하고 상호 연관성이 있기 때문에 얼마만큼 지속적이냐 아니냐는 둘째 문제입니다. 일본도 창조도시를 수없이 만들었지만 많은 도시가 실패를 했거든요. 일본에 실패 사례가 무지하게 많습니다. 실패했다 하더라도 실패 사례를 통해 우리가 볼 수 있는 것은 관주도적인 데다가, 주민의 니즈needs를 반영하지 않았다는 점이죠. 내가 안 가는 장소에다가 많은 재정을 빚을 얻어다가 집어넣었을 때 과연 그 이익을 뽑아낼 수 있는가? 사실은 부산이 영화의 도시가 된 지 그렇게 오래되지 않습니다. 언제부터 부산이 영화의 도시입니까? 지금은 영화의 도시로 각인되어서 그게 하나의 의미로 생성이 됐어요. 부산의 대표적 상징이 된 것이죠. 그 상징성의 부가가치가 얼마만큼 되는지는 민관이 같이 연구해야 될 부분입니다. 그러니까 부가가치로 연결되느냐 안 되느냐는 다음 단계입니다. 또 더 활성화되기 위해서는 주민들이 참여할 수 있게끔 구조화시켜야 하고, 커뮤니티 지수가 어느 정도 되느냐에 따라서 그 도시가 만들어내는 것은 의미가 있는 것이 됩니다. 콘텐츠냐 뭐냐 하는 것은 상관이 없어요. 만약 지역이 가지고 있는 문화 자원을 활용할 수 있다면 정말 좋죠. 왜냐하면 신화구조라고 보통 얘기하는데, 삼성이든 뭐든 이런 것도 신화이거든요. 신화의 구조 뒤에 보면 반드시 스토리가 있어요. 스토리는 신화를 만드는데, 어떤 상징성이 그 안에 있느냐, 그것이 연구자들이 연구해야 점이라고 저는 생각하고 있습니다.

3. 창조도시의 전략과 실천, 그리고 주체

이상봉 이제 한국의 구체적인 상황으로 들어가 보겠습니다. 창조도시는 인간과 도시가 지닌 창조성을 바탕으로 우리가 사는 도시공간을 사람살기 좋은 곳으로 만들고, 또 당면한 도시문제를 기존의 방식과는 다른 창조적 상상력으로 해결하려는 시도였음에도 불구하고, 한국에서 창조도시 담론이 수용되어 구체적인 도시 정책으로 이어지는 과정을 보면, 상당한 문제가 있는 것 같습니다. 도시의 산업경쟁력만을 지나치게 강조한다든지, 이론과 실천영역이 괴리되어 있다든지, 흉내내기 식, 보여주기 식 방식에 급급하다든지 등 많은 지적들이 이어지고 있는데요, 이를 창조도시의 지향점, 주체, 추진전략 등으로 나누어 구체적인 사례와 함께 짚어보기로 하겠습니다.

먼저 공윤경 교수께 여쭙겠습니다. 우리나라 지방자치단체들이 추진하고 있는 창조도시의 정책적인 실천에 대해 비판할 점이나 시사점에는 어떤 것이 있는지 간단히 말씀해 주시지요.

공윤경 창조도시 전략에서 중요하게 다루어야 할 것 중에 하나는 도시의 여건과 인프라 같은 것들입니다. 성장도시인지 낙후도시인지 또는 대도시인지 중소도시인지 각각의 도시에 맞게 적용해야 한다는 것이지요. 랜드리는 낙후도시를 재생하는 차원에서 문화와의 접목에 주목하였고, 플로리다는 중간 규모의 도시들을 대상으로 창조계급에 대해 분석하였는데, 이 두 가지가 혼합되어 우리나라에 들어온 것 같습니다. 그래서 우리나라에서는 창조공간, 창조계급, 창조산업 이렇게 크게 세 분류로 담론들을 엮어 정리하면서 창조도시 전략들이 나오고 있고, 제가 알기로 한국에서 '창의도시'라는 표현을 쓰기도 하지만, 이를 포함해서 창조도시 개념을 적용하여 도시마케팅 전략으로 사용하고 있는 지방자치단체들이 열 개 이상은 되는 것으로 보입니다. 우리나라에서 이 개념들이 도시경쟁의 차원에서 도시브랜드, 도시마케팅의 한 방편으로 이용되는 양상을 보이고 있는 것이지요. 특히 창조계급, 창조산업은 뒷전으로 밀리고 창조환경, 창조공간 만들기에 열중하여 물리적 도시재생 쪽으로 많이 치우쳐 있다는 느낌이 듭니다. 그러면서 단기적인 성과에 급급하여 도시의 고유한 여건이나 인프라를 고려하기 보다는 외국의 사례들을 단편적으로 벤치마킹하고 있는 것으로 보입니다.

이상봉 또한 공윤경 교수는 부산시를 대상으로 사례 연구도 하셨고, 또 부산시는 광역단체 중에서 유일하게 이사관급(2급)의 본부장을 둔 창조도시본부를 발족시켜 의욕적으로 여러 가지 정책적 시도를 하고 있는 것으로 알고 있습니다. 부산시의 창조도시 전략에 대해 비판할 점이나 시사점에는 어떤 것이 있는지 좀 말씀해 주시죠.

공윤경 부산시는 2020비전으로 7개 프로젝트를 내세우고 있는데 그 중 하나가 바로 '산복도로 르네상스 프로젝트'입니다. 이 프로젝트에서 내세우고 있는 것이 바로 '창조도시'입니다. 최종보고서가 2011년 초에 나왔는데, 개요나 추진 전략에는 우리가 익히 알고 있는 창조도시 이론들을 다 넣었습니다. 그런데 실제적으로 접목하는 발전 전략을 보면 스케일이 확 줄어들어요. 그러니까 개념이나 계획의도 등은 창조도시 담론의 것들을 다 받아들여 놓고는 실제 접목하는 부분을 보면 산복도로에 형성된 산동네를 재생하고 재개발하는 그런 쪽으로 흘러가는 것이지요. 이론과 적용이 별개로 펼쳐져 실제로는 도시재생이자 마을만들기 사업에 가깝습니다. 예전처럼 완전히 헐고 새로 아파트를 짓는 물리적 재개발 말고, 뭔가 창조도시 개념을 넣어서 새롭게 해보자고 시작해놓고 실제로 내용을 보면 빈곤지역 재생사업, 사회적 기업 양성, 재생 비즈니스 도입, 창조적 주민리더 양성 등등 이런 내용인 것입니다. 창조적 주민리더, 즉 마을만들기 리더를 양성한다, 또 인력 유입을 위해서 창조마을을 조성한다 등 플로리다의 창조계급 비슷한 개념을 도입해 놓고는 정작 플로리다의 그 창조계급 개념이 아니라 빈민, 서민들을 위한 주민리더를 양성한다는 식으로 진행되고 있습니다. 창조산업도 문화, 예술과의 접목보다는 사회적 기업, 재생 비즈니스와 같은 방식으로 흘러가고 있습니다. 물론 이런 것들이 잘못 되었다는 것은 아닙니다. 다만 계획과 실천전략이 차이가 나고, 유행하는 전략을 써서 겉만 요란하게 장식한 것이 아닌가 하는 생각이 들어서 그렇지요. 지금은 초기단계이고 시작이니까 어떤 식으로 진행되는지는 더 두고 봐야할 것 같습니다.

지금 산동네 상황은 허물어져 가고, 지붕에 비도 새는 등 아주 열악한 환경의 집들도 많습니다. 거기에는 특히 노인들이 많이 살고 있습니다. 이런 산동네를 보존하고 생활사 박물관을 만들고 사람들이 모일 수 있는 공공 공간도 조성하자고 하는 이유는 바로 부산에 있는 산동네는 일제 강점기부터 사람들이 유입되면서 만들어진 전국적으로도 특이하고 독특한 부산 서민들의 역사와 애환이 남아있는 곳이기 때문인 것이지요. 완전히 못 쓰게 된 집은 헐고 정리해야겠지만, 리모델링을 하든지 아니면 부분적으로 헐고 새로 집을 짓든지 하는 방법들도 생각해볼 수 있을 것입니다. 부산 원도심 고지대의 주거환경을 개선하기 위해 추진 중인 '휴먼타운' 사업처럼, 주거환경에 따라 지역을 여러 개의 소단위로 구획하여 보존할 곳은 리모델링이나 수선을 통하여 보존하고 도로, 상하수도시설 등 도시기반시설과 임대주택은 공공부문에서 우선적으로 건설하는 것이지요. 그리고 철거하고 새로 주택을 지어야 할 곳은 주민 스스로 자력 개발하거나 주민들이 요청할 경우 공공부문에서 개발하는 방식이 되어도 좋을 듯합니다. 그리고 무엇보다 그들의 경제적 자립을 위해 사회적 기업뿐 아니라 카페, 아트샵 등의 마을기업과 같은 아이템들도 다양하게 개발할 필요가 있겠지요.

김상원 제가 들으면서 상당히 긍정적인 것도 많이 있고요. 일단 산복도로라는 게 과거에 전쟁 당시를 생각해보면 아마 못사는 사람들이 다 산으로 올라와서 하꼬방이라는, 나무로 대충 짓고 만든 집에서 살던 그런 정서가 남아있는 거잖아요. 어느 정도 살기 좋아진 가운데서도 가난한 사람들은 그대로 있고 만약 재건축을 들어가서 아파트를 지어버리면, 정작 거기 사는 거주민들은 다 나가야 되는 것이거든요. 살 돈이 없기 때문에. 그래서 그들이 살아남을 수 있는 공간이면 약간 개보

수 정도 도와주고, 중간 중간에 주차장이나 편의시설 같은 도로확장도 해주고, 제가 볼 때 그런 것은 굉장히 필요하다고 봅니다. 그리고 사회적 기업이라는 것도 그들에게 일자리를 제공해주고, 아까 주민 리더라고 했는데 이것도 결국 독일에서도 하고 있는 것들이에요. 결국 주민들을 재교육시키는 시스템이지요.

예를 들어서 유네스코 창조도시는 다 주제가 있거든요. 일곱 가지 주제가 있어요. 서울도 보면 디자인 도시잖아요. 베를린도 디자인 도시입니다. 서울하고 베를린하고는 상당히 차이가 있어요. 베를린 같은 경우는 제가 몇 가지 적어왔는데, 문화행사만 통계적으로 하루에 1,500개가 있고요. 그리고 디자인 전공 학생만 5,000명이 있답니다. 그 인구들이 밖으로 나가지 않게 졸업을 하고서도 그 안에서 활동을 할 수 있는 그런 것을 연구하는 거죠. 그래서 동독시절에 있던 폐공장들을 개조해 가지고 그들에게 저리에 준다든지 그냥 무상으로 빌려준다든지 해서, 그들이 거기에서 작업하고 전시하고 또 그들의 전시문화가 생기니까 집객효과가 생기고, 그곳만의 독특한 디자인 도시로서의 특성이나 의미를 강화시켜가는 작업을 하는 거죠.

사실 부산의 경우 그 언덕바지에 막 있는 집들을, 저도 옛날에 와서 관찰하고 다녔지만, 자꾸 없애려고 한다는 느낌이 많이 들었거든요. 부산시민들도 자꾸 없애려 한다고 말하더라고요. 저는 부산사람이 아니지만, 그게 없어지면 부산다운 맛이 없어진다고 봅니다. 그렇다고 못사는 사람은 계속 못사는 게 아니라, 못사는 사람들이 살기 좋은 곳으로 만들어 편안하고 즐거운 장소로 늙어죽을 때까지 거기서 누릴 수 있는 공간을 만들어주는 것이 중요하다고 보거든요. 그러면 부산시 같은 경우, 거기에 그들이 갖고 있는 일제시대, 6·25라는 그런 상징성을 계속 이어서 어떤 스토리 구조를 만들어야 됩니다. 그게 건물이 될 수도 있고, 이야기가 될 수도 있고, 도로의 모양이 될 수도 있고, 디자인이 될 수도 있고. 저는 그런 점에서 오히려 서울보다는 의미가 있다고 봐요. 서울도 르네상스라는 말을 씁니다. 한강 르네상스, 남산 르네상스라는 식으로. 근데 서울 같은 경우는 확실하게 건물 중심이에요. 하드웨어를 만드는 작업을 하거든요. 소프트웨어에는 별로 신경을 안 써요. 남산 프로젝트를 하는데 남산에 있는 옛날 폐아파트, 안전기획부 건물 이런 거 다 부셔버렸어요. 사실 그런 것도 과거의 안 좋은 추억이지만, 우리들 머릿속에는 다 남아있는 역사적 산물이거든요. 그것도 계속 남아있으면서 예술 공간으로 바뀌든 다른 것으로 바뀌든, 그러한 여러 가지 문화적인 스펙트럼들이 같이 돌아가면서 하나의 상징적 공간으로 남을 텐데, 없애는 작업을 서울이 많이 했다는 거죠. 지금 시장이 바뀌어서 좀 달라지긴 했지만, 전에는 약간 하드웨어 중심으로 갔다는 거예요.

지금 인천 같은 경우도 항구도시고 거기도 일제, 6·25 이런 경험들이 있잖아요. 근데 그것들이 다 없어졌고, 산복도로 같은 그런 산동네를 산을 통째로 깎아서 아파트가 들어선 곳도 있더라고요. 그래서 야, 이거 이거는 아니다 라는 느낌이 들어요. 그런걸 보면 재개발이라는 개념이 우리나라에서는 문화행정하고 연관되어 있지 않은 것 같아요. 제가 2011년 국토해양개발부 도시재생사업단에서 써 놓은 거를 봤는데, 세 가지 목표를 잡았어요. 환경개발, 경제개발, 생활개발. 여기에 문화는 없습니다. 여기는 전부 하드웨어로, 편리한 장소 이런 쪽으로

만 생각을 하지 과거 스토리나 향수 이런 것들은 다 배제시키거든요. 이게 시간이 지나면서 그 도시는 오히려 매력이 없는 도시로 변해간다는 거죠. 그러니까 문화창조도시라는 말에서 약간 벗어나는 쪽으로 진행되고 있다는 거죠.

이상봉 창조도시의 실천에서 관주도의 방식 또한 많이 비판받고 있죠. 그럼 '누가 주도해야 되는가?' 라는 점이 과제로 남습니다. 이러한 질문에는 누가 주체인가의 문제만이 아니라 주체들 간의 관계도 포함된다고 봅니다. 관, 학, 산, 민(주민), 특히 주민들 가운데서도 도시의 약자나 소수자까지를 품을 수 있는 창조도시는 가능한가? 이것이 주체 문제의 핵심이라고 볼 수 있습니다. 창조도시의 주체 문제와 관련하여 실제로 가장 많이 거론되는 게 문화예술인들입니다. 창조문화도시를 만들려 다보니까 자연히 문화인, 예술인이 당사자인 것으로 여겨지는 경향이 있는데요, 문화 예술은 문화 예술 전문가만이 즐기는 것은 아니지 않습니까? 사회적 약자들도 나름의 문화를 즐길 수 있고 또 문화 예술을 통해 사회적 소수자 문제를 창조적으로 해결한 사례도 적지 않은데, 한국에서는 문화예술 전문가가 만들어가는 창조도시에 집착하는 경향이 상당히 강한 것 같습니다. 그래서 이와 관련해서, 손은하 교수가 본래 미술을 전공하셨고, 문화예술인들이 주도하는 커뮤니티 아트 쪽으로도 관심이 많으니까 먼저 말씀을 좀 해 주시죠.

손은하 산복도로 르네상스 같은 프로젝트를 굉장히 긍정적인 측면에서 보고 계시는데요. 물론 제가 공공 미술 사업이라든가 기타 그런 쪽으로 관심이 있다 보니까 저도 주로 소외 계층을 대상으로 한 공공사업들의 필요성을 주장했고, 공감도 합니다. 그렇지만 실제로 마을주민들을 직접 만나보니까 한두 평, 세 평 남짓한 공간에서 주민들은 "정말 못살겠다. 나도 어떻게든 나가봤으면" 하는 사람이 대부분입니다. 거의 대부분이 빈민층이고, 노인들이나 경제적인 면에서 사회적인 약자들이 모여 사시거든요. 또 혼자 사시는 분도 굉장히 많으시고요. 사람들은 와서 사진 찍고 즐겁게 노닥거리다가 간답니다. 그러고 나면 내가 남아있는 이곳은 나는 창피하고 빨리 떠나가고 싶은데 남겨 놓으라고, 남겨야 된다고 그런 말들을 한다고 합니다. '과연 우리들은 주민들의 입장에서 생각해봤는가?' 저도 그렇게 말하던 사람 중 하나라고 생각했지만, '진정으로 그들 입장을 고려하지 못하고 있구나!'라는 생각이 들었습니다. 그리고 지금 행해지고 있는 공공 미술 사업과 같은 경우는 사업기간이 1년이면 1년, 정해진 기간 동안 그 지역 정주민이 아닌 외부의 전문가들이 투입됩니다. 그들은 물론 주민들과 함께 한다는 명목 하에 "벽화 그릴 때 같이 참여하세요, 이번에는 문패를 만듭니다. 참여하세요" 혹은 "이런 이벤트 열리니까, 가지고 있는 것으로 장사도 해보세요" 등과 같이 다양한 이벤트들을 진행하다가 기간이 딱 되면 끝입니다. 치고 빠집니다. 그러면 남아 있는 주민들은 어떤 자생력을 가지고 있지 않기 때문에 더 이상 어떠한 진행도 없이 그것으로 끝나는 경우를 너무나 많이 보았습니다.

초기 공공 미술 사업할 때를 살펴보면, 전문 작가들이 굉장히 멋있는 벽화를 그리고 갑니다. 그러면 이 벽화로 인해서 전국에 있는 많은 사람들이 사진 찍으러 몰려듭니다. 그런데 시간이 지나면서 페인트도

벗겨지고, 혹은 또 낙서도 하게 되고, 전혀 돌보지 않으니까 작품들이 그냥 흉물처럼 방치돼 버리더라고요. 이런 점들이 계속 지적되면서, 공공 미술 프로젝트를 기획하는 사람들이 전략적인 차원에서 정주민들이 같이 할 수 있는, (이상율 교수님께서 말씀하셨던) 고유성을 개발할 자원을 활용할 수 있는 방안으로 개선되어가고 있긴 하지만, 아직은 문제점이 많이 남아있다고 볼 수 있겠습니다. 그리고 또 한 가지 유형이 뭐냐면 도심의 유휴 공간을 활용한 집단 예술촌과 같은 것들이 요즘 서울에 많이 시행되고 있습니다. 다들 많이 관심을 가지고 있죠. 시장을 개선, 개조해서 만든 집단 예술촌도 있고, 관공서를 변형해서 주민들과 함께하고, 서울문화재단에서 굉장히 많은 사업들을 벌이고 있더라고요. 그 가운데 제가 한 곳을 찾아가서 인터뷰를 하고 직접 조사를 해봤습니다. 서울문화재단에서 나온 행정적인 일처리 하는 사람들이 상주하고 있었습니다. 그분들이 제시해주는 책자들에는 어떤 점을 지향하고, 어떻게 해서 지역주민들과 소통하고, 프로그램이 어떻게 운영되고 하는 것들이 적혀있었습니다. 그런 것을 보니까 '아, 공간으로 인해서 지역이 활성화되고 소통한다는데 그것이 가능할 수 있겠구나! 또 혹은 다른 지역에서 운용되고 있던 어떤 그 공공 미술사업과는 또 다른 개념으로 접근할 수 있겠구나!' 굉장히 기대를 가지고 접근을 했습니다. 반면에 그곳에 있는 작가들을 인터뷰하고 생각이 좀 달라졌습니다. 시장을 개조를 해서 들어간 곳이기 때문에 지하상가에 빈 점포들이 있었던 그대로 작가들이 들어가 있는 거예요. 그런데 통로 쪽을 유리로 하고 거기 작업공간들을 몇 평 안 되게 만들어 놓았어요. 시장상인들은 이들이 와서 일단 깨끗해지니까 좋다고 합니다. 거의 흉물화

되었던 공간이 다시 살아나서 좋다고는 하는데, 작가들은 사람들이 계속 와서 동물원에 동물 구경하듯 보고가는 경우가 너무 많아서 블라인드를 다 쳐놨어요. 너무 방해가 되니까. 작가들, 예술가들은 혼자만의 시간을 필요로 하는 그런 작업들을 하잖아요. 그런데 시장 상인들이 와서 회도 먹으라하고, 와서 사진도 한번 찍고 하니 정작 작업을 하기가 어려워지는 겁니다. 그래서 아예 오전 혹은 오후에는 안 나오고, 밤에 와서 작업을 하고 돌아가는 그러한 시스템으로 바뀌고 있었습니다. 또 하나의 문제점은 그 사람들에게 주어진 기간이 1년 정도예요. 물론 그 1년 동안 작업 공간을 주면서, 거의 전기료와 물세 정도만 내는 수준이기 때문에 매우 저렴하게 사용할 수 있다고 합니다. 그러면서 강요는 하지 않지만 지역주민과 함께하는 혹은 직접 찾아가는 프로그램을 가동하고 있었습니다. 최근에는 근처에 있는 초등학교까지 찾아가서 이 작가들과 아이들이 함께 작업하는 것들이 진행되고 있었습니다. 물론 작가들 가운데는 사람들과 어울리는 경우를 좋아하는 분들도 있습니다. 그렇지만 어떤 작가들은 나만의 예술작업을 할 수 있는 공간이 필요해서 들어왔는데, 행여나 진행하고 있는 프로그램에 참여하지 않으면 1년이 지나 재계약할 때 혹시 배제되지 않을까하는 불안감 때문에 억지로 참여하는 사람들도 보였습니다. 그리고 일년 정도의 기간을 준다는 것은 예술가들한테 너무 가혹한 것이 아닌가라는 생각이 들었습니다. 아까 분배에 대해 말씀하셨는데, 이 사람들이 1년 있다가 나가면 또 새로운 신인작가들이 올 수 있고, 그런 걸 분배의 개념으로 본다면 어쩌면 공평할 수도 있지만, 그 기간이 얼마나 이 예술가들에게 가혹한 것인가를 생각하게 되었거든요. 저는 이 공간에서 어떤 프로그램을 운영하는 것보다는 차라리 이 예술가들과 공간을 동일시하여 그들에게 모든 걸 맡겨버리는 것은 어떨까라는 생각을 해봅니다. 이 공간 자체가 지니고 있는 특성으로 인해 어떠한 다양한 일들이 의도치 않게 벌어지리라고 생각이 됩니다. 시간을 주고 기다려주는 건 어떨까? 이 사람들이 이곳에서 작업하면서 서로 유대관계들을 맺기도 하고, 또 이 공간을 찾아오는 사람들로 인해 자연스러운 관계가 형성될 것이라고 생각됩니다. 그런데 기다리지 못하고 어떠한 행위를 강요하다 보니까 자연스럽게 어떤 유기적으로 흘러가는 그런 공간의 힘을 전혀 발견할 수가 없었습니다. 그래서 이곳의 정체성을 만들어가기 위해서는 사회적 공간의 형태가 살아날 수 있도록 시간을 줄 필요가 있다는 생각이 듭니다. 그리고 이것이 관官차원이잖아요. 문화재단 같은 경우, 관의 자본을 받아서 기획하고 행해가는 부분이 있기 때문에 혼자만의 일은 아니라고 봅니다. 관, 민, 그리고 주민 이 세 꼭지가 같이 돌아가지 않으면 빨리 무너지고 결속력이 약해질 수밖에 없다는 사실을 보게 되었습니다.

그리고 또 중요한 점은 리더 만들기인데, 제가 마을 돌아다니면서 사람들과 접촉했을 때, 그곳엔 꼭 그런 사람들이 있었어요. 잘되는 마을은 통장이 계셨고, 혹은 또 마을에 제일 오래 살았다는 사람들 중에 그런 사람이 계셨습니다. 내가 나서서 뭔가 해봐야지 하는 마음을 가진 리더들이 있는 마을은 그래도 지속적으로 가서 성공을 했습니다. 그렇지 않고 빨리 이곳을 벗어나고 싶은 사람들로 뭉쳐 있는 마을들은 잠시 어떤 프로젝트 1년 혹은 2년 기간이 지나고 나면 전혀 재생할 수 없는 그런 마을로 전락해 버리더라고요. 관의 자본과 전문가들의 머리, 그리고 마을 주민이 함께 협업할 수 있는 그런 소통의 기회가 있어야지만 창조도시로 갈 수 있는 창조적인 마을로 갈 수 있다는 생각이 들었습니다.

이상봉 주체에 관해 길게 말씀해 주셨는데, 말씀을 들으면서 이런 생각을 해봤습니다. 문화예술인들의 왕성한 활동을 통해서 자신이 살고 있는 지역에 문화가 꽃피면, 전시회나 음악회도 자주 가고 그야말로 문화를 즐길 수 있는 공간과 기회가 많이 생긴다는 의미에서 그 곳을 문화예술도시로 볼 수 있겠지요. 하지만 누구나가 즐길 수 있는 문화예술, 이런 컨셉으로 접근하면, 일본 오사카를 중심으로 활발히 시도되는 에이블 아트able art 영역, 그러니까 지적 장애인들이 직접 음악을 연습해 연주회를 개최 한다든지, 그동안 문화예술에서 소외되었던 사회적 약자들이 직접 참여하는 문화예술 활동들을 바라보면서, "도시가 당면한 여러 사회문제를 기존 방식이 아닌 창조적인 방식을 통해서 해결하는 도시가 바로 창조도시이다"라는 말이 떠올랐습니다. 이처럼 사회적 약자를 단순히 부조나 수혜의 대상으로 여기는 것이 아니라, 그 사람들이 직접 참여하는 프로그램을 통해 이를 극복할 수 있다는 점에 주목해야 할 것 같습니다. 이상율교수께서는 중소도시 규모에서의 창조도시 전략의 가능성에 대해 관심이 많으시지요. 도시의 스케일과도 관련시켜 말씀 이어주시지요.

이상율 창조도시 이야기를 어떤 공간의 스케일에 적용시킬 것이냐, 그리고 그 초점이 경제부분이냐 또는 문화부분이냐에 따라 접근방식이 달라질 수도 있고 논의자체가 복잡해지는 것 같습니다. 저 같은 경우, 경제면 특히 지역의 경쟁력 면에서 살펴보았습니다. 우리나라에서 흔히 대표적인 성공 사례로서 소개되고 있는 것이 지역축제인데, 특히 창조도시의 논의가 지역 축제에 많이 접목되고 있습니다. 함평의 나비 축제가 창조도시와 관련하여 소개되고 있는 것을 본 적이 있습니다. 지역 사회에서 리더십이 얼마나 영향을 주었는가에 대한 부분이 실제 창조도시의 과정으로 부각되기도 하고, 축제를 통해서 군 단위의 스케일에서 창조도시가 장소성과 관련하여 논의되기도 합니다. 손은하 선생님 말씀처럼 도시 내의 문제, 그 지역의 문화와 관련했을 때는 어떤 부분에 주목하여 창조의 의미가 부각되는지는 장소와 스케일에 따라 현재 국내에서는 다양하게 나타나고, 논의되는 것으로 보입니다. 또한 창조도시의 개념이 아직 지방자치단체에 따라 활성화되는 곳도 있지만 아직은 그 개념 자체가 없는 경우도 많이 보았습니다. 지역 경쟁력을 높이는 과정에서 창조도시가 제시할 수 있는 다양한 의미는 나름대로 각 도시마다 존재하는데, 그 접근 방식에서도 꽤 상이한 차이가 나타나는 것을 살펴볼 수 있었습니다. 경북의 북부도시만 하여도 다들 비슷한 여건인 것으로 보았는데, 지역경쟁력 제고와 관련한 접근에서는 리더십의 영향이 큰 지역, 비교적 산학협력 중심으로 꾸려나가는 경향을 보이는 지역, 정부 주도의 발전 방법을 따라가는 형태 등으로 다르게 나타나고 있습니다. 어느 경우든 흔히 창조도시의 논의에서 민간의 역할은, 물론 오해를 살 수도 있겠지만, 수동적인 것으로 이해되었습니다. 산학 협력 또는 민간 협력 등의 결합하는 방식에서도 주민들은 그냥 이런 행사 치렀다라고 말하기 위해 모셔놓고 이미 결정 다한 걸 보여주는 정도밖에 안하더라고요. 그러니까 그걸 가지고 나중에 민간하고 같이 협력했다 이렇게 이야기하는데, 과연 정말 민간과 협력한 결과이냐 하면, 아니라고 여겨졌습니다. 오히려 좋은 사례는, 문경을 3주 전에 갔다 왔는데, 그 지역의 주요 농산품 중 하나인 오미자가 좋은 사례라는 느낌이 들었습니다. 문경 지역이 과거 우리나라 3대 탄광지역 중 하나였습니다. 탄광이 1980년대 전체적인 산업 구조 조정으로 문을 닫으면서 이 지역이 살아나갈 방법이 절박한 상황이었지요. 당시 탄광에서 일하는 사람들 소득이 공무원들 소득보다 3배 정도는 더 높았습니다. 그래서 예전에는 많은 사람들이 공무원 하다가도 치워버리고 탄광에 가서 일을 할 정도로 단기 소득이 높았지만, 탄광이 문을 닫게 되면서부터 이제 사람들이 떠나는 지역이 된 거죠. 뭔가를 이제 만들어 가야 되는 그런 단계에 접어드니까 영화 촬영지, 드라마 세트장도 만들고 이렇게 하지만, 오히려 그것보다 제가 보기에 중요했던 게 그 지역 내에 있었어요. 2000년까지만 해도 오미자는 한약재로 분류돼 있었거든요. 일반에 대중화되지 않았었는데, 이 오미자를 이 지역 사람들이 산 밑에 있던 걸 상품화시켜나가는 과정에서, 물론 농업기술 관련되는 사람들이 아이디어를 냈지만, 사람들이 떠난 자리에 오미자를 한번 심어보자 이래가지고 시작했지요. 오미자가 다른 데서 생산되지 않으니까, 이것을 점점 식품화 하는 과정으로 전개가 되더라고요. 그래서 지난 10년 동안에 식품화 되고 사람들에게 오미자라는 게 상당히 많이 알려지고 전국 생산량의 50%를 담당해 나가게 되었습니다. 지금은 오미자를 재배하는 면지역은 땅값이 비싼 편입니다. 그러다보니 실제 거기 가서 땅을 구입하려고 하여도 쉽지가 않습니다. 소득과 관련된 부분의 향상이 지역 전체의 이미지 제고에 맞물리게 되었고, 귀농, 귀촌하는 사람들도 전국에서도 손꼽히는 지역이 되고 있습니다. 어떤 스케일에 창조도시의 논의가 어떻게 받아들여지고, 어떠한 성과를 나타내느냐는 계속 논의될 필요가 있다고 봅니다.

김상원 창조도시의 창조는 경제적 가치가 섞여 있는 의미로 지금 소통이 되고 있거든요. 그걸 빼놓고는 창조도시의 의미가 없어요. 어차피 아무리 창조해도 못 살고 못 먹고, 아주 낙후된 도시로 남는다면 그건 이미 창조도시가 아닌 걸로 판정을 내릴 수 있고, 결국은 창조도시란 경제적, 그러니까 교환가치가 있어야지만 된다는 의미가 되지요. 문화적 요소가 결국은 교환가치가 되어야, 그러니까 돈으로 바꾸든 무엇으로 바꾸든 바꿀 수 있는 재화로 환원될 수 있어야 되거든요. 제가 어떤 논문에서 일부러 컬쳐노믹스 웰페어라는 말을 한번 쓴 적이 있습니다. 그것은 상호 모순되는 말인데 요즘에 창조도시나 이런 문화산업이라는 관점은 예술인들도 결국은 생산자이면서 복지의 대상이라는 겁니다. 그러니까 예술가들도 먹고 살 먹거리가 생기지 않으면 이게 굉장히 부담스러운 것이지요. 북경 같은 경우는 798거리라는 곳이 있죠. 처음에는 자연발생적으로 예술인 거리가 형성되었다가, 항상 자연발생적인 공간은 문제가 뭐냐면 유명해지면 땅값이나 집값이 올라갑니다. 공간비용, 즉 임대료가 올라가요. 그러면 결국 가난한 예술가들은 또 다른 데로 이사를 가야 됩니다. 그래서 그걸 방지하기 위해서 관이 주도를 해 나가요. 관이 또 출현하게 되면, 몇 시부터 몇 시까지 와서 출근도장 찍어라, 언제부터 어떻게 해라 간섭하죠. 그러면 또 예술하고는 안 맞는 거죠. 서로 이게 딜레마이거든요. 자연발생적인 공간의 특성은 그런 것 같아요.

아까 산복도로 말씀하셨는데, 주민들이 무슨 원숭이처럼 구경거리냐고 말하는 사람들이 있는데, 만약에 그렇다면 그것은 주민들의 니즈needs가 전혀 고려되지 않은 행정을 했기 때문이라는 겁니다. 그들이 뭘 원하는지에 대한 조사가 먼저 있어야 되고요, 거기에 대한 천착이 있은 다음에 지자체에서 투자를 해야 하는 것입니다. 그러면 그런 장소의 주민들에게 월세를 받아 생활할 수 있게 한다든지, 그들에게 돈을 벌 수 있는 구조가 생기면 그들도 관심이 생기고, 그곳에서 작업하는 데 집값이 싸면 작업하는 사람들도 그곳으로의 이주에 관심이 생기고, 결국은 서로의 니즈needs가 뭔지를 알고 그것들이 딱 맞아 들어가야 되는 거거든요. 좀 전에 오미자도 말씀하셨지만, 주민들이 어느 정도 관심을 가지고 의견도 낸다는 것은 거기에 경제적 이해관계가 있는 거예요. 전혀 관계가 없으면, 봉사도 하루 이틀이지 매일같이 봉사하면 싫어합니다. 결국 컬쳐노믹스라는 것은 문화하고 경제적인 속성하고 겹쳐져 있으면서, 또 복지를 갖다 주면서 발전되어야 한다는 거죠.

옛날 복지개념은 이런 컬쳐노믹스 웰페어랑은 완전히 상반된 개념입니다. 보통 공공재화를 가져다가 투여하는 방식으로만 웰페어라는 말을 쓰거든요. 그런데 지금은 생산자가 공공재화를 받기만 하는 게 아니라 받아가지고 스스로 생산해라는 것이거든요. 지자체도 재정 보조금을 주긴 주지만 그걸 갖고 먹고 살 거리를 만들라는 거예요. 공무원들도 그래서 고민하기 시작하는 거고. 그래서 결국에는 그런 것이 주민들도 만족하고, 그 다음에 돈도 벌게 되는 거죠. 이것을 실현하기 위해서, 결국 유럽의 경우는 철저하게 주민들의 니즈를 연구하는 방식으로 일을 진행하고 있다는 거죠. 공무원들이 주도를 할 수밖에 없는 구조라는 거는 맞습니다. 요컨대 관 주도 방식에도 차이가 있다는 거예요. 우리 관 주도 방식은 관이 전문가를 키워냅니다. 그 사람들이 약간의 의견을 듣고 자기들 의견 반 전문가 의견 조금, 그래가지고 일사천리로 진행해서 실적을 내려고 하거든요. 유럽 같은 경우는 주민들의 니즈를 반영할 수 있는 구조 네트워크를 만드는 데 집중을 합니다. 전문가들이 들어와서 앙케이트 조사를 해서 주민들이 어떤 것을 요구하는가, 지금 여기다 뭘 만들어 주면 좋겠느냐, 어떤 콘텐츠를 넣었으면 좋겠느냐 등 여러 가지를 반영해서, 그런 것을 매년 조사하는 방식으로 진행이 되고 있거든요.

예를 들어 드레스덴 같은 경우는 구동독 지역입니다. 낙후된 지역이고 젊은이들이 다 떠났어요. 유명한 드레스덴 공대의 난방 신기술을 가진 연구소하고 관이 결합하여 옛날 건물들을 재생하는 거죠. 그런 사업을 하면서 주민들에게 일자리도 만들고, 그들이 사는 공간을 바꿔주고, 그러다 보니까 외부에서 유입하는 사람들도 많아지게 되고요. 드레스덴 같은 경우 조그만 도시지만 하나의 성공사례라고 볼 수 있습니다. 랜드리가 말하고 있는 엠셔파크라는 것은 특정한 도시에 국한된 지역이 아니에요. 독일의 여러 도시가 모여 있는 루르 공업단지를 말하는 것이죠. 이곳은 철광석과 석탄이 주 생산물이었거든요. 그런 도시들이 이제 탈산업화가 되니까 공장들이 다 문을 닫았잖아요. 노동자들은 대부분 독일 국적을 가진 외국인 노동자들이었습니다. 학력 수준도 떨어지죠. 그들이 직업도 다 잃었고 연금 받는 사람들 중심으로 구성돼 있고, 이런 상황에서 도시를 연합해가지고 일종의 엠셔파크와 같은, 파크 개념으로 만든 것입니다. 우리나라 사람들은 등산을 좋아하지만 독일 사람들은 반더른Wandern이라고 하는 평지를 쭉 걷는 걸 많이 좋아해요. 기존 공장들 사이에 길이 없으면 공장 위로 고가도로, 하늘도로, 자전거도로 같은 것들을 만들어 옛날의 풍경을 그대로 보면서 걸을 수 있게 하고, 공장 내부엔 클럽을 만드니까 젊은이들이 오고, 젊은 애들은 클럽이 있는 곳이면 어디에 있던지 가거든요. 월 클라이밍 Wall Climbing 하는 것들도 공장 지대에다 만들어서 전문 매니아들이 모일 수 있는, 그러니까 내가 부르지 않아도 찾아올 수 있는 사람들의 니즈를 다 수용을 하는 거예요.

결국은 뭐냐면, 조직 매개, 그 네트워크를 어떻게 만드느냐가 창조도시를 만들 수 있느냐 없느냐의 관건이라는 겁니다. 한국에서 그런데 관여하시는 교수님들도 그렇고 제가 일본에 가서 발표할 때 일본 교수가 이런 얘기도 하더라고요. 본인이 직접 주민들하고 관계하는 게 좋다는 건 알아요. 하지만 실제로 주민들하고 접촉해 본 사람은 다시는 안 하려고 합니다. 굉장히 머리가 복잡해져요, 이게 왜 그런가 하면 한 사람한테 다 업무가 과중되기 때문에 그래요. 시스템으로 만들지 않기 때문이거든요. 그래서 과연 인문학적 상상력이란 뭐냐? 제 생각에는 아이디어를 내고 콘텐츠를 만드는 데 인문학적 상상력을 사용하는 게 아니라, 인간과 인간이 더불어서 자기 이익을 서로 교환할 수 있는 커뮤니티 네트워크를 만드는 시스템에 인문학적 상상력이 집중되어야 한다고 봅니다. 주민들은 자신이 흥미를 느끼고 뭔가 도움이 될 수 있는 것이 있으면 참여한다는 거죠.

강형기 저는 집을 하나 지어도 집을 설계하는 사람은 문학, 역사, 철학의 상상력으로 설계해야지 그냥 제도기사가 종이에다 그리는 것만으로는 좋은 건물이 못 나온다고 생각합니다. 그런 의미에서, 인문학적 상상력으로 창조도시에 접근하자는 것은 굉장히 좋은 이야기입니다. 그런데 인문학자들을 만나 보면 실천력이 없고, 불필요하게 이론주의에 자꾸 빠져요. 창조도시는 삼현주의에 입각해야 됩니다. 창조도시는 현실을 창조하는 것이지, 개념 속에 말려드는 것이 아니라는 것이지요. 먼저 현실에 입각해야 됩니다. 현실을 가슴에 품고, 자기 현장을 전제로 만들어야 된다는 것입니다. 상상력은 자기 현실을 토대로 해야 합니다. 구체적 현장을 갖고 있지 않은 사람이 창조도시나 이런 말을 하면 그건 고문이지요. 인문학자들의 상상력은 좋은데 개념과 교과서 속에서 맴도는 경우가 많습니다.

삼현주의는 현실을 가슴을 품고, 나의 현장을 가지고, 내가 하는 나의 현물을 전제로 합니다. 여기서 현물에는 사람과 장소가 모두 포함되는 거죠. 그래서 창조도시는 논리로 하는 것이 아니라 사람의 실천으로 하는 것입니다. 그러면 창조도시를 실천력 있게 하려면 어떻게 해야 하는가, 정말 이론과 논리만으로 무장된 것이 아니라, 애향심으로 기여할 수 있는 키 퍼슨key person을 만들어야 합니다. 키 퍼슨은 벽이 막혔을 때 문을 따고 들어가는 사람인데, 창조도시는 또 혼자 할 수 있는 것이 아니지요. 다시 말하면, 과학은 한 명의 상상력으로 10만 명이 살고, 한 명의 백보가 세상을 바꾸지만, 창조도시는 100명의 한 보로 이루어지는 겁니다. 그러니까 네트워크를 구축할 수 있는 인적자원을 만들어가야 하는 것이죠. 그래서 창조도시 연구팀이 앞으로 정말

공헌한다면 지역의 고유자원을 그리고 지역의 풍토적 자원을 끄집어
내어서, 이 현장에서 핵심 인력을 키워주는 역할을 하고, 그 핵심 인력
이 네트워크를 만들어서 끌고 갈수 있도록 해야 된다고 생각합니다.

4. 로컬리티와 창조적 도시

이상봉 마지막으로, 로컬리티와 창조도시의 관계에 대해 생각해 봤으
면 합니다. 짧게 말씀드리면 오해의 소지가 있을 수 있지만, 그럼에도
불구하고 로컬리티의 인문학 연구에 대해 간단히 말씀드리자면, 로컬
리티 연구는 일단 우리가 살고 있는 삶의 터인 로컬 공간에 주목합니
다. 그러다 보니 각 지역마다 가지고 있는 고유한 장소성이 우리의 중
요한 관심사이기도 합니다. 창조도시 만들기도 지역이 가지고 있는 고
유한 장소성에 주목한다는 점에서 이는 우리가 창조도시 논의에 관심
을 가지게 된 계기이기도 합니다. 그리고 또 하나, 로컬리티는 실물 공
간에만 국한하지 않고 우리의 감성이나 멘탈에서 작동하는 소수성도
로컬리티의 일부라고 보고 있습니다. 그러니까 공간적 측면에서의 중
심 — 주변 관계만이 아니고 다수 — 소수자를 나눌 때의 소수자 문제
에도 로컬리티 연구는 주목하고 있습니다. 그래서 제가 앞에서 말씀드
렸듯이, 창조도시 논의 가운데 특히 도시의 소수자를 품는 도시공간
만들기가 중요하게 여겨지기도 합니다. 그것을 인문적인 창조도시라
고 표현할 수도 있을 것 같고요. 그래서 결론에 대신하는 의미에서, 어
떤 도시가 창조도시인가 그리고 그런 창조도시를 만들기 위해서서 어

떻게 하면 좋은가에 대해 선생님들의 고견을 듣고자 합니다. 특히 인문학적 상상력이 창조도시 만들기에 개입하는 방식에 대해 구체적으로 제안해 주시면 좋겠습니다.

이상율 미국에서도 창조도시의 논의와 관련하여 소외되는 부분을 많이 지적하고 있습니다. 실제 창조도시에 관한 논의가 엘리트주의자의 입장이 관철된 것이 아니냐는 비판이 있기도 합니다. 특히 플로리다가 주목한 창조인재라는 부분에 초점을 맞추게 되면 당연히 사회경제적인 약자가 배제되게 되는데 그 부분에 대한 고려는 없지 않느냐는 비판적인 시각이 제기되는 거죠. 그래서 정책적인 측면에서 어떤 접근방식을 택하느냐에 따라 고려하지 못하는 부분들이 나타나게 됩니다. 주민들의 복지를 위한다든지 아니면 주민들의 관점에서 장소성을 제고한다든지 하는 방식으로, 주민들이 가급적이면 많이 참여할 수 있기 위해서는 주민들이 적극적으로 관심을 가질 만한 이해관계가 어느 정도 있어야할 것으로 보입니다. 즉, 경제적 문제를 간과할 수는 없다는 것이지요.
   그리고 어떤 도시가 창조도시인가라는 부분은 참 대답하기 힘든 것 같아요. 그래서 이 창조라는 의미도 요즘은 학습이라고 그럽니다. 이런 학습과정을 통해 창조적인 마인드를 길러내고 그 다음 그것이 다시 또 혁신으로 이어지고, 이렇게 하는 과정들을 이야기하는데, 창조 자체를 훈련할 필요는 있지 않느냐는 점입니다. 창조를 개인의 아이디어로 보는 견해도 있습니다만, 어떤 의미에서 창조라고 할 때는 여러 사람들이 공동으로 관여한 부분에서 더욱 효과적이면서도 실천 가능한 작업으로 이어진다고 생각합니다. 결국 아주 원론적인 의미에서 창조는 문화산업과 자주 결합이 되지만, 창조라는 의미를 해당 장소 또는 지역이 경쟁력을 확보해 간다는 관점에서도 고려되어야 하지 않을까 여겨집니다.

김상원 문화창조 산업을 고급예술에 한정시켜 자꾸 생각하는 경향이 있는 것 같아요. 말씀드리지 않은 사례 가운데 도르트문트 같은 경우, 일종의 문화창조산업, 즉 어반 파일럿 프로젝트UPPs에 선정되어 지원을 받은 도신데요. 거기 같은 경우는 도시재생에 분리수거를 이용 합니다. 분리수거 방식을 바꿔가지고 흑자를 내고 그것을 주민에게 환원하는 방식입니다. 분리수거도 일종의 문화거든요. 유네스코의 목적에 보면 '지역문화산업의 경제적·사회적·창조적 잠재성을 일깨우고, 문화적 다양성을 증진한다'고 되어 있습니다. 여기서 문화적 다양성이란 어느 도시는 어떻게 해야 된다, 이렇게 정하는 게 중요한 건 아닌 것 같아요. 그러니까 창조도시라면 어떤 아이템으로 할 거냐 자체가 문제가 되지는 않는다는 거죠.

근데 사실은 각 도시의 공무원들이나 연구자들을 보면 어떤 아이템으로 할 것인가에 많이 집중하고 있어요. 축제라면 무슨 축제를 하지? 무엇으로 상징성을 키우고 도시를 키울까? 등에 집중하고 있죠. 사실은 뭘로 할까가 중요한 게 아니라 커뮤니티가 형성돼서 참여하는 사람들이 거기에 집중을 할 수 있다면, 아이템이 무엇인가는 그다지 중요하지 않다고 봅니다. 일정한 주도세력이 있고, 커뮤니티를 형성할 수 있도록 관이나 연구자들이 협력하면서 그 과정에서 주민들과도 대화해 갈 수밖에 없거든요. 영국의 박물관을 예로 들면, 어떤 콘텐츠를 전시하면 좋은지 그 자체를 주민들한테 물어봐요. 우리나라는 주로 학예사들이 그런 것들을 만들잖아요? 여기서 중요한 것은 주민들이 뭘 원하는지를 먼저 듣고 그것을 반영하자는 겁니다. 우리나라의 경우 인천도 그렇고 부산도 그렇고 다 좋지만, 문제는 콘텐츠가 다 비슷하다는 겁니다. 다 옛날 유물이고 석기 시대, 신석기 시대 이런 거 하나씩은 다 들어있고, 다 비슷해요. 그리고 여러 가지 프로그램들이 다양하게 있어요. 프로그램이 안 좋아서 그 박물관이나 미술관이 안 되냐 하면 그건 아닙니다. 미술관에 위대한 작품이 안 오기 때문에 우리 미술관에 관람객이 안 온다? 절대로 그렇지 않아요. 외국의 사례를 보면, 어떤 미술관이다 하면, 주민들이 와서 작업하고, 애들 맡기고, 문화 활동을 하면서, 자기들이 할 수 있는 시간적 공간적 여유를 찾아 갈 수 있게끔 구조화시키는 거죠. 사람들이 와서 커피 마시고 수다 떨어도 그곳에서 하고, 내가 그림을 배우든 뭐를 배우든 그리고 직업훈련도 같이 할 수 있게, 이렇게 뭔가 생산적인 것과 연결이 될 때 그 공간이 주민들이 모이는 공간이 되고, 그렇게 됐을 때 그 자체가 브랜딩이 되고, 마케팅이 되고 그러면서 생산성도 증가되지 않을까 저는 그렇게 생각을 합니다.

제가 어느 도시의 마을지를 만드는 일에 참여해 본 적이 있습니다. 근데 마을지를 만들면 대개 전형적인 방식이 있어요. 마을에 있는 여러 가지 유적이나 이런 것들을 조사해서 다 기록하고, 사전식으로 나열을 합니다. 구청이나 시청에 가면 그런 게 하나씩 꼭 있습니다. 그런데, 아무도 안 봅니다. 그래서 저도 그걸 보고 기존의 방식과 좀 다르게 한번 시도해 본 적이 있어요. 그 당시에 나이 드신 분들에게 인터뷰를 계속 땄습니다. 이 도시 옛날에는 어떻게 생겼습니까? 지도도 인터뷰로만 작성하고, 그 사람들의 고증에 의해서 그림을 다시 그리고, 또 그 것을 그래픽으로 다시 만들고. 원래 목표는 그렇게 잡았었는데, 거기 까지는 못 갔지만, 결국 그렇게 하다보니까 그 과정에서 많은 이야기 들이 나옵니다. 심지어 동네 과수원집 딸은 버스타고 시내 고등학교에 가고, 자기네들은 구석에 있는 농고에 다닌 이야기, 그 과수원집 딸에게 심하게 장난쳤다가 경찰서에 잡혀가서 두들겨 맞고 나온 얘기, 과 수원에서 풀 묶어가지고 물건 팔러가는 아줌마들 넘어뜨리는 장난이 라든지, 그 사람들이 살아가는 이야기들이 그 안에 들어 있는 거죠. 그런 이야기들을 통해서 마을지를 만들려고 시도를 해본 경험이 있습니다. 결국 창조도시는 매력적인 도시를 만드는 것인데, 그 매력은 사실 우리 안의 이야기일 수도 있고, 아니면 두바이처럼 새롭게 만들어진 것일 수도 있습니다. 그 매력이 뭐냐를 연구하는 것이 바로 우리들의 과제 아닌가 생각합니다.

강형기 로컬리티의 인문학 연구단이 왜 창조도시에 관심을 가져야 하는가라는 문제와 연계시켜 본다면, 저는 두 가지가 아주 필요하다고 생각합니다. 저는 창조도시에는 몇 가지 접근 모형이 있다고 봅니다. 하나는 랜드리가 주로 쓴 것처럼 예술문화, 고유자원, 문화유산, 산업유산들을 예술문화의 시각으로 재활용하는 접근법이 있고, 다른 하나는 플로리다처럼 창조산업을 진흥시킬 수 있는 기반을 만들고 인재를 결집시키는 접근법이 있으며, 세 번째는 지역의 고유자원을 통해서 재창조할 수 있다는 접근법입니다. 그러면 고유 자원이라는 게 뭐냐, 역사가 있고 인간이 살아온 흔적이 있는 한 원자재가 없는 곳은 없다, 인간이 있는 한 원자재는 다 있다는 것이 제 생각입니다. 그러면 그 지역 고유 자원을 끌어내어 그 지역에만 통하는 것이 아니라 세계로 통할 수 있는 것으로 만들라는 것입니다. 따라서 저는 고유자원을 이렇게 해석합니다. 그 지역에만 배타적으로 존재하는 것이 고유자원이 아니고, 그 지역 사람들이 고유하게 활용하면 그것이 고유자원이다.

예를 들어서 함평이 나비축제를 했지만 우리나라 어디에도 나비는 다 있지요. 그런데 모든 곳에 있지만 아무도 활용하지 못하는 것을 고유하게 활용하는 것이 고유자원이란 것입니다. 일본 시코쿠의 한 마을에 가면 저녁노을을 가지고 축제를 하는데, 저녁노을 콘서트라고 합니다. 여기 1년에 약 60만 명의 청춘남녀가 모인다고 합니다. 저녁노을이 없는 데는 없잖아요. 근데 이 마을만 활용하는 거예요. 그래서 고유자원이란 고유하게 활용하는 것입니다. 그래서 상상력만 있으면 어디든 창조자원이 있습니다. 그러면 농촌이나 못 사는 지역에도 그러한 뭔가가 있는가? 어디든 풍토는 있습니다. 풍토를 활용하는 것도 창조도시의 전략이지요. 저는 이렇게 생각하면서, 창조도시전략이란 특별한 것이 아니고 그야말로 고유성과 토착성 그리고 지속가능성을 가지고, 그 지역의 차별화된 자원으로 활용하면서, 세계로 통할 수 있는 어떤 문화전략을 활용하는 것이라고 봅니다. 그런 의미에서 로컬리티의 인문학 연구에서는 고유자원과 토착문화를 어떻게 발굴하고 활용할 것인가를 규명하여, 창조도시의 새로운 축을 꾸려나갈 수 있지 않을까 생각합니다.

손은하 실천적 전략과 관련하여 제가 말씀드리고 싶은 것은 먼저 커뮤니티 회복에 대한 것입니다. 근대화의 압축 성장을 통해 한국의 경제 발전은 인간을 고독하게 만들었고, 공동체가 깨짐으로 인해 발생하는 다양한 문제들이 발생했음은 누구나 공감할 것입니다. 또한 서울과 그 외 주변도시로 나뉘는 비균형적 발전 상황에 대해서도 깊은 고민과 대안이 필요하다고 생각합니다. 이러한 문제를 진단하고 지역의 주체적 역할에 대한 논의와 더불어서 로컬리티에 관해 연구하고 있는 '로컬리티 연구단'이 중요한 역할을 감당해야 한다는 생각이 듭니다. 이는 창조도시 만들기와의 접점이 분명히 있기 때문입니다. 그렇지만 여전히 실천학적인 연구로서의 발전까지는 이어지지 못하고 있는 점에 아쉬움이 남습니다. 그렇다면 앞으로 좀 더 나아가기 위해서 무엇이 필요할 것인가를 생각해 봤을 때, 랜드리가 마지막으로 언급했던 학습도시에 대해서 다시 한 번 언급을 하고 싶습니다. 잠시 인용하겠습니다.

"학습도시는 도시의 구성원이 단순히 좋은 교육을 받는 장소라는 의미를 뛰어넘고, 학습 기회가 교실에서 이뤄지는 것으로 한정되지 않는다. 그것을 개인과 조직인 자신들이 살고 있는 곳의 역동성과 그 변화를 공부하도록 권장하는 장이다. 즉 그 곳에서는 노동과 여가에 관한 다양한 기회를 공식·비공식적으로 파악하는 방법이 끊임없이 변화한다. 그리고 그 곳에서는 모든 구성원의 학습이 장려된다. 가장 중요한 것은 학습을 위한 조건을 민주적으로 변화시킬 수 있는 역량을 갖추고 있다는 것이다. 도시가 예측할 수 없을 정도의 지속적인 변화에 직면할 때 지금까지의 안정된 전통을 복원시킬 가능성을 잠식한다. 현재와 같은 전환의 시기에는 직업, 경제, 종교, 조직, 그리고 가치체계에 대한 안정적인 시각은 사라진다. 우리는 지속적인 변화의 소용돌이 속에서 안정의 상태를 넘어 살아가는 방법을 학습해야만 한다. 게다가 우리 일생동안 지속되기를 바라는 새로운 안정 상태를 기대할 수도 없게 되었다. 우리는 이러한 전환을 이해하고 유도하고 영향을 미치고, 관리하는 방법을 학습해야만 한다(Landry, 2008, 387~388)"라고 밝히고 있거든요.

이렇게 학습과 교육의 중요성에 대해서 말하고 있는데 이에 관해서는 모두 공감할 것입니다. 그렇지만 '방법'이 문제입니다. 현 시점에서 한국의 모습은 획일적인 교육방법, 학벌 제일주의, 공무원과 같은 안전지향적인 직업 선호, 소위 뭐 전문직과 같은 고소득분야 열풍 등이 지배하는 것 같습니다. 또 많은 학생들이 대기업들의 서울 집중화 현상 때문에 고등학교까지 교육을 받은 이후에는 자기 지역에 머무르기보다는 서울과 수도권으로 몰려가 버립니다. 불균등 발전은 이와 맞물려 연결돼 지속적으로 악순환이 발생되고 있습니다. 업체들이 부족한 점과 그들의 재능을 발휘할 수 없는 구조적인 문제, 대기업들의 서울 집중화 현상, 기타 등등의 이유로 지역에서 살아남기가 어렵다고 결론지어 버립니다. 따라서 지역의 거점 대학들이 좋은 인재들을 많이 놓쳐버리게 되고, 갈수록 대학 간의 불균등 발전은 이와 맞물려 연결되는 것입니다. 이러한 악순환의 고리를 반드시 끊어내야 합니다. 그렇지만 너무나 단단하게 연결되어 있어 어디서부터 손을 대야 할지 모를 난감한 부분이기도 합니다. 그러나 이것은 불가능한 일도 아닐 것입니다. 시간과 아이디어가 필요할 뿐만 아니라, 총체적인 개혁이 함께 동반될 때, 조금씩 그 가능성도 엿볼 수 있을 것입니다.

다음으로는 지역의 그 재생 차원에서 접근해 봤을 때, 아까 영상도시의 언급을 잠시 하셨을 때, 부산이 영상도시가 된지 얼마 안 된다고 하셨지만, 살펴보면 실은 그런 토대가 이미 있었습니다. 부산에 그런 흔적들이 굉장히 많았거든요. 한국 최초의 영화사로 조선키네마 주식회사가 부산 남포동 쪽에 있었고, 영화관 터들과 제작된 영화도 꽤 많이 찾아볼 수 있었습니다. '부일영화상'도 『부산일보』에서 주최하는 영화상이었는데 한때 사라졌다가 부산국제영화제로 인해 다시 이어지고 있습니다. 이런 맥락을 봤을 때, 부산은 영상도시로서 발전할 수 있는 토대가 이미 있었다는 생각이 들었습니다. 그런데 작년에 영화의 전당이라는 것을 해운대 쪽에 만들었습니다. 보시면 아시겠지만 아주 유명한 외국의 한 건축가의 설계로 겉으로 보기에 아주 웅장하게 만들었습니다. 그렇지만 지금껏 이어져 오던 장소성을 무시하고, 새로 발전시키고자 하는 곳에 아무런 의미 없이 세워지는 것을 볼 때 무척 회의적인 마음이 들었습니다.

또한 부산은 하드웨어적인 부분을 갖추려고 노력하고 있습니다. 영상 후반작업이나 애니메이션 작업 등을 한 공간에서 할 수 있도록 시설에 투자를 많이 하고 있습니다. 그러나 이것들을 갖춰 놓고 이걸 이용하기 위해서 다양한 지역에서 부산으로 잠시 왔다가 가버리고 있진 않는가라는 생각을 해봅니다. 또 부산은 영화 찍기 좋은 도시로 지금 뭐 애용이 되고 있습니다. 그렇지만 이 또한 일시적으로 잠시 머물다가 가버리는 그런 구조인 것입니다. 부산에 있는 대학들 가운데 영화, 연극 관련 학과들이 굉장히 많이 생겼습니다. 그런데 이런 사람들이 졸업하고 나면 수용할 수 있는 연극계나 영화계가 형성되어 있지 않습니다. 재능 있는 인력들이 대학로나 충무로로 다 빠져나가 버립니다. 자생력 갖춘 영상도시라고 선전만 할 것이 아니라 이곳에서 많은 일들이 이루어지고 또 환원되고 또 재생산되는 과정들이 계속 끊임없이 이루어져서, 선순환될 수 있도록 정책을 강구해야 합니다. 이를 위한 인프라를 구축하기 위해서는 각 기관과 종사자들이 따로 일을 구성해 나갈 것이 아니라 함께 아이디어를 모으고 문화영상도시로 만들기 위해 의논할 수 있는 기회를 만들어야 합니다.

이야기가 길어졌는데, 스케일적인 면에서 볼 때 저는 창조도시를 작은 마을 단위 커뮤니티 단위에서 이러한 일들을 유기적으로 만들어 가야 된다고 생각합니다. 그래서 일자리를 얻고자 하는 마을 주민들과 그곳에서 생산되는 산물이나 자원들을 이용한 커뮤니티 비즈니스 등과 같은 사업들이 활성화되었으면 합니다. 공동체 회복과 더불어 내가 살고 싶은 공간이 되어 관광 차원에서 외부사람들이 가보고 싶은 공간보다는 정주민이 행복한 도시가 제대로 된 창조도시가 아닌가라는 생각이 들었습니다.

이상봉 네. 어떤 도시가 창조도시이고 그러한 창조도시를 만들기 위해서는 어떤 실천적 전략이 필요한지에 대한 좋은 제안들이 있으셨습니다. 아무쪼록 오늘의 논의가 생산적인 창조도시 담론의 창출과 확산을 위한 좋은 밑거름이 되었으면 합니다. 끝으로 로컬리티의 인문학은 지역 고유의 장소성이 지닌 가치에 주목하고, 소수자를 포함한 지역민의 인간적인 삶을 존중한다는 점에서, 이에 대한 고민과 연구 성과들은 곧 인문적 창조도시 만들기로 이어질 수 있다는 점을 강조하고 싶습니다. 이것으로 좌담회를 마치고자 합니다. 참석해 주신 분들 모두 수고하셨습니다. 감사합니다.

필자소개

이상봉李尙峰 Lee, Sang-bong은 부산대학교 한국민족문화연구소 HK교수이다. 부산대학교 정치학박사, 지역정치를 전공하였고, 문화정치, 공간정치, 공공성 등의 키워드를 중심으로 로컬리티의 의미에 대해 연구하고 있다. 최근의 논문으로는, 「초국가 시대 시티즌십의 재구성과 로컬 시티즌십」(2013), 「디아스포라적 공간으로서의 오사카 코리안타운의 로컬리티」(2012) 등이 있다. sanbolee@pusan.ac.kr

박규택朴奎澤 Park, Kyu-taeg은 부산대학교 한국민족문화연구소 HK교수이다. 하와이주립대학 지리학박사, 인문지리(사회·경제 분야)를 전공하였고, 장소의 정치, 경관, 수행성 등의 주제로 로컬리티의 공간성과 실천을 탐구하고 있다. 최근 논문으로는, 「동래지역 유형문화재의 맥락과 장소성 변화」(2012), 「장소적 존재의 인식과 실천-양명학적 지행론과 수행성으로 본 로컬리티」(2012) 등이 있다. pkt11@pusan.ac.kr

한승욱韓勝旭 Han, Seoung-wook은 부산발전연구원 연구위원이다. 교토대학 공학박사, 도시환경공학을 전공하였고, 도시재생, 마을 만들기, 커뮤니티 디자인 등과 관련한 정책연구를 수행하고 있다. 최근 논문 및 연구보고서로는 「원도심 창조도시 구상을 위한 기초연구」(2012), 「부산시 마을 만들기 지원체계 구축에 관한 기초연구」(2011), 「밀집시가지 재생에 있어서 주거환경운영주체의 형성에 관한 연구」(2010) 등이 있다. suhan@bdi.re.kr

손은하孫銀河 Son, Eun-ha는 부산대학교 한국민족문화연구소 HK연구교수이다. 부산대학교 공학박사, 영상공학을 전공하였고, 영화와 영상물을 통해 그 속에 재현된 로컬과 로컬리티에 관한 연구와, 도시의 환경색채에 주목하여 그곳의 역사성과 장소성을 바탕으로 한 도시 이미지에 관한 연구에 관심을 가지고 있다. 최근의 논문으로는,

「영화〈고양이를 부탁해〉에서 나타나는 혼종과 우정의 공간」(2013), 「환경색채의 변화를 통해 본 마을 이미지」(2011) 등이 있다. galaxys05@pusan.ac.kr

공윤경孔允京 Kong, Yoon-kyung은 부산대학교 한국민족문화연구소 HK연구교수이다. 부산대학교에서 도시공학박사학위를 받았고, 도시계획, 주거환경심리를 전공하였다. 건축, 장소, 도시에 주목하여 공간과 로컬리티의 관계에 관한 연구를 수행하고 있다. 「영국 글래스고에서의 도시재생과 창조산업」(2013), 「도시 소공원의 창조적 재생과 일상―부산 전포돌산공원을 중심으로」(2011) 등의 논문이 있다. cool1227@pusan.ac.kr

김상원金常元 Kim, Sang-won은 인하대학교 문화경영학과 교수이다. 독일 아헨대학(RWTH Aachen)에서 철학박사학위를 받았고, 언어학, 철학, 독일문학을 전공하였다. 현재 언어학적 전환과 문화학적 전환이라는 인문학의 패러다임을 실용적 차원에서 연구하면서, 현대사회에서 생성된 의미와 해석의 문제에 대하여 문화경영학적 차원에서 접근하고 있다. 「도시공간의 문화적 재생 사례를 통한 공간의 의미 재생산에 관한 연구」(2012), 「도시재생사업을 통한 컬쳐노믹스 복지(Culturenomics Welfare) 실현 방안에 관한 연구」(2011) 등이 있다. kswtor@inha.ac.kr